HERMANN SIMON

LES CHAMPIONS CACHÉS DE LA PERFORMANCE

*Comment devenir n°1 mondial
quand on est une PME*

Préface de Philippe Albert et Daniel F. Muzyka

Traduit de l'américain par Michel le Seac'h

DUNOD

Christian Pinson

Conseiller éditorial

Collection *Stratégies et Management*

BUCCI Ampelio, *Quand les idées mènent l'entreprise...*, Dunod, 1998
DUPUY François, *Le Client et le bureaucrate*, Dunod, 1998

Original work copyright © 1996 by Hermann Simon. Published by arrangement with Harvard Business School Press.

© Dunod, Paris, 1998
ISBN 2 10 003703 X

Table des matières

PRÉFACE

Voici un ouvrage original, solide et concret, qui apporte un éclairage nouveau sur les entreprises qui savent conjuguer excellence, croissance et pérennité. Au moment où l'Europe doit lutter contre un sous-emploi structurel, le sort de ces entreprises créatrices de richesse et d'emploi doit être observé avec beaucoup d'attention.

Le livre d'Hermann Simon méritait donc d'être traduit en français et d'être largement diffusé auprès des chefs d'entreprise, des milieux professionnels et des cercles académiques.

Cet ouvrage est important à plus d'un titre :

– il apporte une contribution majeure au domaine encore récent, mais en développement, de la recherche sur l'entrepreneuriat ;

– il ouvre de nombreuses perspectives intéressantes sur les clés de la croissance des entreprises, particulièrement en ce qui concerne l'interface de l'entreprise avec ses marchés ;

– il étudie de façon approfondie une catégorie d'entreprises très performantes et très peu connues ;

– ses conclusions viennent parfois remettre en cause les enseignements du management moderne, issus le plus souvent de l'étude des grands groupes ;

– ses enseignements peuvent non seulement être utiles à d'autres PME mais aussi à de nombreuses grandes entreprises ;

– ses enseignements mettent en valeur la pertinence et la permanence de stratégies gagnantes, profondément ancrées dans la culture d'entreprises patrimoniales, qui défient à la fois le temps et les modes.

En ce sens, il met en exergue des stratégies d'organisation économiques et sociales spécifiques, très focalisées sur leurs marchés et leurs produits, exceptionnellement performantes et pérennes qui s'appuient sur une culture forte d'innovation et d'adaptation.

L'ouvrage d'Hermann Simon décrit une catégorie d'entreprise bien particulière : des entreprises allemandes très performantes, leaders sur leur marché.

Il repose sur trois sources de données complémentaires : une enquête par questionnaire auprès de 122 entreprises issues d'un échantillon de 500, des interviews auprès de certaines d'entre elles et des missions de conseil de l'auteur réalisées sur plusieurs années.

Les critères de choix des entreprises retenues sont les suivants :

– être numéro un ou deux sur le marché mondial, ou bien numéro un sur le marché européen ;

– avoir un chiffre d'affaires inférieur à 1 milliard de dollars (à quelques exceptions près) ;

– avoir une visibilité et une notoriété faibles vis-à-vis du public.

Il appelle ces entreprises « les champions cachés » parce qu'elles sont à la fois peu connues des médias, des milieux professionnels et académiques. Elles ne sont pas des vedettes médiatiques et ne font pas l'objet de l'attention des chercheurs. Leurs produits, le plus souvent des composants ou des machines, sont peu connus du grand public. Enfin, elles sont discrètes, voire secrètes, et refusent souvent de se prêter aux interviews ou aux visites.

Ces entreprises leaders sont de taille variée allant de 3,3 millions de dollars de chiffre d'affaires pour la plus petite, jusqu'à 1 500 millions de dollars pour SAP, le leader mondial des logiciels pour application clients/serveurs, qui emploie 5 000 personnes.

En moyenne, les entreprises étudiées font 130 millions de dollars de chiffre d'affaires, emploient 735 personnes et exportent 51 % de leur production.

Elles ont en moyenne 67 ans d'existence, 23 % d'entre elles étant nées entre 1845 et 1919, et 40 % entre 1945 et 1969.

Ce sont en grande majorité des entreprises familiales (20 % appartiennent à des grands groupes), anciennes, qui sont sur des marchés de niches qu'elles dominent fortement.

L'ouvrage présente de manière approfondie les caractéristiques clés de la stratégie de ces champions mondiaux, en mettant l'accent sur leur vision du marché, leurs relations avec les clients, leur politique de produits et services, les interfaces entre l'entreprise et le marché, leur mode de management et leur culture propre.

En revanche, le gouvernement des entreprises, les structures et les systèmes d'organisation, la politique financière et la rentabilité, les méthodes de fabrication et la politique industrielle ne sont abordés que de façon indirecte.

Les conditions spécifiques de l'environnement politique, technologique, social, juridique et fiscal qui ont permis le développement de ces leaders mondiaux en Allemagne – qui sont les premiers de la classe du *Mittelstand* – ne sont pas abordées.

Dans son dernier chapitre, Hermann Simon élargit ses observations à quelques « champions cachés » d'autres pays industriels, citant 47 entreprises essentiellement européennes. Il avance, avec les réserves d'usage, que ces champions ont des caractéristiques et des stratégies tout à fait similaires à celles de leurs homologues allemands. En outre, un certain nombre d'entrepreneurs allemands pensent qu'ils pourraient – ou auraient pu – développer la même entreprise, avec les mêmes succès, à partir d'un autre pays.

Ceci l'amène à plaider pour une certaine universalité du modèle présenté – qui ne serait pas seulement « un modèle allemand ». Il n'en reste pas moins que les conditions du « milieu » propre à chaque pays jouent certainement un rôle important sur le nombre, la qualité, la taille et la pérennité de ces PME qui sont des modèles d'excellence.

* * *

L'une des originalités du livre réside dans le caractère commun de certains traits dominants des « champions cachés ».

Ces « champions cachés » sont devenus leaders – en devenant les premiers ou les meilleurs, ce qui leur permet d'imposer leurs normes au marché – parce qu'ils l'ont non seulement voulu mais voulu avec une grande persévérance. La volonté explicite de conquérir et de conserver le leadership est l'objectif principal, clairement affirmé, de leurs dirigeants orientant ainsi leur stratégie à long terme.

Ils ont une vision globale et mondiale de leur marché, qui est clairement focalisée sur des niches de marché. Très tôt exportatrices, ces entreprises ont une forte expérience internationale, une grande capacité à voyager et à s'adapter à d'autres cultures.

Les « champions cachés » font reposer leur succès sur la qualité et l'ancienneté de la relation avec leurs clients. Cette relation à long terme, qui repose à la fois sur la confiance et la performance, entraîne une dépendance mutuelle acceptée.

La relation avec les clients est directe : les filiales sont préférées aux distributeurs et les services sont rapides et accessibles en tout point de la planète. Cette forte orientation client est le fait de toute l'entreprise, qui en général n'a pas de service marketing. Elle permet ainsi une surveillance permanente du marché et de la concurrence, à partir d'informations de première main.

L'innovation permanente et graduelle fait partie de la culture de ces entreprises. L'innovation résulte d'une intégration étroite entre les opportunités nouvelles détectées sur le marché et les possibilités d'innovations technologiques. Chez eux, l'innovation est plus une question d'état d'esprit, de volonté permanente que d'organisation. La création de nouveaux marchés est l'une des voies les plus sûres de l'innovation. Elle permet de dégager des avantages compétitifs remarquables, mais c'est une voie difficile qui demande un fort investissement à long terme.

Le succès vient de la capacité de dégager au moins un avantage compétitif, bien inséré au cœur de l'activité. L'avantage compétitif des entreprises est presque toujours fondé sur la différenciation et la qualité du service. L'acceptation du choc frontal, direct, avec la concurrence est une source continuelle de progrès.

Les « champions cachés » veulent conserver la maîtrise de leur *know-how* en assurant eux-mêmes la fabrication des composants clés, voire en construisant eux-mêmes les machines pour les fabriquer, et en maîtrisant également les relations avec les clients et les services après-vente non stratégiques. Par contre, ils sont prêts à sous-traiter les activités. De ce fait, ils sont peu ouverts aux alliances stratégiques pour pénétrer de nouveaux marchés étrangers, afin de garder leur indépendance et de ne pas partager leur *know-how.*

Une forte culture interne, tournée vers l'innovation, la créativité, l'engagement personnel et la flexibilité sont le ciment de la gestion des ressources humaines. Ils insistent sur la qualité du recrutement, de la formation et de la motivation du personnel. Dans des unités de taille moyenne, on veille à la performance de chacun, grâce à un contrôle social plus efficace que le contrôle formel.

Enfin les dirigeants des « champions cachés » – qu'ils appartiennent ou non à la famille propriétaire – sont des personnalités rayonnantes qui peuvent « transmettre la flamme qui les anime », qui font partie d'une équipe de direction équilibrée et qui ont des mandats particulièrement longs : plus de 20 ans… en moyenne !

* * *

Le lecteur français aura peut-être reconnu ici des caractéristiques communes à des PME françaises qui ont effectivement ce profil de performance. La France a aussi ses « champions cachés », dont le recensement reste à faire, mais qui sont probablement en nombre élevé.

Citons quelques exemples, sans prétendre bien sûr qu'elles ressemblent nécessairement au modèle allemand : Raymond et Cie, leader mondial des systèmes de fixation pour l'industrie de l'automobile, Haemmerlin, leader mondial des fabricants de brouettes, Maaf Roda, leader mondial des matériels de calibrage pour fruits et légumes frais, Ciat, leader dans les systèmes de climatisation, mais également, Charlet-Moser, leader mondial des piolets d'escalade, Cheynet, leader mondial des rubans élastiques étroits, et Rey, leader mondial des producteurs de lauriers roses…

Parmi les plus connues, on peut aussi citer Boiron, leader mondial de l'homéopathie, Manitou pour les chariots élévateurs, Rossignol pour le ski ou Sidel pour la fabrication des emballages plastiques.

On peut enfin rajouter une autre génération de sociétés récentes de technologie, Gemplus pour la carte à puce, Business Objects pour les logiciels intégrés d'aide à la décision, et de nombreuses entreprises plus petites comme Cybernetix, Cyrano, Techniques Avancées, Tronic TM, etc., leaders mondiaux dans leur spécialité.

Malgré l'absence d'études similaires sur les leaders mondiaux français, il est tout de même possible d'avancer quelques hypothèses ou de faire quelques constatations.

Les « champions cachés français », nés depuis une ou plusieurs générations, ont des caractéristiques culturelles similaires de discrétion, de persévérance, d'indépendance, de focalisation sur un marché mondial, d'innovation, etc. Plus connu, mais tout aussi secret, le parangon exceptionnel des champions d'Hermann Simon en France est sans doute Michelin.

Cependant les « champions cachés français » ont vraisemblablement – mais l'étude précise reste à faire – en moyenne quelques différences. Ils sont plus jeunes que les « champions cachés allemands ». Peut-être sont-ils plus petits. Mais sont-ils moins nombreux ?

Ils sont plus jeunes. Le rapport PMI 93[1] qui compare 500 PMI françaises de 100 à 2 000 salariés et 500 PMI allemandes, en respectant les répartitions par taille et par secteur de chaque pays, montre que l'âge moyen des PMI allemandes est de 58 ans contre 40 ans pour les françaises. Ces PMI sont plus nombreuses en Allemagne (9 950) qu'en France (6 150). Dans cet échantillon, 69 % des *Mittelstand* sont indépendants alors que 51 % des PMI françaises sont filiales de groupes.

L'enquête « Europe 500 »[2] qui sélectionne les PME de plus de 50 salariés ayant connu une forte croissance depuis 5 ans, démontre que les sélectionnés allemands font en moyenne 758 millions de francs de chiffre d'affaires contre 418,3 pour les français.

Ces deux indications confirment que les grosses PME allemandes sont plus pérennes, plus patrimoniales et arrivent à croître plus longtemps en restant indépendantes.

Dans les deux cas, l'accumulation d'expérience, de savoir-faire et le réinvestissement des profits permettent la croissance à long terme. Mais il semble que l'environnement allemand soit nettement plus favorable que l'environnement français :

– l'environnement technologique de soutien aux PME est beaucoup plus favorable en Allemagne grâce à l'efficacité des réseaux Fraunhofer ou de fondations comme la Fondation Steinbeis ;

– la qualité de la formation professionnelle, réalisée en étroite coopération avec les entreprises, est un atout important pour celles-ci ;

– les milieux bancaires et judiciaires semblent plus favorables à la protection des entreprises existantes lorsqu'elles traversent une mauvaise passe. Les banques, et notamment les banques locales, sont très impliquées dans la vie des entreprises ; souvent actionnaires, elles sont les

1. PMI, «Les comportements stratégiques des entreprises industrielles de taille moyenne en France et Allemagne face aux espaces de concurrence européens et mondiaux», Roland Berger and Partner, Algoe Management.
2. «Europe, 500 PME qui foncent», *L'Usine nouvelle,* 19 mars 1998.

partenaires des bons et des mauvais jours, soucieuses de la pérennité des entreprises et de la pérennité de leurs relations avec ces entreprises ;

— les PME françaises n'ont pas de statut spécifique en matière juridique, fiscale et sociale ;

— la fiscalité allemande est moins « regardante » sur la différence à faire entre les biens sociaux de l'entreprise et les biens propres des dirigeants propriétaires, ce qui outre-Rhin encourage les entrepreneurs à réinvestir dans « leur » entreprise alors que, de ce côté-ci du Rhin, la fiscalité les pousse à retirer des capitaux de l'entreprise pour les réinvestir... ailleurs ;

— enfin, les droits de succession pour la transmission des entreprises restent l'obstacle majeur de la pérennité. Tous les pays de l'Europe, sauf la France, ont aménagé la fiscalité en faveur de la transmission, dans l'esprit de la recommandation de la CEE de 1994. Ceci conduit Yvon Gattaz, président de l'ASMEP (ASsociation des Moyennes Entreprises Patrimoniales), à affirmer : « La France est le seul pays où les entreprises sont condamnées par avance : avec 40 % de droits de succession en ligne directe... (contre 0 % en Grande-Bretagne, 5 % en Espagne, moins de 10 % en Allemagne), elles n'ont pas d'autre choix que de se vendre, de s'exiler ou de se détruire. » [1]

La réussite exceptionnelle des leaders mondiaux français prouve malgré tout qu'il est possible d'atteindre des performances remarquables dans un environnement international plus difficile. Cela démontre les très grandes qualités de ces entrepreneurs français !

Il faut remarquer enfin que la nouvelle génération des leaders mondiaux, dans les hautes technologies, a des comportements différents de ses prédécesseurs, ceci des deux côtés du Rhin.

En effet, « les champions cachés » d'Hermann Simon recherchent à la fois le leadership mondial et la rentabilité qui permettent de financer la croissance par l'autofinancement. Ceci explique qu'ils se tiennent à des marchés étroits, assez stables, dont la domination passe par des investissements qui ne dépassent pas leur capacité d'autofinancement et d'endettement. D'une façon générale, ils n'aiment ni la bourse, ni le capital risque.

---

1. Interview du mois, *L'Entreprise,* janvier 1998.

Sur les marchés de nouvelles technologies, l'importance des dépenses de R. & D et de marketing, la vitesse de croissance du marché et donc de l'entreprise qui veut devenir leader entraînent un autre comportement financier qui nécessite l'ouverture du capital.

Il est frappant de constater le parallélisme de ces évolutions. Les « champions cachés » traditionnels ont des stratégies similaires, malgré des environnements nationaux différents. La nouvelle génération des champions high tech a des stratégies différentes de celles de leurs prédécesseurs, dues à la nature de leur activité et de leurs marchés mondialisés, mais similaires entre elles, même si leur environnement d'origine est différent.

Ceci signifie-t-il que l'environnement pèse plus sur la mise en œuvre et l'efficacité des stratégies que sur leur nature ? Que, d'un pays à l'autre, l'entrepreneur discret exécute sans le savoir la même partition que ses collègues secrets ? Que la construction du marché unique et la mondialisation vont élargir la scène, changer le décor et l'ambiance, mais pas fondamentalement le jeu de ces acteurs ?

En ce cas, le livre d'Hermann Simon est particulièrement intéressant pour les chefs d'entreprise français, car il a le mérite de mettre en valeur une voie vers le succès particulièrement efficace, qui a fait ses preuves dans le temps et dans l'espace – ce qui est rare dans le monde du management.

Philippe ALBERT
Partenaire d'entrepreneurs, président
du comité *Entrepreneurship
and Small Business,* EFMD
*(European Foundation
for Management Development)*

Daniel F. MUZYKA
Doyen associé, Insead

AVANT-PROPOS

J e ne me suis guère intéressé aux petites et moyennes entreprises avant le milieu des années 80. En tant qu'enseignant, je me penchais plutôt sur les grandes entreprises. Un jour de 1986 pourtant, à Düsseldorf, j'ai eu l'occasion de discuter des constants succès allemands à l'exportation avec le professeur Theodore Levitt, de la Harvard Business School. Nous sommes vite convenus que, pour la plus grande part, on ne pouvait les attribuer aux grandes entreprises allemandes, qui ne semblent pas si différentes de leurs homologues internationales.

Il nous semblait que les prouesses constantes de l'Allemagne à l'exportation devaient être largement dues à ses PME, particulièrement à celles qui occupent une position de leader mondial sur leurs marchés. Malgré leur faible notoriété, ces petites entreprises s'imposent à travers le monde depuis des décennies. Intrigué, je résolus de découvrir en quoi ces leaders agissaient différemment et de les étudier plus en détail. Au fil des années, j'ai réuni les noms d'un certain nombre de ceux que j'appelle les « champions cachés de la performance ». Cachés, car *ces entreprises sont peu connues et préfèrent souvent le rester,* mais champions sans aucun doute. A ma grande surprise, j'en ai trouvé beaucoup – plus de cinq cents rien qu'en Allemagne.

J'ai tout d'abord pensé que le phénomène des champions cachés était spécifiquement allemand et se rattachait à une tradition d'artisanat et de fierté du travail accompli. Mais peu à peu, *j'ai découvert de telles entreprises dans presque toutes les parties du monde, des États-Unis jusqu'à la Corée et de l'Afrique du Sud jusqu'à la Nouvelle-Zélande. J'ai constaté qu'elles étaient toutes étonnamment comparables.* Il semble que les principes qui conduisent à la réussite et à la domination de son marché soient les mêmes partout. *Les leçons* que je présente dans ce livre, qui ont été bien accueillies dans toutes les parties du monde, *devraient être utiles pour toutes les entreprises, où qu'elles se trouvent et quelle que soit leur origine nationale.*

Mon expérience des grandes entreprises m'incite à penser que *les champions cachés échappent à la plupart des aspects du syndrome de la « grosse boîte » : rigidité, bureaucratie, division excessive du travail, insuffisante proximité avec le client.* En essayant d'appliquer aux grandes entreprises, lors de mes missions de conseil, une bonne partie des enseignements tirés de mes travaux sur les champions secrets, je me suis aperçu que *les géants avaient beaucoup à apprendre des nains costauds.* Bien que les leçons aillent d'ordinaire dans l'autre sens, des grandes entreprises vers les petites, mes observations m'incitent à tenter de renverser cette orientation. Le simple fait que leurs stratégies sont largement connues fait perdre aux grandes firmes une grande partie de leur valeur concurrentielle. Les méthodes des champions cachés sont en général inconnues et peuvent donc apporter davantage dans la conception des stratégies d'entreprise.

Mon engagement croissant auprès de PDG de ces champions cachés, les nombreuses visites que je leur ai faites, nos rencontres répétées ont été l'occasion d'expériences révélatrices. J'ai souvent été profondément *impressionné par ce que ces firmes réussissaient à faire, malgré leur petite taille et la faiblesse de leurs moyens.* Je suis convaincu que les meilleures entreprises du monde se trouvent parmi elles plutôt que chez les grands groupes. Ces expériences de terrain m'ont davantage appris sur le management que vingt ans de travaux universitaires. C'est ce qui m'incite à partager avec le lecteur mes impressions et jugements subjectifs, en tant qu'universitaire et consultant. Ce que je dis dans ce livre n'est pas toujours vérifié, ni même vérifiable, scientifiquement. Il se peut que les caractéristiques les moins accessibles à la démarche scientifique, par exemple le leadership, la motivation, le fait de compter sur ses propres forces, soient les facteurs les plus importants dans la réussite des champions cachés de la performance.

Ce livre s'adresse principalement aux praticiens qui, j'en suis sûr, apprécieront que les aspects pratiques l'emportent sur la rigueur scientifique. Les chercheurs, qui y verront contester certaines opinions couramment admises, seront, je l'espère, encouragés à étudier ces questions de plus près.

* * *

Je voudrais également dans ces lignes remercier les nombreuses personnes qui m'ont aidé dans ce travail. Je songe d'abord et par-dessus tout aux fondateurs, propriétaires et dirigeants des champions secrets, qui m'ont accordé d'innombrables heures d'entretiens stimulants et d'expériences pleines d'enseignements. Je remercie la Fondation allemande pour la recherche, qui a généreusement soutenu ce projet de 1993 à 1995. Eckart Schmitt, mon assistant de recherche, un parfait *sparring partner* intellectuel, a puissamment contribué à ce travail dans toutes ses phases, ce dont je lui suis profondément redevable. J'exprime aussi ma reconnaissance à mes collègues de Simon, Kucher & Partners, Strategy & Marketing Consultants, pour les nombreuses discussions passionnantes, pénétrantes et enrichissantes que nous avons eues sur les questions stratégiques traitées dans ce livre. En discutant avec Nick Philipson, de Harvard Business School Press, j'ai élargi ma perspective concernant l'auditoire international. Barbara Roth, directeur éditorial, m'a guidé de manière très professionnelle tout au long du processus qui a permis de rendre ce livre publiable. *Last but not least*, j'exprime ma gratitude à Cecilia, Jeannine et Patrick pour avoir admis avec une patience infinie que le temps est la plus rare des ressources.

1

QUI SONT LES CHAMPIONS CACHÉS
DE LA PERFORMANCE ?

Nous préférons de beaucoup rester cachés.

Malgré leurs superbes réussites, une foule d'entreprises échappent à l'attention de ceux dont le métier est de tout savoir – les journalistes économiques –, de tout comprendre – les professeurs de gestion – ou de tout arranger – les conseils en management. Il s'agit de *l'élite des petites et moyennes entreprises,* royaume des « champions cachés ».

Profondément enfouie sous les titres ronflants à propos d'entreprises excellentes ou d'innovations révolutionnaires gît une source de leçons de management totalement ignorée. Une classe entière d'acteurs mondiaux demeure cachée sous une couche de discrétion, d'invisibilité et même de secret. Rares sont les praticiens, journalistes ou enseignants qui connaissent leurs noms ou savent quels produits ces entreprises fabriquent, sans parler de la manière dont elles conduisent leurs affaires à travers le monde. Mais leurs parts de marché ne s'accordent pas avec leur modestie. *Nombre d'entre elles occupent entre 70 % et 90 % de leur marché sur le plan mondial,* ce à quoi peu de multinationales géantes pourraient prétendre. Et beaucoup de ces champions cachés pratiquaient la mondialisation longtemps avant que le mot ne fasse son apparition.

Ce livre révèle les secrets de la réussite de sociétés inconnues qui sont parmi les « meilleures des meilleures ». Elles sont peu connues, et pourtant leurs produits nous entourent en permanence. Quelques brefs exemples :

- *Hauni* : Leader mondial des machines à cigarettes et littéralement seul fournisseur d'installations complètes de transformation du tabac, Hauni détient 90 % du marché mondial des machines à cigarettes ultra-rapides. Toutes les cigarettes à bout filtre du monde sont fabriquées grâce à la technologie dont il est l'inventeur.

- *Tetra* : Si vous possédez un aquarium, vous connaissez sans doute Tetramin. Tetra détient plus de 50 % du marché mondial des aliments pour poissons tropicaux.
- *Baader* : Ce champion caché détient 90 % du marché mondial des équipements de traitement du poisson. Même à Vladivostok, vous pourrez sans peine vous procurer ses produits et ses services.
- *Hillebrand* : Quand vous dégustez un beaujolais nouveau à Los Angeles, quelques jours à peine après sa sortie des chais en France, vous ne vous demandez probablement pas comment il a pu arriver si vite en Californie. Il y a 60 % de chances pour qu'il vienne de chez Hillebrand, le plus grand expéditeur de vins mondial avec des bureaux dans soixante pays.
- *Webasto* : Double champion caché, cette entreprise est leader mondial à la fois des toits ouvrants et des systèmes auxiliaires de chauffage pour automobiles.
- *Brita* : Le marché des filtres à eau au point d'utilisation a été créé par Brita. Ce pionnier qui se bat sans cesse pour défendre sa position de leader occupe 85 % du marché mondial.
- *Gerriets* : Fabricants d'écrans et de décors de théâtre, cette entreprise, unique producteur mondial de grands rideaux de scène pour lumière neutre, détient 100 % de son marché mondial.
- *Stihl* : Ses tronçonneuses fonctionnent dans le monde entier. Cette société très innovante s'arroge près de 30 % du marché mondial, soit deux fois plus que le plus puissant de ses concurrents.
- *Barth* : Quand vous buvez un verre de bière, vous ne vous interrogez sûrement pas sur l'origine de cet ingrédient essentiel qu'est le houblon. Barth, leader mondial du houblon et des produits à base de houblon, est dirigé par l'équipe la plus internationale et la plus polyglotte que je connaisse.
- *SAT* et *Wirtgen* : Dans le monde entier, les réseaux routiers se détériorent et doivent être rénovés. Or, le recyclage et l'environnement sont des préoccupations croissantes dans beaucoup de pays. Ces deux champions cachés en tirent parti. Wirtgen construit des machines et SAT fournit des services de recyclage des revêtements routiers. Leur toute dernière technologie, dite réfection à froid, permet d'assurer en une seule et même opération le décapage de la surface usée, le recyclage immédiat des matériaux et la réfection de

la chaussée. Cette technologie est déjà exploitée dans des pays comme l'Australie, l'Afrique du Sud ou Israël et le sera bientôt sous des climats plus froids.

- *Haribo* : Les oursons en gélatine Haribo sont aussi célèbres en Europe qu'aux États-Unis. La société a superbement réussi à conquérir une position de leader pour ce type de confiserie dans le monde entier.

- *Würth* : Né avec deux collaborateurs au milieu des années 50, Würth est de loin le plus important fournisseur de produits de montage dans le monde. Son concurrent le plus important fait à peu près un cinquième de sa taille. Avec des filiales dans quarante-quatre pays, elle poursuit une croissance rapide et renforce encore sa domination mondiale.

Nous pourrions poursuivre sur des pages entières en citant des fabricants de produits et des prestataires de services dans des domaines comme les textiles pour reliures, les squelettes, les arbres adultes, les trains miniatures, les filtres métalliques, les services de traduction pour grandes réunions, les plants de poinsettias, les instruments de mesure des angles, les boutons, les essais non destructifs, la location de grandes tentes ou la terre pour plantes en pot. Comment se fait-il que les champions cachés de la performance échappent si largement à l'attention de la presse économique et des universitaires ? Il y a plusieurs raisons à cela. D'abord, leurs produits sont souvent peu remarquables ou invisibles, utilisés au cours de processus de production ou intégrés dans le produit final comme un toit ouvrant, un parfum ou une hanche artificielle. Certains produits sont si modestes qu'ils passent inaperçus ; on oublie facilement qu'il faut bien quelqu'un pour fournir des boutons, des crayons, des tournevis ou des étiquettes pour bouteilles.

Mais la modestie de ces leaders mondiaux tient à une autre raison : ils se félicitent de leur obscurité. Ils fuient la publicité, certains refusant même explicitement de recevoir la presse – ou les universitaires, d'ailleurs ! Comme le disait un dirigeant de l'un des principaux fabricants d'équipements pour traitement de matériaux, « nous n'avons pas envie de révéler les stratégies qui ont fait notre réussite et d'aider ceux qui ne font pas assez d'efforts ». « Nous refusons de figurer sur votre liste, écrivait le directeur général d'un autre champion caché. Nous préférons de loin demeurer obscurs. » Et le patron d'un numéro un mondial, fournisseur d'un composant essentiel pour équipements antivibrations, remarque : « Nous ne voudrions pas que nos concurrents ni nos clients connaissent notre véritable part de marché. » Quant à ce jeune patron d'une société de service, il affirme « chérir depuis des années un anonymat qui nous convient parfaitement. Personne n'a remarqué notre niche ».

Au terme d'une longue enquête, le journaliste américain Philip Glouchevitch (1992, p. 51) se résignait à constater que « ces entreprises demeurent à bien des égards insondables – et c'est un trait délibéré ». Parmi celles que j'ai repérées, un petit nombre n'ont pas répondu à mes appels téléphoniques ni à mes courriers et ont refusé de me recevoir pour un entretien ou l'application d'un questionnaire. Chez L'tur – selon sa publicité, numéro un européen du tourisme de dernière minute – je n'ai même pas pu dépasser le standard. J'ai plus de mal à obtenir un rendez-vous du directeur général d'un champion caché que du patron d'une grande multinationale. Ce qu'un article de *Fortune* disait en 1994 à propos de Mars, fabricant de confiserie et de nourriture pour animaux, pourrait aussi bien s'appliquer à de nombreux champions cachés : « Non cotée en bourse, la société demeure cachée, n'accorde pas d'interviews, ne diffuse pas le portrait de ses dirigeants. Son caractère énigmatique paraît contradictoire, voire absurde » (Saporito, 1994, p. 50).

Pourtant, ces sociétés n'échappent pas totalement à l'attention des observateurs. Porter (1990a), dans *L'Avantage concurrentiel des nations*, décrit plusieurs domaines où elles jouent des rôles éminents, notamment le secteur allemand des matériels d'impression avec Heidelberger Druckmaschinen, leader mondial des machines offset, et Koenig & Bauer, champion du monde des presses pour billets de banque. Il mentionne aussi Claas, leader mondial des moissonneuses-batteuses et Cloos, champion caché des installations de soudage. Peters (1992), dans *L'Entreprise libérée*, évoque des « petits géants » et décrit quelques entreprises peu connues. De même, *Business Week* a publié le portrait de quelques champions cachés allemands dans un article intitulé « Think Small » (Schares et Templeman 1991), puis une étude sur leurs homologues américains, « The Little Giants » (Baker *et al.* 1993).

Pour amener ces entreprises farouches à baisser leur garde, il faut gagner leur confiance. J'ai finalement réussi à décider plusieurs centaines de leurs dirigeants à me recevoir, à remplir un questionnaire ou à me remettre des documents sur leur stratégie et leur style de direction. Mais quelques-unes n'ont accepté de coopérer que sous la promesse de ne jamais révéler leur nom ou de ne les mentionner qu'à propos de faits et citations précis. Cette attitude est compréhensible : beaucoup d'entre elles interviennent sur des marchés étroits, où les informations peuvent être directement rapprochées d'un fournisseur, d'un client ou d'un concurrent déterminé. C'est pourquoi, respectant leur désir de confidentialité, je ne désignerai pas les sources qui préfèrent demeurer anonymes.

Les critères de sélection du champion caché

J'ai décidé d'en apprendre plus sur les champions cachés à la suite d'un débat sur la compétitivité au plan international, à la fin des années 80. À y regarder de plus près, il s'avérait que les impressionnantes réussites allemandes à l'exportation étaient dues en grande partie à des entreprises moyennes. Je me suis mis à rechercher systématiquement des sociétés de taille modeste occupant des positions de premier plan sur leur marché mondial. Ce cadre d'analyse a donné un résultat surprenant : j'en ai débusqué plus de cinq cents en quelques années. Faute de statistiques propres à cette catégorie, ma collection de champions cachés n'est assurément pas complète ; au contraire, il en reste sûrement beaucoup à découvrir. Leurs noms viennent de sources nombreuses : articles de journaux, séminaires, conversations et lecteurs de mes articles sur la question. Plus j'approfondissais mon étude, plus le phénomène m'intriguait et me fascinait. Après une première publication dans la *Harvard Business Review* (Simon 1992), je me suis engagé en 1992 dans un projet de recherche beaucoup plus vaste. Ce livre s'appuie sur ce projet, mais aussi sur mes travaux des six dernières années et mes missions de conseil auprès de bon nombre de ces champions.

Pour mériter le titre de champion caché de la performance, une entreprise doit respecter trois critères (voir la liste ci-dessous et le tableau 1.1) :

- D'abord, elle doit être numéro un ou deux sur son marché mondial, ou numéro un sur son marché européen. Dans l'idéal, ce rang se mesure par la part de marché, la quasi-totalité des champions secrets étant leaders de leur marché. Mais au cours de mes recherches, j'ai aussi constaté que les firmes ne connaissent pas toujours leur part de marché et que le leadership de marché n'est pas toujours quantitatif. Certains champions cachés qui ignorent leur place exacte sont néanmoins bien conscients d'être plus forts que leurs concurrents et de faire partie des leaders de leur marché. Ils participent activement à la définition des règles du jeu.

• Ensuite, elle doit être de taille petite ou moyenne et peu connue. Son chiffre d'affaires tourne autour du milliard de dollars environ, mais notre liste comprend quelques sociétés plus grandes présentant les mêmes caractéristiques, par exemple Würth.

• Troisièmement, un champion caché doit être peu visible du public. C'est pourquoi des entreprises célèbres comme Porsche et Braun en sont exclues.

Définir qui est le numéro un ou le numéro deux d'un marché soulève bien sûr le problème de la définition du marché, qui relève des sociétés elles-mêmes. Cette question est examinée en détail au chapitre 3.

Tableau 1.1 – Critères du champion caché de la performance.

• Numéro un ou deux sur un marché mondial ou numéro un sur le marché européen en termes de parts de marché ; si la part de marché est inconnue, l'entreprise doit être un leader par rapport à ses concurrents les plus puissants.
• Pas plus de 1 milliard de dollars de chiffre d'affaires sauf exception (4,4 % des sociétés de notre échantillon dépassent ce seuil).
• Visibilité et notoriété faibles auprès du public.

Il est intéressant de rapprocher ces caractéristiques de celles des entreprises vedettes évoquées au début de ce chapitre. Comparés à des entreprises comme Microsoft, Intel, Nintendo, Federal Express ou McCaw Cellular, les champions cachés :

• croissent moins vite,

• sont présents sur des marchés plus stables et moins cycliques,

• doivent croître en exportant dès le départ, car leur marché est petit dans chaque pays,

• existent parfois depuis plus longtemps,

• appartiennent à une famille ou à un petit nombre d'actionnaires,

• ne dépassent pas une taille relativement petite ou moyenne.

Ces traits contribuent à dessiner une culture d'entreprise qui favorise la continuité, une croissance régulière plutôt qu'exponentielle et des pratiques plus terre à terre qu'on ne s'y attendrait. Une domination mondiale de ce genre repose largement sur une grande vigilance envers les détails, une attention permanente à ses clients et de la constance.

À qui s'adressent les leçons des champions cachés ?

Ce livre est principalement destiné aux praticiens et aux dirigeants des entreprises, petites ou grandes. Les universitaires et chercheurs pourront aussi y puiser de nouvelles idées. Mes constats vont souvent à l'encontre des préceptes admis sur le management.

Toute entreprise devrait pouvoir tirer un enseignement des réussites des autres. Dans le passé, il semble que *les leçons aient été à sens unique, des grandes entreprises vers les petites* ; je voudrais inverser l'orientation. On le verra au cours des chapitres suivants, les grandes entreprises ont beaucoup à apprendre des champions cachés. Au cours de nombreux séminaires auprès de sociétés importantes, j'ai pu constater que l'exemple de ces champions favorisait l'introspection, la discussion et l'action concrète. Dans *Build to Last*[1], Collins et Porras (1994) affirment avoir étudié des grandes entreprises « visionnaires » et « les meilleures du monde ». Je pense qu'ils useraient plus modérément des superlatifs s'ils connaissaient les champions cachés.

Même si les qualités des deux groupes sont remarquablement similaires, les champions cachés les possèdent presque toutes à un plus haut degré. Ainsi de la continuité, telle que mesurée par l'ancienneté du PDG dans sa fonction. Avec dix-sept années, les sociétés visionnaires sont excellentes à cet égard, mais les champions cachés ayant au moins un demi-siècle d'existence font mieux avec vingt-quatre années de fonction en moyenne. Comparés aux grandes entreprises traditionnelles, ils sont bien plus efficaces et efficients. Les grandes entreprises pourraient s'améliorer beaucoup en adoptant ne serait-ce que quelques-unes de leurs pratiques. Mais cela les obligerait à modifier radicalement leur organisation, leur culture d'entreprise et leur direction. Pour mieux illustrer ce

---

1. Ce livre a été traduit en français sous le titre *Bâties pour durer : les entreprises visionnaires ont-elles un secret ?*, First, 1996.

fait, je compare les attributs des champions cachés à ceux des grandes entreprises. Ces rapprochements poussent à imaginer la grande entreprise de l'avenir soit comme un grand champion très spécialisé, tel Boeing par exemple, soit comme un groupe de champions cachés. J'évoquerai ces aspects plus complètement dans le chapitre 11.

Les entreprises plus petites et moins prospères ont aussi beaucoup à apprendre en comparant leurs stratégies et celles des champions cachés pour déterminer quelles sont leurs différences. Celles-ci concernent sans nul doute des éléments essentiels de la stratégie des champions cachés comme la fixation des objectifs, la focalisation et la concentration. On trouvera au chapitre 11 une liste des points à examiner chez un champion caché.

Ce sont peut-être les entreprises non allemandes qui ont le plus à y gagner. Alors que les styles et les stratégies de management des firmes américaines et de certaines firmes japonaises sont bien connues à l'étranger, l'Allemagne demeure une énigme malgré une réussite énorme à l'exportation et face à la concurrence internationale, insuffisamment appréciée hors du pays. Comme on le verra, *la stratégie des champions cachés, fondée sur un petit nombre de principes appliqués avec bon sens et sans sacrifier aux modes du management, nous ramène au cœur même de la bonne gestion.* Dans le chapitre 11, nous verrons aussi ce que cela implique pour des entreprises du monde entier.

2

L'OBJECTIF

Notre objectif est de devenir le numéro un.

L'objectif essentiel des champions cachés est d'être les leaders de leur marché – rien de moins. Mais que signifie être leader de son marché? Comment les champions cachés entendent-ils cette expression? Comment atteignent-ils et défendent-ils leur position dominante? En quoi leurs objectifs et leurs visions contribuent-ils à leurs réussites et comment les mettent-ils en œuvre? Ce sont là quelques-unes des questions abordées par ce chapitre.

Leadership de marché

Depuis quelques années, le leadership de marché fait l'objet d'un intérêt croissant (voir par exemple Biallo 1993, Adamer et Kaindl 1994, Treacy et Wiersema 1995). Il se définit ordinairement en termes de part de marché, le leader étant l'entreprise qui détient la plus grosse part de marché. Comme on l'a déjà dit, les champions cachés de la performance sont nettement leaders à cet égard. Leur part du marché mondial est en moyenne de 30,2% et leur part relative de 1,56, c'est-à-dire qu'ils sont quantitativement parlant 56% plus gros que leur principal concurrent. Un quart d'entre eux surpassent de plus de 150% la plus importante firme concurrente avec une part de marché relative supérieure à 2,5.

Le tableau 2.1 indique les positions mondiales de quelques champions cachés de la performance. Il mentionne pour chaque société son produit essentiel, son chiffre d'affaires, son effectif, son rang sur le marché, sa part de marché absolue en pourcentage et sa part de marché relative, c'est-à-dire sa propre part de marché divisée par celle de son principal concurrent. On voit qu'en termes de part de marché ces entreprises dominent la masse et se situent pour la plupart loin devant leurs concurrents.

Tableau 2.1 – Positions de quelques champions cachés
sur le marché mondial.

Entreprise	Produit principal	Position sur le marché mondial				
		C.A. en millions de US $	Effectif	Rang	Part de marché absolue	Part de marché relative
Aesculap	Instruments chirurgicaux	350	4 500	1-2	15 %	1,5
Hensoldt & Söhne	Jumelles et longues-vues	60	957	1	> 50 %	2,5
Brähler	Location d'installations de traduction pour congrès	45	390	1-2	30 %	1
Hille & Müller	Barres d'acier laminé à froid	330	1 500	1	> 50 %	2
Matth. Hohner	Harmonicas et accordéons	127	1 050	1	85 %	42,5
Carl Jäger	Cônes et bâtons d'encens	3	10	1	70 %	2,3
Arnold & Richter	Appareils photo 35 mm	130	700	1	60 %	3
Deutsche Messe	Organisation de foires-expositions pour biens d'équipement	267	600	1	12,5 %	2
Ex-Cell-O	Machines de perçage et de meulage pour bielles	300	1 300	1	70 %	3,5
Söring	Bistouris à ultrasons	3	20	1	36 %	1,2
Physik Instrumente	Interrupteurs piézo-électriques	66	440	1	50 %	3,3
Grenzebach	Chaînes informatisées de coupe, de manutention et de stockage pour la production de verre float	67	450	1	50 %	5
Märklin	Trains miniatures	147	1 700	1	55 %	3

Tableau 2.1 – Positions de quelques champions cachés
sur le marché mondial. *(Suite)*

Entreprise	Produit principal	Position sur le marché mondial				
		C.A. en millions de US $	Effectif	Rang	Part de marché absolue	Part de marché relative
SAP	Progiciels client/serveur	1 800	5 000	1	40 %	1,5
ASB Grünland	Terre pour plantes en pot	191	465	1	40 %	4
Carl Walther	Armes de sport	17	200	1	50 %	2

Être leader du marché ne signifie pas nécessairement en détenir la plus grosse part. Quand on leur demande s'ils se considèrent comme leaders de leur marché, les champions cachés répondent comme suit. Pour respectivement 72,6 % et 46,6 % d'entre eux, le chiffre d'affaires et le nombre d'unités vendues sont les deux critères les plus importants ; 36,2 % pensent que la position de leader se définit aussi par la technologie, 6,9 % se considèrent comme leaders par leur gamme de produits et 14,7 % définissent leur position de leader en fonction d'autres critères qualitatifs tels que la qualité, le service ou la présence mondiale (voir tableau 2.2). (La somme des pourcentages est supérieure à 100 en raison des réponses multiples.) Nos entretiens confirment nettement que, pour les champions cachés, le leadership de marché ne se borne pas à l'aspect quantitatif des parts de marché. Il comprend des aspects comme la supériorité dans l'innovation, la technologie, les compétences centrales, la capacité à faire la mode, l'influence sur le marché et la puissance. Être le vrai leader d'un marché ne signifie pas seulement en détenir la plus grosse part.

Les champions cachés considèrent le leadership de marché comme une notion à long terme et non à court terme. En moyenne (médiane), ils sont leaders de leur marché depuis dix ans et demi ; un quart d'entre eux à peu près occupent cette position depuis plus de vingt-cinq ans. Glyco a près de cent ans, et Horst Müller, son PDG, assure que sa force a toujours été son leadership technologique. Scheuerle, fondé en 1869, est leader dans les technologies du transport lourd (jusqu'à 10 000 tonnes) depuis sa création.

Tableau 2.2 – Comment les champions cachés définissent-ils le leadership du marché.

Qu'est-ce qui fait qu'une entreprise est un leader sur son marché ?	
Le chiffre d'affaires le plus élevé	72,6 %
Le plus grand nombre d'unité vendues	46,6 %
La meilleure technologie	36,2 %
La meilleure gamme de produits	6,9 %
D'autres critères (qualité, service, présence mondiale…)	14,7 %

Le fait d'être déjà leader est la base de la puissance actuelle et future. La figure 2.1 donne les réponses à la question : « A quel point dominez-vous votre marché » selon une échelle allant de 1 (pas de domination du tout) à 7 (très dominant).

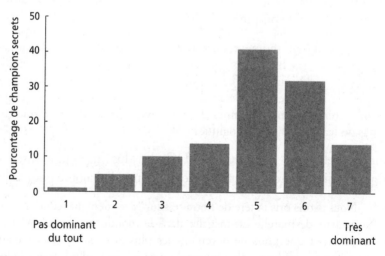

Figure 2.1 – La manière dont les champions cachés perçoivent leur place de leaders du marché.

Près des trois quarts, 74,4 %, situent leur domination au-dessus du score moyen de 4. Seuls 13,7 % se situent au-dessous de 4. La manière dont ils évaluent leur influence sur l'évolution future de leur marché est en accord avec ce tableau : 66,4 % pensent qu'elle sera forte ou très forte, tandis que

16,4 % seulement la situent au-dessous de la moyenne. Les comportements de domination et d'influence révélés par l'étude quantitative ont été confirmés et réitérés lors de nos entretiens. Ces observations m'ont conduit à dégager la notion de leadership psychologique de marché, qui englobe des paramètres tels que la technologie, la couverture du marché et la qualité. Mes interlocuteurs ont vivement approuvé ce concept, beaucoup plus significatif selon eux que celui de part de marché dominante.

« J'aime le terme de "leader psychologique du marché", disait le Dr Hans-Michael Müller, chez Eppendorf-Netheler-Hinz, leader mondial des pipettes. Il nous décrit bien. Personne ne peut nous ignorer. Quand on veut établir des comparaisons, on nous retient toujours comme référence. C'est nous qui créons les normes, cela ne fait aucun doute. "Nous sommes aussi bons qu'Eppendorf", disent nos concurrents. » « Notre rôle n'est pas de copier l'état de l'art mais d'en être les initiateurs, notait E.C.H. Will, dont les machines servent à produire la moitié des cahiers de travaux pratiques scolaires dans le monde. Nous avons défini la norme mondiale. » Quant à Alfred K. Klein, directeur général de Stabilus, leader mondial des amortisseurs à gaz, c'est en termes de leadership psychologique qu'il explique :

> Au bout d'un moment, on s'aperçoit que nos idées se reflètent dans les produits et les habitudes du secteur. Un jour nous avons modifié le symbole technique signifiant « force » en remplaçant le p par un f. Peu après, le monde entier passait du p au f. Nous constatons même que nos concurrents imitent certaines de nos erreurs passées. Est-ce que ça n'est pas du leadership psychologique ?

Günter Fielmann, fondateur et PDG du plus important distributeur d'optique médicale européen et numéro deux mondial ajoute pour sa part :

> Nous avons pris la tête de notre secteur et totalement redéfini ses règles. Notre part de marché est inégalée dans le monde occidental. Mais, longtemps avant que nous ne devenions les plus gros par le chiffre d'affaires, nous étions le leader psychologique du marché. Le leadership psychologique est la cause et le leadership sur les parts de marché est la conséquence.

Dans *La Conquête du futur*, Hamel et Prahalad (1994, 47) parlent de « leadership intellectuel » comme de la première des trois phases de la concurrence dans l'avenir. Le concept peut sembler similaire, mais dans le « leadership psychologique de marché » entrent explicitement la puissance et la volonté, et non seulement des éléments intellectuels.

Il s'accompagne clairement de la volonté d'être leader, ce qui en fait à la fois à un leadership intellectuel et « pratique ».

Les champions cachés excellent non seulement dans la conquête des parts de marché mais aussi dans la défense de leur position dominante. Derrière leur réussite directement observable en matière de part de marché, il y a un leadership psychologique plus profond qui les conduit à fixer les normes de leur secteur, à en définir et redéfinir les règles. Il repose à la fois sur des compétences supérieures et sur la volonté de déterminer les règles du marché au lieu de les subir. Le leadership psychologique de marché précède souvent le leadership exprimé en parts de marché, le premier entraînant le second.

Les leaders de marché, en particulier les grandes entreprises à grands marchés, semblent enclins à figer les règles du jeu pour conserver leur position. Cette attitude, source d'inertie et d'autosatisfaction, aboutit finalement à la perte de leur position de leader. Foster (1986) désigne ce phénomène du nom de syndrome du leader perdant. Les champions secrets leaders sur leur marché semblent moins susceptibles que les grandes entreprises d'en être victimes. La préservation durable de leur position de leader apporte la preuve qu'ils demeurent assez souples et prudents pour ne jamais se sentir en sécurité. Ils continuent à innover et à redéfinir les règles de leur industrie.

L'objectif : vision et détermination

Comment devient-on un leader du marché? D'abord et surtout en le voulant, en déterminant son objectif, en ayant la volonté d'atteindre la première place. Pour la plupart des champions secrets, devenir leader du marché – et dans l'idéal leader du marché mondial – n'est qu'un premier objectif, la base même de leur réussite. Ils n'ont atteint leur position sur le marché que parce qu'ils avaient un objectif clair, une vision à long terme, une détermination extrêmement forte et la volonté de poursuivre cet objectif pendant des dizaines d'années.

« Notre objectif d'entrepreneurs est d'être leader mondial de notre marché et de notre technologie dans des niches rentables de la chimie spéciale », disait un champion caché des plus représentatifs mais qui restera anonyme, leader mondial dans plusieurs créneaux de la chimie fine. Winterhalter Gastronom, leader mondial des lave-vaisselle pour l'hôtellerie-restauration, est à peine moins précis et ambitieux : « Notre objectif est d'avoir un leadership absolu sur des marchés bien déterminés en Europe et en Asie ». Chez Villeroy & Boch on assure : « Nous n'avons jamais recherché des succès rapides, mais une réussite durable. Nous avons toujours voulu faire partie des plus grands sur notre marché, et dans l'idéal être le plus grand ». Cette société vieille d'un siècle et demi est le leader mondial des carrelages et l'un des trois plus importants producteurs de porcelaine de table. Dräger, leader mondial des incubateurs, s'est fixé quatre principes, dont celui-ci : « Position numéro un : nous voulons rester devant ! Nous avons toujours lutté pour occuper la première position sur notre marché. Cela couvre à la fois le leadership technologique et le leadership du marché ». Le principe directeur de Braun, qui fait partie du groupe Gillette, est d'être leader mondial sur son marché. L'entreprise dit viser la première place pour toutes ses divisions, et non seulement pour celles qui détiennent déjà cette distinction, creusant nettement l'écart avec ses concurrents dans les brosses à dent électriques, les mixeurs à main et les séchoirs à cheveux. Elle rivalise pour la première place avec Philips dans les rasoirs électriques et avec Mr. Coffee dans les machines à café. Ses atouts en matière de design, de technologie et de présence sur le marché en font le vainqueur probable.

Ces positions tranchées ne sont pas isolées. « Malgré ses dénégations officielles, Siebert ne veut rien de moins que dominer le marché mondial de la gélatine », écrivait le journaliste Horst Biallo (1993, 17) à propos du PDG de DGF Stoess AG, leader mondial du marché de la gélatine. Notons au passage que Jörg Siebert a été médaille d'or en aviron aux jeux Olympiques de Mexico en 1968, dans une discipline qui exige le même genre d'énergie que la conquête d'un marché mondial. Et Fritz Mayer, l'un des trois fils de Karl Mayer, fondateur du leader mondial des machines raschel (utilisées pour la production de la soie), déclarait dans une interview : « Notre devise est de vendre nos machines dans toutes les parties du monde au prix le plus acceptable possible et d'écraser toute concurrence qui surviendrait dans nos marchés niches » (« Geht Karl Mayer nun auch den Weg nach China ? » 1993).

La clarté et la fermeté de ces objectifs affichés ne laisse pas place à l'ambiguïté ni au doute. Viktor Dulger, fondateur de Prominent Dosiertechnik, leader mondial sur le marché des pompes volumétriques, affiche même son ambition dans le nom de sa firme : « Je me suis fixé pour objectif de départ de surpasser tous les grands constructeurs de pompes grâce à mon invention. C'est pourquoi ma pompe s'appelle Prominent! » (Hoffmann 1995, 16). Les citations suivantes, extraites d'entretiens, proviennent de divers champions cachés de la performance pour lesquels l'objectif est de devenir le numéro un.

- Dès nos débuts, l'objectif déclaré était de devenir le leader international.
- Quand j'avais deux collaborateurs, je voulais devenir le numéro un mondial. Aujourd'hui, j'ai plusieurs milliers de salariés, et nous sommes numéro un.
- Nous nous battons pour être les fournisseurs des trente premiers clients mondiaux.
- L'identité de notre entreprise se définit par sa position de leader sur le marché mondial.
- Nous voulons être grands sur de petits marchés.
- L'un des trois objectifs de notre société est de défendre sa position de leader dans ses domaines de compétence.
- Je veux que ma société soit encore le leader de son marché dans cent ans. Nous avons créé ce marché et nous voulons le dominer aujourd'hui comme dans l'avenir.
- Notre patron considère que nous sommes leader mondial; nous n'avons donc pas d'autre solution que de devenir leader mondial.

Certains de ces objectifs sont peut-être exprimés avec un peu d'exagération. Je ne garantis pas qu'aucun n'ait été fixé après coup, ou chemin faisant. Mais, pour avoir discuté avec tant de dirigeants et de salariés de ces entreprises, je sais que la plupart d'entre eux prennent ces objectifs très au sérieux. Peut-être visaient-ils un tel but longtemps avant de le dire explicitement. Ce sont les actes qui compte.

Consciemment ou intuitivement, ces gens savent l'importance extrême des objectifs et des visions. Ils me rappelle souvent la définition que le philosophe espagnol José Ortega y Gasset donnait de l'homme, « cet être qui ne consiste pas tant en ce qu'il est qu'en ce qu'il devient » (Ortega y Gasset 1960). Ces leaders, maîtres du présent au nom de l'avenir, souscriraient probablement à l'observation suivante : « L'homme n'est pas là où il est aujourd'hui mais en avant de lui-même, loin vers son propre horizon, et de là il contrôle et oriente la vie réelle, actuelle. Nous vivons de nos illusions, comme si elles étaient déjà la réalité. » Peut-être les objectifs et les visions des champions secrets apparaissent-ils souvent comme des illusions, mais les pensées, les visions, les paroles et les représentations mentales finissent par devenir réalité, parce qu'elles s'appuient sur des actes.

Peter Drucker (1988, 76) définit ainsi le rôle capital de ces objectifs et visions :

> Toute entreprise requiert des objectifs simples, clairs et fédérateurs. Sa mission doit être suffisamment claire et ambitieuse pour offrir une vision collective. Les objectifs qui la matérialisent doivent être clairs, publics et maintes fois réaffirmés. On entend beaucoup parler de culture d'entreprise aujourd'hui. Mais ce que l'on entend réellement par là, c'est l'engagement de toute une entreprise envers quelques objectifs et valeurs communs. Sans cet engagement, il n'y a pas d'entreprise, il n'y a qu'une masse. Le rôle des dirigeants est de penser, exprimer et incarner ces objectifs, ces valeurs et ces buts.

Beaucoup de champions secrets se montrent exemplaires dans leur manière de fixer des objectifs et des visions et de planifier leurs stratégies à long terme. En 1979, Würth, leader mondial sur le marché des produits de montage, réalisait un chiffre d'affaires de 430 millions de Deutsche Mark. Reinhold Würth, qui en était alors le PDG, avait à l'époque fixé un nouvel objectif de chiffre d'affaires de 1 milliard de DM pour 1986 et de 2 milliards pour 1990. « Il est étonnant de voir avec quelle rapidité ces objectifs prennent une vie autonome et s'intègrent à la culture d'entreprise. Les salariés s'identifient aux prévisions et font tout pour les réaliser ». Quand l'objectif de 2 milliards de DM fut réalisé, dès 1989, Würth n'hésita pas à fixer un nouvel objectif de 10 milliards de DM pour l'an 2000. Avec un chiffre d'affaires nettement supérieur à 4 milliards en 1995, l'entreprise était en bonne voie pour le réaliser. Voici comment Würth juge le nouvel objectif :

> Cette nouvelle vision a été acceptée en très peu de temps par les salariés. Personne n'a plus d'états d'âme à propos de ce chiffre colossal et tout le monde y adapte sans mal sa manière de travailler. Je n'exagère pas en disant que cette nouvelle vision exerce une attraction quasi magnétique.

Klaus Hendrikson, directeur général de Würth do Brazil, ajoute ce commentaire :

> Il faut être capable de concrétiser. Il faut vérifier ses limites et ses moyens, le marché, les financements, les ressources humaines, les capacités

d'encadrement et ainsi de suite. C'est seulement après avoir étudié très soigneusement la question que vous pouvez annoncer des visions et des buts aussi ambitieux. Mais si elle repose sur une base solide, la vision s'imposera d'elle-même.

On trouve un second exemple chez Kärcher, leader mondial des nettoyeurs haute pression. Après le décès du fondateur, au milieu des années 70, le jeune Roland Kamm fut appelé aux commandes. En 1978, alors que la société réalisait environ 30 millions de DM de chiffre d'affaires, il précisait par écrit ses objectifs dans « Report 1995 », où il envisageait de porter les ventes à 1 milliard de DM en 1995. « Report 1995 » proposait des stratégies explicites d'expansion internationale et de lancement de produits, avec notamment une section intitulée « encore inconnu ». En 1993, Kärcher a affiché un chiffre d'affaires un peu supérieur à 1 milliard de DM dans le monde. Dans l'intervalle, de nouveaux objectifs explicites, à peine moins ambitieux, ont été fixés pour les dix années suivantes. Pour avoir rencontré les responsables de l'international chez Kärcher, je ne doute pas que ces objectifs seront atteints. Jamais je n'ai vu une vision à long terme appliquée aussi méthodiquement que chez Kärcher.

Au milieu des années 70, le chiffre d'affaires de Webasto était du même ordre que celui de Kärcher. Werner Baier, nommé PDG vers cette époque, considérait que c'était un bon point de départ pour prendre le leadership mondial du marché des toits ouvrants pour automobiles. « C'était le travail de terrassement sur lequel nous avons bâti notre vision à long terme, celle d'un leadership du marché mondial », dit-il. Webasto, dont les ventes atteignent aujourd'hui 1 milliard de dollars, est leader mondial des toits ouvrants et des systèmes de chauffage auxiliaires. Ses nouveaux dirigeants, autour du Dr Rudi Noppen, PDG, et de Franz-Josef Kortüm, ont fixé des objectifs tout aussi ambitieux pour la prochaine décennie.

Beaucoup de dirigeants et de salariés des champions cachés de la performance se projettent dans l'avenir. Winterhalter Gastronom, leader mondial des lave-vaisselle pour l'hôtellerie-restauration, a un principe explicite : « Nous consacrons une partie importante de notre temps à l'avenir. » En fin d'entretien, j'avais l'habitude de demander : « Où situez-vous votre entreprise dans dix ans ? » La plupart des réponses étaient spontanées et claires : les objectifs pour l'avenir semblaient aussi nets que ceux du passé.

Même si les stratégies de Würth, Kärcher et Webasto évoquent une marche planifiée, leur mise en œuvre, dans ces trois sociétés, n'a sûrement pas été sans dérapages ni surprises.

Les objectifs et la vision des champions secrets sont généralement clairs, mais ils sont rarement détaillés. Ils sont plus qualitatifs que quantitatifs. Cela semble différent de l'approche habituelle des grandes entreprises, qui attachent beaucoup d'importance aux détails, à la précision des chiffres et aux raisonnements analytiques.

Une seconde différence entre grandes et petites entreprises réside dans l'unité de la planification et de la réalisation. Chez les champions cachés, l'une et l'autre relèvent généralement d'une même personne. Elle aura peu tendance à se bercer d'illusions avec des chiffres pseudo-précis ou des prévisions hasardeuses. Si les projets ne se matérialisent pas comme prévu, elle n'hésitera pas à corriger la stratégie. Cette démarche, que Mintzberg et Waters appellent « stratégie émergente », est très répandue parmi les champions secrets. Pour ces auteurs, il s'agit d'un « flux de décisions organisé ». La stratégie émergente « se dégage selon un processus dans lequel les résultats de nombreuses actions individuelles convergent pour s'organiser en une forme cohérente » (1985, 257).

Cela ne signifie pas que les objectifs globaux soient moins clairs que dans une stratégie planifiée. Même si le but, devenir leader de son marché, peut être tout aussi clair et explicite dans les deux cas, il est possible que le marché soit moins bien défini, ou plus dynamique, que la position de leader puisse être atteinte de plusieurs manières et que la question des moyens ne soit pas réglée.

On trouve dans notre échantillon un exemple typique de stratégie émergente avec JK Ergoline, leader mondial des « lits à ultra-violets » qui équipent les studios de bronzage. Le marché de ces services, instable, dépend des goûts et des modes; il est donc difficilement prévisible. Quand je lui ai demandé comment il voyait son entreprise dans dix ans, le PDG Josef Kratz m'a répondu :

> C'est difficile à dire dans un marché aussi volatil. Mais je peux vous assurer d'une chose. Où que se situent les opportunités, nous serons assez rapides et assez souples pour les saisir. Et nous nous battrons pour être les leaders, cela ne fait aucun doute. Nous avons fait la preuve de notre flexibilité. Nos premiers produits étaient les saunas, marché sur lequel nous avions une position dominante. Mais les barrières à l'entrée sur ce marché étaient basses et tout le monde pouvait y participer. Nous avons donc

renoncé aux saunas pour entrer sur le marché des lits à U.V. professionnels avec la détermination de devenir le numéro un mondial. C'était notre objectif, et nous y sommes arrivés.

Kurt Held, dont l'entreprise est le second plus important constructeur mondial de presses à double courroie offre un autre exemple de stratégie émergente. Installé en Forêt Noire, Held fournissait au départ des pièces mécaniques pour les horlogers des environs. Tôt conscient du déclin de l'industrie horlogère et recherchant de nouveaux débouchés, il a inventé en 1974 le procédé de la presse à double courroie. Il a ainsi abordé des marchés totalement nouveaux. « Aujourd'hui, je ne dépend pas d'un type précis de client mais je recherche continuellement de nouvelles applications de ma technologie, explique-t-il. Cela entraîne mon entreprise dans de nouvelles directions. »

Le troisième type de stratégie est de nature entrepreneuriale. Mintzberg et Waters (1985) la décrivent comme suit :

> Celui qui exerce le pouvoir dans l'entreprise est en mesure d'imposer sa vision stratégique. Cela se produit le plus souvent dans des entreprises jeunes ou de petite taille. La vision ne donne qu'une idée générale de l'orientation. Elle laisse de la place pour les adaptations. Comme, ici, le penseur est aussi le réalisateur, il peut réagir rapidement aux effets de ses actions précédentes ou à des opportunités ou menaces nouvelles de l'environnement. C'est l'adaptabilité qui distingue la stratégie d'entrepreneur de la stratégie planifiée. Elle apporte de la souplesse, au détriment de la précision et de l'articulation des intentions.

Cette stratégie n'est pas représentative des champions cachés. On ne devient pas leader mondial en changeant souvent d'orientation. Cependant, certaines sociétés très jeunes de notre échantillon font exception. Souvent, elles créent de nouveaux marchés, cherchent à mieux comprendre les besoins des clients, profitent des opportunités et doivent rester flexibles jusqu'au moment où elles découvrent leurs objectifs et orientations à long terme. Alors, en général, elles cessent de s'interroger et poursuivent avec détermination leur objectif.

Clean Concept en est un exemple. Convaincu que l'hygiène des toilettes publiques pose un problème sérieux (les infections contractées dans les installations sanitaires des hôpitaux font plus de morts que les accidents de la route), Clean Concept a développé un système totalement neuf, Cleanomat. Mais la société s'est alors avisée que cela ne suffisait pas. « Malgré ses qualités, le Cleanomat n'était pas à la hauteur des nouvelles normes d'hygiène, explique Annett Kurz, porte-parole de la société. Notre objectif était de trouver une solution totalement neuve à un problème courant de qualité de la vie – de faire en sorte que les utilisateurs des toilettes publiques disposent d'un équipement sans le moindre contact. »

Puis Clean Concept a dû élargir son concept pour l'adapter aux handicapés. La société a mis au point un programme d'aide-propreté présenté à la Rehabilitation Fair 1993, mais elle s'est ensuite aperçue que le produit n'était pas tout. Elle s'est mise à en assurer l'entretien et l'approvisionnement en consommables (savon liquide, détergents, papier…) par l'intermédiaire d'une nouvelle filiale, Clean Out. Il est possible de télésurveiller toutes les toilettes d'un même immeuble grâce à un réseau informatique. Des capteurs mesurent certains paramètres d'hygiène dans toutes les toilettes et en rendent compte à une unité de contrôle centrale.

Il a fallu six ans pour que cette solution globale apparaisse progressivement. Pendant ce temps, Clean Concept a attiré une clientèle prestigieuse. On trouve ses produits au Casino de Monte-Carlo, au Majestic de Cannes et au siège de KLM à l'aéroport Schiphol d'Amsterdam. Ils sont aussi en cours de test sur dix-sept aires de repos des autoroutes allemandes. Clean Concept est convaincu que cette idée marquera le début d'une nouvelle culture d'hygiène à l'aube du prochain siècle, car tout le monde a horreur des toilettes malpropres. Mais le développement de ce marché suppose une évolution culturelle, ce qui prendra du temps. Clean Concept, avec une mission claire, garde suffisamment de souplesse et d'esprit d'entreprise pour s'adapter aux circonstances.

Un second cas de stratégie entrepreneuriale est celui d'Interface. Les entrepreneurs comme Rainer Wieshoff ne manquent pas dans le secteur de la micro-informatique, mais son produit à lui est vraiment spécial. Après des études d'informatique, il a travaillé pendant trois ans pour IBM en Allemagne. En 1983, il a lancé avec succès sa propre entreprise de progiciels, Interface. En 1989, le marché commençant à devenir de plus en plus difficile, il s'est mis à différencier sa ligne de produits. En collaboration avec l'université de Francfort, il avait constaté que la sécurité informatique prenait de plus en plus d'importance mais restait difficilement accessible. « A l'époque, se rappelle-t-il, on recherchait une solution de sécurité logicielle autour de 200 DM par PC, mais personne ne pouvait en fournir une à ce prix. Soudain m'est venue l'idée de sécuriser le micro-ordinateur avec une solution matérielle abordable, tout simplement en verrouillant le lecteur de disquette. » Il a commencé par fabriquer mille antivols, ce qui représentait un important risque financier pour sa petite entreprise. Aujourd'hui, Wieshoff vend quarante mille Floppy Lox par an et est leader mondial de la sécurité pour micro-ordinateurs.

Poursuite de l'objectif

Fixer un objectif concret et clair de leadership mondial est une chose, l'atteindre en est une autre. Les champions cachés de la performance sont extrêmement persévérants dans la poursuite de leurs buts. Ils s'y attachent pendant des décennies et les perdent rarement de vue. La devise de Ted Turner, fondateur de CNN, décrit bien cette attitude : « Ne jamais se décourager et ne jamais abandonner. Celui qui n'abandonne jamais n'est jamais battu » (Landrum 1993, 213). « Le génie est une patience éternelle », disait encore Michel-Ange. Patience et persévérance ne sont possible que dans une orientation à long terme. L'obligation du profit à court terme à laquelle les grandes sociétés cotées sont généralement soumises rendrait impossible beaucoup des stratégies et objectifs poursuivis par les entreprises de notre échantillon. Les sociétés cotées manquent souvent de patience, or la patience est la mère de la réussite à long terme.

L'exemple suivant, celui d'un fabricant de produits de grande consommation, illustre cette patience et cette persévérance. Son PDG, qui préfère demeurer anonyme, explique ainsi sa stratégie publicitaire à long terme :

> La publicité est importante dans notre métier. Nous commençons à faire de la publicité des années avant que nos produits n'arrivent vraiment sur le marché. Je fais cela depuis 1969 et tout le monde me prend pour un fou. Mais je sais qu'il faut beaucoup de temps pour créer une notoriété. Et nous voulons être sur le marché psychologiquement, avec un souci d'image, avant d'apparaître matériellement. Nous avons rencontré un très grand succès, nous sommes passés de la septième à la seconde place sur notre marché. Aujourd'hui, on voit en nous l'exemple même de la patience et de la continuité dans notre profession.

Würth et Kärcher, déjà évoqués dans ce chapitre, illustrent également la persévérance qui permet de poursuivre un objectif pendant des décennies. On songera aussi à SAP, leader mondial des applications client/serveur, fondé en 1972. « Nous avions une vision et nous nous y sommes tenus », affirmait en 1995 Hasso Plattner, vice-président et cofondateur de la société. Dans ces entreprises, la réussite tient non seulement à la clarté des objectifs mais, à un même degré, à la volonté constante de les prendre au sérieux et de les concrétiser. L'objectif est rarement facile à réaliser, mais ces entreprises ne le perdent pas de vue et le poursuivent avec une énergie inépuisable.

Cette patience et cette persévérance s'appuient d'ordinaire sur une grande continuité au sommet. Comme on le verra au chapitre 10, les dirigeants des champions secrets restent à la barre pendant des décennies. « Cette entreprise a cent deux ans et j'en suis le quatrième dirigeant, observe le Dr Werner Pankoke, PDG de Hymmen, leader mondial des systèmes de pressage et de chauffage en continu. Vous imaginez combien nous sommes patients et centrés sur le long terme. » La plupart des PDG des champions cachés seraient d'accord avec lui.

Faire connaître l'objectif

Un important aspect de la réalisation pratique consiste à faire connaître l'objectif et la vision. Mieux que tout autre objectif, celui de devenir leader ou numéro un se prête idéalement à la communication. Tout le monde ou presque s'identifie avec l'objectif de devenir le meilleur ; être numéro un est une notion simple, facile à comprendre. La simplicité de l'objectif conditionne l'efficacité de la communication. C'est ce que constate dans une correspondance le Dr Wigand Grosse-Oetringhaus, de Siemens :

> Savoir s'il faut utiliser la formule simplifiée du numéro un pour fixer un objectif est davantage qu'une question sémantique. Je crois que cette formule a un pouvoir communicatif extrêmement fort. Souvent, la communication des objectifs est inefficace. Pour bien communiquer un objectif, la simplicité et la clarté sont tellement importantes que je préfère la formule du numéro un à des formulations plus discriminantes.

Coucher l'objectif par écrit importe moins que de le vivre. Beaucoup de champions cachés n'ont rien précisé par écrit, et pourtant tous leurs salariés savent où le navire se dirige, car l'objectif est constamment répété et vécu. Certains dirigeants sont passés maîtres dans l'art de la méta-phore. L'un d'eux ne manque jamais de comparer son entreprise à un arbre, pour instiller chez tous ses salariés un objectif de croissance. « Un arbre qui grandit est en bonne santé, souligne-t-il. Le jour où il cesse de grandir, il commence à mourir. Nous devons donc grandir. » Personne dans son entreprise ne voudrait faire partie d'un arbre mourant.

Dans les premières années de son entreprise, qui est le leader européen de la distribution d'optique corrective, Günter Fielmann faisait appel à l'image de Robin des bois. Il se décrivait comme celui qui se bat pour les gens et leur apporte des lunettes mode pour un prix peu élevé. « Je lutte contre une discrimination qui frappe des millions de personnes, dit-il. Je veux changer la société par l'intermédiaire de mon entreprise. » Des métaphores du genre Robin des bois passent bien auprès des médias et des consommateurs. De nombreux champions secrets se sont pareillement servi d'images, d'exemples ou de métaphores pour faire connaître efficacement leurs objectifs.

Quelques-uns d'entre eux utilisent leur position exceptionnelle sur le marché ainsi que l'originalité de leurs produits et technologies pour se faire une publicité assez spectaculaire. Souvent, seul un leader est en mesure de constater des réussites notables, qui intéresseront les médias au point de lui valoir une publicité gratuite. Ces actions spectaculaires signalent aux salariés, aux clients et au public en général que telle entreprise est numéro un pour les applications les plus prestigieuses ou les plus exigeantes. Le tableau 2.3 en donne plusieurs exemples.

Ces actions de communication s'adressent à une clientèle spécifique ou au grand public dans son ensemble, selon les produits concernés. Nettement perçues par les clients visés, elles ont un effet sur eux. Elles peuvent influer énormément sur la motivation des salariés. Pour tous les groupes, ces réussites spectaculaires fonctionnent comme des signaux efficaces de leadership de marché, en instillant chez les salariés fierté et identification à leur société. Seuls des leaders bénéficient de telles possibilités.

La tradition peut jouer un rôle similaire. Faber-Castell, leader mondial des crayons, fondé en 1761, peut faire valoir une longue liste d'utilisateurs célèbres. Otto von Bismarck écrivait avec des crayons Faber-Castell, Vincent van Gogh vantait leur « noir fameux », Max Liebermann disait qu'ils étaient les meilleurs. Aucun budget publicitaire ne pourrait remplacer cela.

Tableau 2.3 – Des réussites qui signalent des leaders du marché.

Entreprise	Produit principal	Réussites notables
Glasbau Hahn	Présentoirs en verre pour musées	Installés dans tous les grands musées du monde
Sport-Berg	Disques et marteaux d'athlétisme	Fournisseur des Jeux Olympiques, des championnats du monde, etc.
Gerriets	Tissus de scène pour lumière neutre	Équipent par exemple le Metropolitan Opera de New York, l'Opéra Bastille de Paris, les opéras d'Istanbul, de Taipeh, du Wang Center de Boston
Kärcher	Nettoyeurs haute pression	Nettoyages spectaculaires : la statue du Christ à Rio de Janeiro, la statue de la Liberté à New York, la côte de l'Alaska après la marée noire de l'Exxon Valdez
Von Ehren	Grands arbres vifs	Trafalgar Square à Londres, National Gallery à Washington, D.C., Disneyland Paris, aéroport de Munich, Kurfürstendamm à Berlin
Röder	Location de tentes	Jeux Olympiques, Expositions universelles
Louis Renner	Mécanique pour pianos haut de gamme	Steinway & Sons, Schimmel, Bechstein, Grotian-Steinweg, Sauter et d'autres
Wige Group	Chronométrage de compétitions sportives dans le monde entier	Jeux Olympiques de Barcelone, courses de Formule 1
Trasco	Voitures blindées	Automobiles « de tournée » pour Frank Sinatra et le Pape Jean-Paul II, ainsi que pour de nombreux États (dont six pour la République populaire de Chine)
Germina	Skis nordiques	Quatre médailles d'or et cinq d'argent aux Jeux Olympiques d'hiver à Albertville
Biotest	Instruments pour tests hygiéniques	Instruments de test utilisés lors de nombreux vols spatiaux habités
Sachtler	Trépieds pour appareils de prise de vue	En 1992, la Motion Picture Academy a conféré un Oscar technique à l'ingénieur en chef de Sachtler pour son invention brevetée

Tableau 2.3 – Des réussites qui signalent des leaders du marché. *(Suite)*

Entreprise	Produit principal	Réussites notables
Brähler	Location d'installations pour conférences/traduction	Fournisseur de la Maison Blanche et du Kremlin lors de conférences de presse; équipement du sommet des Nations Unies sur l'environnement et le développement à Rio de Janeiro, sommet du G7 à Munich, Banque mondiale, Fonds monétaire international
Putzmeister	Pompes à béton	Nombreux « records du monde » dans le pompage du béton : de distance (1 600 m), de hauteur (530 m), de pression (170 bar). Participation à des projets spectaculaires comme le sarcophage du réacteur de Tchernobyl, Eurotunnel et le pont Storebelt en Scandinavie

3

LE MARCHÉ

Un gros plouf dans une petite mare !

S'agissant de part de marché, on oublie souvent que la « part » doit toujours être rapportée au « marché ». Et comme il est difficile de définir ce dernier, on a vite fait de se bercer d'illusions. La part de marché de Lufthansa entre Francfort et Munich dépasse 80 % si l'on définit son marché comme celui du « transport aérien de passagers ». Elle tombe à moins de 10 % si l'on considère le « transport public de passagers », transport ferroviaire inclus. Et elle n'atteint pas 2 % pour le « trafic total de passagers », tous moyens de transports confondus, y compris l'automobile. On le voit, la définition du marché est à manipuler avec précautions.

La définition du « marché » et de la « part de marché » sont essentielles pour l'analyse de la stratégie, de la concurrence et du leadership de marché. Comme l'écrit Derek Abell (1980), la définition du « métier » et du « marché » est « le point de départ du planning stratégique ». Les frontières du marché ne sont pas déterminées seulement par des forces externes comme les clients et les concurrents mais dépendent dans une certaine mesure du comportement de l'entreprise. Accepter une définition donnée ou redéfinir le marché peut jouer un rôle capital dans la formulation de la stratégie.

Des marchés étroits

Les champions cachés de la performance définissent étroitement leur marché. Celui-ci est donc relativement petit. La figure 3.1 montre la taille du marché mondial des sociétés de notre échantillon selon leur propre définition. Les marchés se répartissent en quatre catégories à peu près égales en nombre : 23,6 % s'élèvent à moins de 100 millions de Deutsche Mark et sont des marchés de niche extrêmes, mais 29,2 % sont de taille respectable avec plus de 2,5 milliards de DM. La taille médiane d'un marché mondial est de 700 millions de DM.

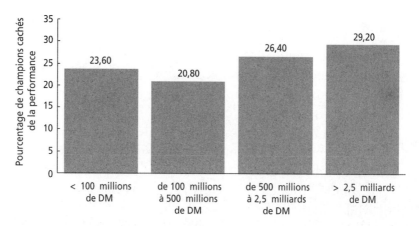

Figure 3.1 – Les marchés mondiaux des champions cachés.

Dans le contexte des stratégies génériques de Michael Porter (1985), le champ d'action des champions cachés relève nettement de la catégorie à cible étroite. Dans bien des cas, cette cible est extrêmement restreinte et précise. Les trois quarts des marchés (à peu près 77,7 %) sont allés en s'élargissant depuis dix ans et 13,2 % en se rétrécissant. Sur une échelle de 1 à 7, les potentiels de croissance sont notés 5,1, ce qui signale une croissance généralement positive mais pas spectaculaire. Cependant, les prix moyens sur ces marchés ont été stagnants dans cette période, 42,1 % des sociétés ayant répondu au questionnaire faisant état d'une baisse du niveau des prix et 47,1 % d'une augmentation. Malgré leur faible taille, ces marchés connaissent généralement ce que les leaders considèrent comme une vive concurrence.

Les champions cachés de la performance sont étonnamment bien informés sur leur marché : 82,7 % des personnes interrogées ont fourni une estimation de ses dimensions. Elles s'appuyaient sur une connaissance subjective dans la moitié des cas, sur des sources objectives telles que sondages ou statistiques dans l'autre moitié. La fiabilité générale des informations était notée 4,9 sur une échelle de 1 à 7. Seuls 16,1 % considéraient que la fiabilité des informations sur leur marché ne méritait pas la moyenne. Avec un score de 5,9, les champions cachés de la performance considèrent la connaissance du marché comme leur troisième force la plus importante après les relations avec les clients (6,1) et l'image (6,0), à égalité avec le savoir-faire technologique (5,9). Bien entendu, les entreprises ne sont pas toutes aussi bien informées. Certaines interviennent sur des marchés si fragmentés qu'il est impossible de déterminer leur taille exacte au niveau mondial. La terre pour bacs à plantes (ASB Grünland, leader mondial), les pompes submersibles (ABS, numéro deux mondial) et les montres-bracelets radiocommandées (Junghans, numéro un) en sont des exemples. Les marchés des sociétés de notre échantillon sont dans bien des cas mal définis, très fragmentés ou non précisément délimités. Deux possibilités, et deux seulement, se présentent alors : soit renoncer à établir une estimation quantitative, soit établir une estimation subjective. La plupart des champions cachés optent pour la seconde solution tout en étant conscients de l'imprécision des chiffres obtenus. Voilà pourquoi ils connaissent souvent moins bien leur part de marché absolue, mesurée en pourcentage du marché total, que leur part de marché relative, mesurée par rapport à leur plus important concurrent, sur lequel ils peuvent en général obtenir des informations valables. Dans leur univers, les notions de taille du marché et de parts de marché sont parfois relativement vagues.

Cette imprécision n'est pas nécessairement un handicap. De nombreux champions cachés la considèrent comme une barrière à l'entrée. « Si vous ne connaissez pas votre part de marché, n'ayez pas peur des Japonais », disait Albert Blum, ancien PDG des pompes ABS. En effet, les Japonais préfèrent apparemment les marchés importants, bien structurés et connaissables, plutôt que les niches morcelées et imprécises qui sont le terrain d'action des champions cachés de la performance.

Une autre raison de l'imprécision de certains chiffres tient au fait que les marchés n'existent pas en tant que tels mais sont créés par les entreprises. Bon nombre de nos interlocuteurs nous ont dit avoir créé un marché complètement neuf, dont les contours se précisent d'année en année et de pays en pays. Brita, leader des filtres à eau sur le point d'utilisation, SAT, spécialiste du recyclage routier sur site ou Lobo Elektronik, champion des systèmes d'affichage informatisés par laser, relèvent de cette catégorie. On ne saurait fournir de données précises sur la taille et les limites de ce genre de marché. Cela ne veut pas dire qu'ils ne présentent pas de grandes opportunités. C'est même souvent le contraire. Ce n'est pas parce qu'on dispose de statistiques à son sujet qu'un marché est attirant. Et malgré la rareté des informations, certains marchés obscurs sont extrêmement intéressants.

Définition et sélection du marché

Il existe bien des manières différentes de définir un marché. La manière traditionnelle part du produit : « Nous sommes sur le marché des lave-vaisselle. » Cette démarche est contestée depuis l'article fondateur de Ted Levitt sur la « Marketing Myopia ». Mais pour nos champions cachés, il ne faut pas renoncer trop vite aux définitions fondées sur le produit. Les définitions fondées sur la technologie et, plus largement, sur les compétences s'y apparentent. Plus récemment, on s'est mis à définir le marché (ou un métier) d'après les applications ou les besoins des clients : « Nous sommes sur le marché du lavage de la vaisselle. » Cette démarche est-elle aussi appréciée chez les champions cachés. Une autre approche s'y apparente étroitement. Elle consiste à considérer le marché sous l'angle de la concurrence, en se demandant quels produits concurrents les clients considèrent comme des substituts. Cette approche est moins en faveur chez les champions cachés, car ils essaient de rendre leurs produits aussi différents que possible de ceux de leurs concurrents, en critiquant souvent la définition du marché retenue par ceux-ci et en ayant plutôt tendance à redéfinir le marché. Un marché, selon eux, ne se définit pas nécessairement par des critères donnés et admis. La définition du marché fait elle-même partie de la stratégie.

Observation intéressante, une fois que les entreprises de notre échantillon ont choisi un marché cible, elles s'y tiennent. En moyenne, la dernière décision tendant à viser un marché précis date d'il y a une dizaine d'années. Et elle n'est postérieure que de peu à la dernière grande décision sur la technologie de base. La persévérance avec laquelle ces entreprises collent à un marché éclaire des aspects importants de leur continuité. Pour leurs clients, cela dénote un engagement fort.

Au-delà des aspects statistiques de la définition du marché, quelques cas concrets permettront de comprendre plus réellement et plus profondément le degré élevé de ciblage, de spécialisation et de concentration qu'elle implique. Ils illustreront aussi la diversité et l'étendue étonnante des marchés servis par les champions cachés.

L'attitude fondamentale et caractéristique de leurs PDG s'exprime dans des déclarations telles que :

- Nous sommes hautement spécialisés.
- Nous nous concentrons sur ce qui est dans nos moyens.
- Niche! (très fréquent)
- Nous sommes profonds, pas larges.
- Nous ne nous écartons pas de notre tâche.
- Pas de diversification.

Clean Concept, fabricant du nouveau système de toilettes sans contact, définit ainsi son domaine : « L'ère de l'hygiène ne fait que commencer. Nous nous sommes spécialisés dans l'hygiène. Nous y consacrons tous nos moyens et toutes nos compétences. Nous ne voulons pas être une entreprise qui fait un peu de tout, nous voulons faire une seule chose vraiment bien. Améliorer l'hygiène n'est pas pour nous une vocation parmi d'autres, nous nous occupons exclusivement d'hygiène. »

La plupart des champions cachés, mais pas tous, résistent à la tentation de se diversifier, et ceux qui ne s'écartent pas de leur tâche ont presque toujours lieu de s'en féliciter. Ils sont d'ordinaire fortement impliqués dans un domaine de compétences spécial. Souvent affirmé depuis plusieurs décennies ou plusieurs générations, c'est un concept autant psychologique que rationnel. Il n'est pas rare que leur patron soit un maniaque capable de se consacrer sa vie entière à un même marché. Le tableau 3.1 illustre la diversité et la spécificité des définitions du marché retenues par vingt-quatre de nos champions cachés. Les seize premières tournent essentiellement autour des produits, les huit dernières autour des besoins.

Ces exemples peuvent paraître assez spécifiques, mais ils sont caractéristiques des champions cachés. Ils confirment que les marchés sont étroitement définis et les entreprises très focalisées. Leur force tient en partie à leur focalisation délibérée.

Derrière les champions cachés de la performance « typiques » du tableau 3.1, j'ai découvert deux catégories supplémentaires qui poussent encore plus loin la focalisation et la spécialisation du marché. La première est faite d'ultraspécialistes qui s'efforcent d'acquérir des positions très fortes sur des marchés très petits. Je les appelle les *supernichistes*. La seconde catégorie crée son propre marché et n'a pas de concurrents au sens habituel de ce terme. Je les appelle les *propriétaires de marché*, car ces entreprises sont pratiquement seules sur leur marché.

On trouve parmi elles certains des plus cachés parmi les champions cachés.

Tableau 3.1 – Comment certains champions cachés de la performance définissent leur marché (P = par le produit, B = par le besoin).

Entreprise	Définition du marché	Position sur le marché mondial			
		Orientation produit ou besoin	Rang	Part de marché absolue	Part de marché relative
Suwelack	Cosmétiques pour le visage, masques au collagène	P	1	70 %	2,3
G.W. Barth	Torréfacteurs pour fèves de cacao	P	1	70 %	> 3
Erhardt & Leimer	Technologie de manipulation du tissu	P	1	80 %	8
Krones	Machines d'étiquetage pour bouteilles	P	1	70 %	4
Weinig	Machines de moulage automatique	P	1	50 %	4
Heidenhain	Instruments de mesure des distances et des angles	P	1	40 %	4
Stihl	Tronçonneuses thermiques	P	1	30 %	1,9
Rofin-Sinar	Lasers industriels à CO_2	P	1	21 %	1,6
Trasco	Voitures blindées	P	1	50 %	2,4
Gartenbau Dümmen	Plants de poinsettias	P	1	16 %	2,6
Schwank	Chauffages à infrarouge	P	1	30 %	2
Neumann	Café vert	P	1-2	13 %	1

Tableau 3.1 – Comment certains champions cachés de la performance définissent leur marché (P = par le produit, B = par le besoin). *(Suite)*

Entreprise	Définition du marché	Orientation produit ou besoin	Rang	Part de marché absolue	Part de marché relative
Joh. Barth	Houblon et produits à base de houblon	P	1	15 %	2
ASB Grünland	Terre à bacs	P	1	40 %	4
Automatik Apparate Maschinenbau	Granulateurs par voie humide	P	1	70 %	> 4
Smithers Oasis	Mousse florale	P	1	75 %	7,5
Clean Concept	Utilisation hygiénique des toilettes	B	1	Marché autodéfini	
Dürr	Installations de peinture automobile	B	1	30 %	1,3
Institut Förster	Contrôles non destructifs de matériaux	B	1	35 %	3,5
Kärcher	Nettoyage de bâtiments et d'automobiles	B	1	35 %	1,6
Leybold	Génération de vide	B	1	30 %	1,7
Webasto	Climatisation automobile	B	1	50 %	2,5
Suspa	Insonorisation/antivibration pour machines à laver	B	1	40 %	2,3
SAP	Applications client/serveur	B	1	40 %	1,5

Position sur le marché mondial

Les supernichistes

Commençons par les supernichistes. Leur stratégie recèle d'importantes leçons quant à la profondeur et à la largeur des lignes de produits. On trouvera dans le tableau 3.2 une sélection de quelques-uns d'entre eux.

Tableau 3.2 – Une sélection de supernichistes.

Entreprise	Définition du marché	Position sur le marché mondial		
		Rang	Part de marché absolue	Part de marché relative
Hahn	Présentoirs pour musées	1	40 %	4
Paul Binhold	Aides pédagogiques en anatomie	1	34 %	3,4
König & Bauer	Presses fiduciaires	1	90 %	10
Weckerle	Machines à bâtons de rouge à lèvres	1	70 %	3,5
DMI	Diesels aéroréfrigérés	1	80 %	10
Tente Rollen	Roulettes pour lits d'hôpital	1	50 %	3
Winterhalter Gastronom	Lave-vaisselle pour restaurants	1	15-20 %	4
Gerriets	Écrans	1	100 %	10
Steiner Optik	Jumelles militaires	1	80 %	> 4
Tetra	Aliments pour poissons exotiques	1	80 %	5
Märklin	Trains miniatures	1	55 %	3
Union Knopf	Boutons	1	3 %	1,5
Grohmann Engineering	Machines et installations de montage de produits électroniques pour les 30 premiers groupes d'électronique mondiaux	L'un des meilleurs	Marché flou	

Tableau 3.2 – Une sélection de supernichistes. *(Suite)*

Entreprise	Définition du marché	Position sur le marché mondial		
		Rang	Part de marché absolue	Part de marché relative
Scheuerle	Technologie du transport lourd	1	Marché flou	
Aeroxon	Insecticides non chimiques/ tue-mouches	1	50 %	> 2
Becher	Grands parapluies	1	50 %	> 3

Ces supernichistes sont des vedettes parmi les champions cachés pour ce qui concerne le leadership de marché et la force concurrentielle. Ceux dont on connaît la part de marché relative tiennent généralement trois fois plus de place que leur concurrent le plus important. Parfois, ils n'ont pas de vrai concurrent car ils sont les seuls fournisseurs pour certaines applications. Jürgen H. Schulze, patron de Deutz Motor Industriemotoren (DMI), évoque ainsi ses diesels à refroidissement par air :

> Ce sont de vraies merveilles. Voici quelques années, nous avons pensé les abandonner à cause de la réglementation de l'environnement. Mais depuis lors nous nous sommes aperçus que ces moteurs étaient irremplaçables pour certains usages et en certains endroits, dans les climats très chauds ou très froids, les déserts, les endroits éloignés où la maintenance est difficile. Et nous sommes pratiquement le seul constructeur au monde capable de produire ces moteurs en quantité importante.

Union Knopf, leader mondial des boutons, ne produit que des boutons, mais de toutes les sortes imaginables – 250 000 au total. Quel que soit le type de bouton dont on a besoin, on peut le trouver chez lui. Prenez aussi Aeroxon, spécialiste des équipements insecticides domestiques non chimiques. Son principal produit, le tue-mouches, n'a pas évolué depuis 90 ans et occupe 50 % du marché mondial. Klaus Grohmann est un supernichiste d'un genre particulier, qui définit sa niche d'après sa clientèle. Sa société, Grohmann Engineering, qui fabrique des machines et des installations de montage de produits électroniques, est l'un des ténors du secteur. Il explique ainsi son marché :

> Nous nous centrons sur les trente premiers groupes mondiaux, les plus ambitieux et les plus dominants, et nous les considérons comme notre marché. En travaillant pour ces clients mondialement les plus exigeants, nous parvenons nous-mêmes au plus haut niveau. Peut-être cette stratégie limite-t-elle notre croissance, mais elle garantit que nous resterons au sommet.

Puis il m'a montré quelques projets en cours pour Intel, Motorola, L.M. Ericsson, Nokia, Bosch et Alcatel – clients qui font tous partie de l'élite mondiale.

On trouve des supernichistes tout autour du monde. La société américaine St. Jude Medical fait assurément partie de celles qui méritent ce qualificatif. Avec une part de marché de 60 % dans les valves cardiaques artificielles, elle est à peu près dix fois plus grosse que son concurrent le plus important, le suisse Sulzermedica (Carbomedics). Extrêmement rentable, St. Jude réalise une marge brute de 75,7 % de son chiffre d'affaires et un rendement net de 43,4 %. Prenez aussi le néozélandais Gallagher, qui détient 45 % du marché mondial des clôtures électriques.

Les supernichistes sont l'incarnation d'un principe qui s'applique jusqu'à un certain point à tous les champions cachés. Ils n'acceptent pas la définition du marché donnée par la concurrence ou des forces externes, mais ils la voient comme un paramètre sur lequel ils peuvent jouer. Ils n'acceptent pas la structure de leur industrie au sens où l'entendent la plupart des travaux de Porter (1980, 1985) mais la redéfinissent et la modifient si nécessaire. Hamel et Prahalad (1994) considèrent cette attitude comme une partie importante d'une stratégie orientée vers l'avenir. Et ce que j'ai dit au chapitre 1 à propos du leadership psychologique de marché se rapporte en grande partie à cela.

Winterhalter, dont le cas sera évoqué ci-dessous, montre comment peut fonctionner une telle redéfinition du marché. La société textile anglaise BBA définit ainsi sa philosophie d'entreprise : « Notre tactique consiste à dominer le marché dans certaines niches en transformant les marchés généraux, où nous ne sommes rien, pour faire apparaître des niches où nous sommes quelqu'un ». Cela montre clairement qu'une société qui veut devenir leader ne doit pas accepter les définitions et limites existantes du marché. Toute les entreprises n'ont pas les mêmes possibilité de redéfinition du marché, mais l'une des premières conditions du leadership est d'être déterminé à choisir sa définition du marché au lieu d'en accepter une.

Largeur contre profondeur

Les supernichistes s'intéressent à un trait stratégique fort important qui concerne au plus haut point beaucoup de champions secrets, à savoir la question de la largeur ou de la profondeur d'une gamme de produit ou d'une activité en général. La largeur d'une gamme de produits se réfère au nombre de produits proposés par l'entreprise. Un industriel qui produit des lave-vaisselle, des lave-linge et des réfrigérateurs a une gamme de produits plus large que celui qui fabrique seulement des lave-vaisselle. La notion de largeur peut aussi se rattacher au marché. Il est plus large si la société vend des lave-vaisselle au grand public et aux professionnels que si elle ne s'intéresse qu'aux professionnels.

La profondeur, au contraire, se réfère au nombre de variantes d'un même produit ou à la solution complète d'un problème au sein d'un marché étroitement défini. Ainsi, un constructeur de lave-vaisselle peut vendre de nombreuses variantes destinées à des utilisations différentes. Il peut aussi ajouter à sa gamme des produits complémentaires comme les détergents. Que le fournisseur soit « large » ou « profond », il offrira peut-être le même nombre d'articles, mais la structure de sa gamme sera totalement différente.

On peut aussi considérer cette distinction en fonction de la chaîne de valeur évoquée par Porter (1985). Chez un industriel « large », la chaîne de valeur sera large – il aura de nombreux produits ou marchés différents – mais il n'occupera qu'une courte section de celle-ci. Un fournisseur profond aura une chaîne de valeur étroite – peu de produits ou de marchés – mais il en couvrira une section longue. La figure 3.2 illustre cette différence. Les champions secrets préfèrent généralement l'approche étroite et profonde, les supernichistes étant exemplaires à cet égard.

On en trouve un excellent exemple chez Winterhalter Gastronom, qui fabrique des lave-vaisselle à usage professionnel. Il existe de nombreux marchés différents pour ce produit : hôpitaux, écoles, entre-

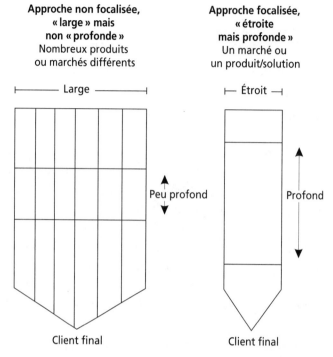

Figure 3.2 – Stratégie « large » et stratégie « profonde.

prises, organismes publics, hôtels, restaurants, casernes, etc. Le marché potentiel est donc large, mais les besoins des clients varient d'un segment à l'autre. De nombreux produits différents sont offerts sur le marché pour les divers segments.

Manfred Bobeck, directeur de Winterhalter, raconte :

> Nous avons analysé le marché total des lave-vaisselle professionnels et nous avons constaté que nous détenions à peu près 2 % du marché mondial. Nous étions des seconds couteaux. Cela nous a conduits à réorienter totalement notre stratégie. Nous avons commencé à nous concentrer uniquement sur l'hôtellerie-restauration ; nous avons même rebaptisé la société Winterhalter Gastronom. Notre métier tel que nous le définissons à présent consiste à fournir des verres et de la vaisselle propres pour les hôtels-restaurants et d'en assumer la pleine responsabilité. Nous incluons dans notre gamme de produits des appareils de traitement de l'eau et notre propre marque de détergent. Nous offrons un excellent service vingt-quatre heures sur vingt-quatre. Notre part du marché mondial auprès du segment des hôtels-restaurants est aujourd'hui de 15 à 20 % et elle va en augmentant. Personne ne peut plus nous égaler.

Et Jürgen Winterhalter, autre dirigeant de la société, ajoute : « Ce resserrement de notre définition du marché a été la plus importante décision stratégique que nous ayons jamais prise. Elle a été à l'origine même de notre réussite au cours de la dernière décennie ». La figure 3.3 illustre la stratégie de Winterhalter.

La focalisation sur la profondeur plutôt que sur la largeur est typique des champions secrets. Clean Concept ne fabrique que des toilettes sans contact mais fournit tout ce que leur utilisation requiert. Dürr se focalise sur l'industrie automobile mais intervient en profondeur en fournissant des installations de peinture complètes, comprenant application des peintures, stockage des peintures, logistique, logiciels, assistance technique et locaux. L'américain St. Jude Medical, leader mondial sur le marché des valves artificielles, se focalise sur le cœur humain ; pour acquérir de la profondeur, il a créé une chaîne de valeur ajoutée en achetant l'activité stimulateurs cardiaques de Siemens en 1994. La coordination entre valves et pacemakers devrait faire apparaître des synergies commerciales.

Le Suédois Tetra Pak, leader mondial sur le marché des systèmes d'emballages cartonnés pour boissons, se limitait traditionnellement à l'emballage, qui ne constitue qu'une petite partie de la chaîne de valeur. Mais en 1993 il a étendu son emprise sur la chaîne de valeur de la fabrication de boissons avec l'acquisition du constructeur d'équipements pour fabricants de boissons Alfa Laval. Tetra Laval, la société née de la fusion, est étroite et profonde. Elle couvre pleinement aussi bien le traitement que l'emballage des boissons. De la même manière, Germina, second plus important producteur mondial de skis nordiques par le nombre de paires vendues, s'appuie sur son passé, qui a vu les champions est-allemands dominer ce sport. Renonçant au marché bien plus vaste du ski alpin, il se limite au segment du matériel à haute performance sur le petit marché du ski de cross-country.

La stratégie de focalisation a maintes fois prouvé sa supériorité. Heinz Hankammer, fondateur des filtres à eau Brita, explique ainsi son raisonnement :

> Leifheit, l'un de nos concurrents, a un millier de produits, dont un filtre à eau. Il ne peut se comparer à nous, qui n'avons que des filtres à eau. Voici cinq ans, Melitta, qui est lui-même un champion caché des filtres à café, a tenté de nous attaquer et a échoué. En Amérique, Mr. Coffee, le

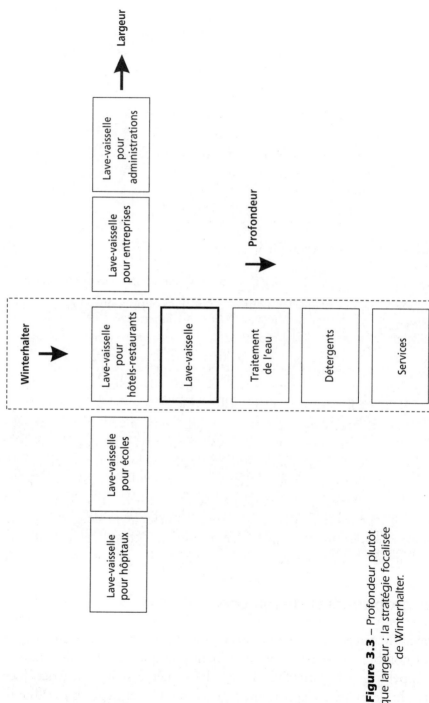

Figure 3.3 – Profondeur plutôt que largeur : la stratégie focalisée de Winterhalter.

plus important producteur de machines à café, a eu le dessous contre nous. Ceux qui font plusieurs choses différentes ne sont pas une menace pour nous, car nous dirigeons toute notre énergie et notre application sur un seul produit.

« Nous sommes focalisés, affirme lui aussi Gerhard M. Bauer, directeur du marketing de Brähler International Congress Service. Comparez-nous à Siemens ou Philips. Pour eux, ce marché est une préoccupation mineure. C'est ce qui nous donne un avantage ; nous pouvons vivre confortablement dans cette niche, pas Siemens ni Philips ! » Peter Barth, chez le leader mondial du houblon, ajoute quant à lui : « Certains de nos concurrents se sont diversifiés vers d'autres ingrédients agricoles utilisés dans la production des boissons comme le malt et l'orge. Nous refusons d'en faire autant pour nous consacrer au houblon, rien qu'au houblon. Nous avons ainsi atteint un degré de perfection à peu près inégalable. »

Savoir ce qu'on ne veut pas faire est une partie importante de la stratégie, aussi importante peut-être que de savoir ce qu'on veut faire. Dans un passionnant entretien publié par Fortune (Schendler 1995), Bill Gates formulait la stratégie de Microsoft dans l'un et l'autre termes. La plupart des champions secrets savent très bien ce qu'ils veulent et ce qu'ils ne veulent pas, et cela contribue à les garder dans le droit chemin.

Leur réussite est affaire de profondeur plutôt que de largeur. Mettre en œuvre cette stratégie requiert à la fois une vision claire et une focalisation stratégique énergique. Le plus difficile est de résister à la tentation de se lancer dans des activités annexes ici et là. Les supernichistes pourraient souvent profiter d'un courant d'affaires supplémentaires dans des domaines complémentaires, particulièrement lorsque la conjoncture économique est porteuse. Mais les vrais champions résistent à la tentation et demeurent focalisés, sachant que c'est la seule manière de parvenir au premier rang.

Les propriétaires de marché

Une autre catégorie de champions cachés de la performance englobe un petit nombre d'entreprises qui dominent pratiquement leur domaine. Je les appelle les « propriétaires de marché », même si au sens strict, bien entendu, le marché n'appartient à personne. Ces entreprises ont d'ordinaire créé leur niche. Grâce à une constante supériorité, d'inébranlables barrières à l'entrée et un peu de chance, elles réussissent à défendre une position de quasi-monopole. Les considérations normales sur la taille du marché et les parts de marché ne s'appliquent pas à elles. Leurs marchés et leurs produits sont uniques. Sans elles, il n'y aurait pas de marchés autodéfinis. Les propriétaires de marché ont tendance à être les plus secrets de tous les champions cachés.

Hummel, célèbre pour ses figurines, en est un exemple. Des collectionneurs du monde entier, américains en particuliers, paient des prix fantastiques pour acquérir ces petits objets d'art. Je n'ai pas réussi à apprendre grand-chose sur cette entreprise, mais j'ai toutes les raisons de croire que c'est une énorme réussite. Personne ne peut remplacer les figurines de Hummel auprès de ses fanatiques, qui forment le marché tout entier. Le produit de Hummel n'a pas de substitut, si bien que le marché fonctionne de manière autonome, ce qui est la barrière à l'entrée idéale.

Margarete Steiff a acquis une position similaire. Son premier produit, un petit éléphant en feutre, a été créé en 1880. Il a été suivi en 1902 par le célèbre *teddy bear*, ainsi nommé à cause du président américain Theodore (« Teddy ») Roosevelt, qu'un dessin avait montré sauvant la vie d'un ourson au cours d'une chasse. Tous les animaux de Steiff ont un bouton dans l'oreille. La stratégie de la firme se caractérise par la tradition et la continuité. Un mouvement de collectionneurs similaire à celui de Hummel est apparu. Le marché le plus important est celui des États-Unis. Certains ours en peluche coûtent jusqu'à 2 000 dollars. Plusieurs fois au cours de son histoire, Steiff a dû inscrire ses clients sur liste d'attente faute d'une capacité de production suffisante pour les fournir immédiatement. Organiser la rareté de son produit et rester volontairement petit peut être un aspect stratégique essentiel pour un propriétaire de marché.

Hein est propriétaire d'un petit marché dont le chiffre d'affaires est de 7 millions de dollars. La société produit le Pustefix, un produit à base de savon liquide avec lequel les enfants font des bulles. Selon son PDG Gerold Hein, « Pustefix n'est pas en concurrence avec d'autres produits de son type ; il est en concurrence avec les barres de chocolat, les bonbons et tous les autres produits que des enfants peuvent acheter. » Le produit est exporté dans cinquante pays, les États-Unis et le Japon étant ses marchés les plus importants. Non seulement sa niche est trop petite pour intéresser des concurrents plus importants, mais son produit lui-même est protégé par six brevets.

Fischertechnik, dont le fondateur Artur Fischer a probablement été l'inventeur le plus prolifique de l'après-guerre, est propriétaire d'un marché protégé par un rempart de 5 500 brevets (voir aussi le chapitre 6). Son produit est un jouet formé de pièces emboîtables pour former toutes sortes de figures. Apprécié des enfants au-delà d'un certain âge, il sert aussi à fabriquer des maquettes d'usines et de processus industriels. Fischertechnik est présent dans plus de cent pays. Protégé par de solides brevets, il définit et détient son marché.

Il existe plusieurs propriétaires de marchés comparables dans le secteur du jouet. Le danois Lego en fait certainement partie, de même que Playmobil, le jouet en plastique du champion secret Brandstätter. La société Ferrero, dont le siège est en Italie, connaît le succès dans de nombreux pays avec ses « œufs surprise » en chocolat contenant une petite figurine ou des pièces en plastique à assembler. Un marché de collectionneurs s'est là aussi créé.

Marberger Glaswerke Ritzenhoff, qui fabrique du verre, a commencé à créer son marché en 1992. La société est un leader des verres à bière et des verres pour utilisation spéciale dans les automobiles et les installations industrielles. S'étant aperçu qu'il existait des verres pour toutes sortes de boissons comme la bière, le vin, les liqueurs, mais pas pour le lait, Ritzenhoff a conçu un verre à lait spécial et a invité des artistes à proposer des graphismes colorés. Ce projet international intitulé « Milk, Lait, Leche, Milch, Latte… » a été un succès immédiat. La première année, la société a vendu 600 000 verres au prix très élevé de 17,5 DM pièce. Ce « produit mondial » se trouve déjà dans des galeries et musées américains et asiatiques. Des verres de la première série ont été revendus pour 800 DM. La société, qui a suscité la création d'un club de collectionneurs, produit chaque année de nouveaux modèles en éditions limitées, parfois exclusivement pour les membres du club. Avec ce concept, Ritzenhoff vend davantage que des verres. Ces derniers véhiculent quelque chose d'unique et ne sont donc pas en concurrence avec les autres verres.

A qui vous adressez-vous quand vous avez besoin d'argent ? Imaginez que vous arrivez au pouvoir dans l'un des nouveaux États d'Europe centrale ou orientale et que votre pays veut avoir sa propre monnaie. Giesecke & Devrient, second plus important imprimeur non étatique de papier monnaie au monde, peut vous aider. Le marché de l'impression fiduciaire est assez conséquent, car seuls les grands pays peuvent se permettre de l'assurer eux-mêmes. De plus, Giesecke & Devrient imprime à peu près 50 % des billets de banque allemands. La société a été fondée en 1852. Il n'est pas étonnant qu'elle cultive le secret. Avec l'apparition de nombreux États nouveaux, son activité est en plein essor. Theodor Gräbener se trouve dans une situation comparable. Cette société est le premier constructeur mondial de presses à pièces de monnaie. Et l'on a besoin de monnaie partout.

Sur un marché totalement différent, Paul Schockemöhle, ex champion d'équitation, et Ullrich Kasselmann occupent une position de rêve pour un éleveur de chevaux. Alors que d'excellents chevaux se vendent aux enchères pour 20 000 dollars, les leurs rapportent entre 200 000 et 500 000 dollars. Schockemöhle n'est pas un acteur de second plan : selon un client qui connaît bien le marché, il possède 3 000 chevaux, même si tous ne se situent pas dans cette zone de prix. A l'évidence, ce champion caché sans équivalent s'appuie sur une aptitude inégalée à sélectionner et entraîner ses chevaux.

Karl Mayer, leader mondial des machines raschel a systématiquement construit une position de propriétaire de marché au cours des années. « Nous n'avons de concurrents que pour 10 % de notre chiffre d'affaires », peut dire la société, grâce à la bonne application de cette stratégie. Apparemment, beaucoup de clients considèrent ses produits comme irremplaçables. Convac, fabricant de systèmes d'enduction pour disques et d'équipements de traitements de masques photographiques, avec 100 % du marché mondial pour ses produits, est dans une situation encore plus forte.

Il peut être difficile ou impossible pour une entreprise normale d'imiter les stratégies de ces propriétaires de marché. Elles contiennent néanmoins quelques leçons intéressantes, dont n'importe quelle entreprise pourra tirer profit.

La meilleure façon de s'approprier un marché est de le créer. Dans l'idéal, c'est un marché qui, comme celui de Hummel, est défini par son produit. Son caractère unique doit pouvoir durer et, si nécessaire, être défendu dans le temps. Le caractère unique peut reposer sur une qualité artistique (comme pour Ritzenhoff), une marque ou un logo fort (comme pour Steiff), des brevets (comme pour Fischertechnik) ou encore les relations avec les clients et la confidentialité (comme pour

Giesecke & Devrient). Les produits doivent rester rares, comme l'argent et les figurines de Hummel, et difficile à obtenir. « Deux Porsche dans la même rue, c'est un désastre », disait un jour Peter Schutz, ancien PDG de Porsche. La rareté crée de la valeur aux yeux du client passionné. Elle suppose aussi que l'entreprise s'abstienne volontairement d'exploiter tout son potentiel de croissance. Le principal ennemi de l'exclusivité, c'est une expansion rapide.

Les propriétaires de marché ont aussi quelque chose à nous apprendre sur le marketing relationnel. Ce concept apparu dans la littérature au début des années 90 est pour eux quelque chose d'ancien et de familier. Ils gâtent leurs clients fidèles depuis des décennies. Ils ont créé des clubs et des associations de collectionneurs bien avant que ces idées ne soient détectées par les stratèges et chercheurs en marketing. Ils ont ainsi bâti une suite fidèle de clients fanatiques de leurs produits et disposés à les payer très cher. Les propriétaires de marché décrits ici ont été assez avisés pour demeurer focalisés et secrets, et limiter la taille de leur marché.

Là encore, les propriétaires de marchés sont présents dans tous les secteurs et dans le monde entier. Les automobiles Rolls-Royce en font certainement partie, comme les appareils photo du Suédois Hasselblad et les vins de Mouton-Rothschild. Il y a de nombreux parcs à thème, mais il n'y a qu'un seul Disneyland et aucune montre n'est comparable à une Rolex. On trouve aussi des exemples dans le secteur des services, notamment dans la gestion de fortune et l'hôtellerie. Les stratégies des propriétaires de marché peuvent être fructueuses partout.

Les risques de la surspécialisation

Les champions secrets étant très focalisés sur des compétences et des marchés étroits, on peut se demander si leur spécialisation n'est pas excessive et ne les expose pas à des risques très élevés. Ne sont-ils pas dépendants, à un point inacceptable, de marchés limités, de clients peu nombreux, des cycles économiques et de l'évolution technologique ?

Certes, ils sont fortement dépendants d'un marché : 67,1 % de leur chiffre d'affaires provient d'un marché principal. Les personnes interrogées s'attendent à ce que son importance se renforce encore dans l'avenir, 60 % prédisant une augmentation et 8,7 % seulement une diminution. La focalisation a tendance à se renforcer et non à diminuer.

À la haute importance des marchés, pour les fournisseurs, répond dans une grande mesure une forte dépendance de leurs clients envers les champions secrets. La question sur la possibilité pour les clients de trouver des substituts aux produits du champion secret obtient une réponse moyenne de 5,9, la note 7 indiquant qu'un produit est irremplaçable. Il existe donc une dépendance mutuelle entre fournisseurs et clients. Cette situation suscite un engagement fort des deux côtés. Les champions cachés de la performance sont fortement engagés envers leurs marchés étroits, et leurs clients, pour l'essentiel, n'ont guère le choix.

Le risque de focalisation trop étroite et de surspécialisation doit être apprécié par rapport à celui d'une focalisation insuffisante et d'une diversification excessive de ses domaines d'intérêt. Une vision unilatérale de ces risques serait insuffisante. Les groupes diversifiés acquièrent ou vendent souvent des filiales. Mais leur philosophie n'est pas celle des champions secrets. Ceux-ci doivent se cramponner à leur marché. L'une des situations les plus risquées à cet égard est peut-être celle qui résulte d'une évolution technologique. Le même besoin, ou le même marché, se trouve satisfait par une technologie différente : ainsi, on peut enregistrer de la musique de piano par moyen mécanique ou par moyen électronique. Quoique les observations ne soient pas nombreuses, il semble que certains champions secrets ont fort bien su faire face à cette grave menace. Comme ils ne dépendent en tout état de cause que d'un seul marché, ce sont des défenseurs féroces et de bons innovateurs. Ils n'ont tout bonnement pas le choix.

Trumpf, leader mondial des machines pour découpe métallique de précision, en est un exemple. Traditionnellement, la coupe des feuilles de métal se faisait par moyen mécanique. Or, au début des années 80, la technologie du laser a commencé à s'imposer dans ce domaine, ce qui était pour Trumpf une menace très sérieuse. Mais sous l'impulsion de Berthold Leibinger, le type même du PDG de champion secret, la société est demeurée focalisée et a mis au point son propre laser. Non seulement elle a défendu sa position de leader dans la découpe des métaux en feuille mais elle est devenue l'une des premières sociétés dans les lasers industriels. Le Dr Werner Sterzenbach, PDG de Kiekert, leader mondial des systèmes de verrouillage pour automobiles, décrit en ces termes l'évolution comparable de son entreprise : « Dans les années 70, nous avons quitté le monde des verrous purement mécaniques pour développer un système électronique de verrouillage centralisé. En 1979, nous avons créé notre première puce électronique. Cela a contribué de façon décisive à nous donner une place de leader mondial. » Dans la même veine, quand dans les années 80 certains champions cachés ont dû faire face aux progrès de leurs concurrents japonais dans l'intégration des composants électroniques et mécaniques, ceux qui étaient focalisés ont relativement bien relevé le défi.

En 1981, lors d'une visite au centre de formation d'une société dans le nord de l'Allemagne, je ne l'ai pas trouvé très différent de ce qu'il pouvait être dans les années 60. On pouvait craindre que la société ait laissé passer le train de l'ère électronique. Mais lors de ma visite suivante, une dizaine d'années plus tard, le centre ressemblait à un laboratoire d'électronique. Comme bien d'autres, cette société avait non seulement complété ses pièces mécaniques par des composants électroniques, mais elle avait intégré les deux technologies. Ses ingénieurs avaient imaginé des solutions complètement neuves et revu foncièrement la conception des machines et des instruments. Comme Trumpf, ce champion caché de la performance était demeuré focalisé et conservait le premier rang sur son marché.

Cet exposé montre qu'une forte focalisation comporte un double aspect de risque. L'entreprise met tous ses œufs dans le même panier et devient donc très dépendante d'un marché. En cas de problème sur ce marché, le champion souffre. Le risque de marché est quelque peu modéré par la couverture géographique des activités, aspect que nous envisagerons dans le chapitre suivant. En revanche, la focalisation réduit les risques de concurrence. Les champions secrets sont fortement engagés envers leurs marchés étroits. Leurs compétences focalisées jettent les meilleures bases pour d'excellentes performances concurrentielles et leur dépendance ne les rend que plus déterminés à défendre leur marché. Ils n'ont pas d'autre choix que de s'accrocher.

4

LE MONDE

Le meilleur langage est celui du client.

Anton Fugger

Comment les champions cachés de la performance sont-ils devenus leaders mondiaux sur leur marché ? Assurément pas en attendant le client. Ils sont plutôt allés vers le monde pour rendre leurs produits et services disponibles partout où étaient leurs clients. Leur omniprésence sur les marchés cibles tout autour du monde est impressionnante. La plupart sont de véritables compétiteurs mondiaux. Le plus souvent, ils établissent des contacts directs avec leurs clients *via* leurs propres filiales dans les pays qui forment leurs marchés cibles. Ils n'aiment pas déléguer les relations avec la clientèle à des intermédiaires, des importateurs ou des distributeurs. Ils parlent la même langue que leurs clients. Leur connaissance des langues étrangères et leur internationalisation sont les conditions *sine qua non* de leur réussite.

Une perspective planétaire

En moyenne, les champions cachés réalisent plus de la moitié de leur chiffre d'affaires (exactement 51,2 %) hors de leur pays d'origine. En y incluant les exportations indirectes (c'est-à-dire par l'intermédiaire de produits finis), la proportion passerait sans doute à plus de 70 %. La part des ventes sur des marchés distants, non européens, est du tiers environ (exactement 30,4 %). Leurs principaux marchés cibles hors d'Europe sont ceux des États-Unis et des pays industrialisés d'Asie. Le tableau 4.1 illustre l'importance des ventes à l'étranger pour un certain nombre de champions cachés ; une proportion de 80 à 90 % n'a rien d'exceptionnel.

Il est évident que des sociétés qui réalisent une telle partie de leur chiffre d'affaires à l'exportation doivent être internationales et planétaires

Tableau 4.1 – Part du chiffre d'affaires étranger dans le C.A. total
de certains champions cachés de la performance.

Entreprise	Produit primaire	C.A. étranger en % du total
Koenig & Bauer	Presses fiduciaires	95
Schlafhorst	Machines tournantes à rotors	95
SMS	Laminoirs pour produits plats	90
Fischer	Équipement de laboratoire pour l'industrie pétrolière	90
Binhold	Aides pédagogiques en anatomie	87
Würth	Produits de montage	85
Dürr	Systèmes de finition de peinture	84
Aixtron	Équipements pour fabrication de films minces	80
Götz	Poupées	80
Sachtler	Trépieds pour appareils de prise de vue	80
Förster	Essais non destructifs	75
Leybold	Technologie du vide et composants pour vide	75
Tigra	Inserts de coupe pour machines à bois	75
Krones	Machines d'étiquetage pour bouteilles	75

dans leur envergure et dans leur raisonnement. La majorité des clients étant étrangers, les collaborateurs de l'entreprise travaillent principalement dans des langues étrangères et beaucoup doivent voyager énormément. La plupart de ces entreprises disposent d'un réseau mondial de filiales dans un grand nombre de pays différents.

Il est intéressant de considérer le rôle des champions cachés dans les performances allemandes à l'exportation. La position de l'Allemagne apparaît si l'on compare le montant total des exportations des six plus grands pays exportateurs sur une période de dix ans, de 1985 à 1994. C'est ce que l'on voit dans la figure 4.1, à la fois en termes absolus et par personne. Sur dix ans, les fluctuations transitoires sont neutralisées et l'on peut mesurer de manière valable et fiable les performances de ces pays à l'exportation.

En comparant le niveau absolu des exportations, on constate que les États-Unis et l'Allemagne sont au coude à coude. Les deux pays précèdent largement le Japon et plus encore les autres grands pays européens. Une comparaison par tête entre les États-Unis ou le Japon et les pays européens moins importants n'est pas très significative, car le montant exporté par tête a tendance à être moins élevé dans les pays les plus importants. Mais une comparaison par tête entre les pays européens est justifiée, car les quatre pays cités sont comparables quant à leur population et à leur situation géo-économique. Elle révèle que l'Allemagne se situe bien devant ses voisins européens. Ses bonnes performances à l'exportation sont largement attribuables à ses petites et moyennes entreprises, parmi lesquelles les champions cachés se détachent comme des vedettes de l'exportation. Le champion caché moyen de mon échantillon a contribué à hauteur de 100 millions de DM aux exportations allemandes en 1993. Multiplié par cinq cents firmes, cela représente un total de 50 milliards de DM exportés, soit plus de 12 % de l'ensemble des exportations allemandes. La force énorme des champions cachés et des autres sociétés de taille moyenne explique dans une large mesure l'excellente place de l'Allemagne à l'exportation.

Comme indiqué au chapitre 3, la définition et la perception du marché peuvent avoir plusieurs dimensions : le produit, la technologie et le besoin du client. Il existe une autre dimension : l'étendue régionale. L'internationalisation commence avec la prise de conscience que la dimension régionale ne se borne pas à un seul pays. La *globalisation* (mondialisation) consiste largement à considérer le monde entier comme un seul marché, et c'est exactement ce que font les champions cachés. Chaque fois que je leur ai demandé : « Comment vous représentez-vous la carte de votre marché ? » la réponse a presque toujours été : « Le monde ». « La définition régionale de notre marché est très simple : c'est

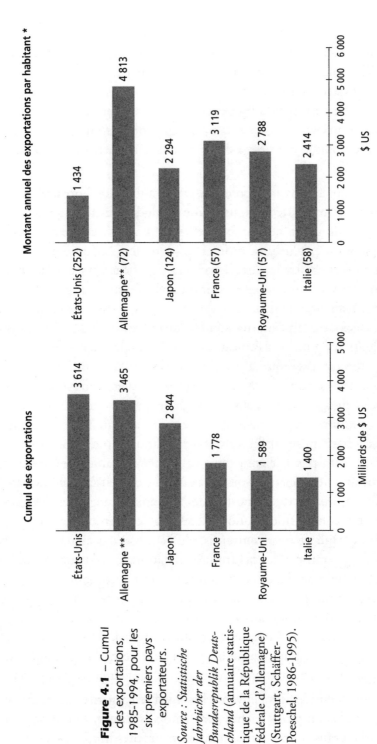

Figure 4.1 – Cumul des exportations, 1985-1994, pour les six premiers pays exportateurs.

Source : Statistische Jahrbücher der Bundesrepublik Deutschland (annuaire statistique de la République fédérale d'Allemagne) (Stuttgart, Schäffer-Poeschel, 1986-1995).

Cumul des exportations

États-Unis — 3 614
Allemagne ** — 3 465
Japon — 2 844
France — 1 778
Royaume-Uni — 1 589
Italie — 1 400

Milliards de $ US

Montant annuel des exportations par habitant *

États-Unis (252) — 1 434
Allemagne** (72) — 4 813
Japon (124) — 2 294
France (57) — 3 119
Royaume-Uni (57) — 2 788
Italie (58) — 2 414

$ US

* Les montants par habitant ont été calculés à partir de la population de 1990 (indiquée entre parenthèses, en millions d'habitants).
** Y compris l'ex-RDA après 1991.

le monde », note Alfred K. Klein, PDG de Stabilus, leader mondial des amortisseurs à gaz. Rittal, leader mondial du marché des clôtures a des myriades de petits concurrents locaux, mais son PDG, Friedhelm Loh, remarque : « Nous sommes le seul producteur de systèmes de clôture qui fonctionne réellement au plan mondial. Nous sommes ainsi en mesure d'établir des normes universelles dans notre métier. » Leur présence dans le monde entier fait partie intégrante du leadership de marché des champions secrets.

Les planisphères sont la décoration favorite de leurs bureaux. J'en ai vu à peu près partout. L'orientation mondiale se reflète aussi dans les principes et documents de nombreuses sociétés. « Notre marché est le marché mondial des parfums, arômes et ingrédients pour cosmétiques, assure Dragoco, l'un des leaders mondiaux du secteur. Et nous sommes présents partout où nos clients ont besoin de nous. » Stihl, leader mondial des tronçonneuses, fait figurer parmi ses douze principes directeurs « le raisonnement international », qui recouvre « la distribution mondiale de nos produits, des établissements industriels stratégiquement situés et des fournisseurs étrangers de qualité ». Brähler International Congress Service déclare : « Nous sommes chez nous dans le monde entier. » Et sa documentation assure que Hillebrand, leader mondial des expéditions de vin, est « proche de ses clients, où qu'ils se trouvent ». Herion, un leader mondial des valves pneumatiques (utilisées par exemple dans les centrales nucléaires) pose de la même manière le marketing mondial comme un principe. C'est également vrai de Wandel & Goltermann, leader mondial de la mesure des signaux analogiques électroniques. « L'internationalisme de nos clients du secteur automobile aussi bien que la volonté de notre entreprise de s'adresser au marché mondial nous impose de transcender les frontières nationales », assure Webasto, leader du marché mondial des toits ouvrants pour automobiles. Souvent, les ambitions mondiales ne se confinent pas à la vente et au marketing. DGF-Stoess, leader mondial des gélatines, vise à s'assurer une base mondial de matières premières et à établir un réseau de vente mondial. Pour le Neumann Group, numéro un du café vert, s'assurer un accès mondial aux sources de matières premières est un facteur très important.

Bien d'autres entreprises peuvent elles aussi se gargariser de mondialisation, mais les champions cachés font ce qu'ils disent. D'ordinaire, ils s'installent à l'étranger en y implantant leurs propres filiales.

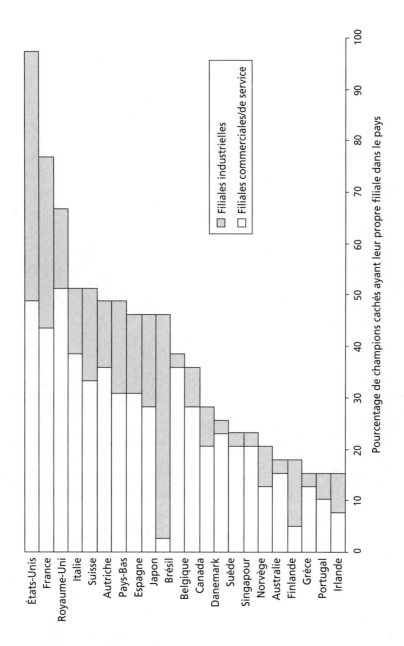

Figure 4.2 – Les filiales étrangères des champions cachés.

La figure 4.2 montre le résultat de mes investigations détaillées sur les filiales étrangères d'un sous-échantillon de trente-neuf champions cachés. Le graphique distingue entre filiales commerciales/de service et filiales industrielles. La quasi-totalité des sociétés (97,4 %) sont présentes aux États-Unis à travers leurs propres filiales. Elles sont aussi très présentes au Royaume-Uni et en France, marchés également très importants. Même au Japon, le plus difficile des pays étrangers, près de la moitié des sociétés sont représentées par une firme ou un bureau leur appartenant. Dans les grands pays, un fort pourcentage d'entre elles ont des filiales industrielles et peuvent donc intervenir en tant que compétiteurs locaux. Presque toutes les filiales brésiliennes sont de type industriel en raison des obstacles aux importations de produits finis. Il convient d'observer que les chiffres de la figure 4.2 ne comprennent pas les agents, importateurs et autres formes de représentation dont ces sociétés ne seraient pas propriétaires. Ces trente-neuf champions cachés détiennent en tout ou partie un total de 354 filiales étrangères, soit en moyenne 9,6 pour chacun, ce qui est extrêmement élevé pour des sociétés de cette taille.

L'examen individuel des sociétés est encore plus impressionnant. Une petite entreprise comme Brähler International Congress Service, qui réalise 40 millions de dollars de chiffre d'affaires avec 390 salariés dans le monde est présente dans 89 villes de soixante pays. Hillebrand, une entreprise de 600 salariés, a des bureaux dans trente pays. Selon son directeur général Christof Hillebrand, ces bureaux forment un réseau mondial qui suscite des opportunités d'affaires exceptionnelles dans le négoce et l'expédition des vins de nombreuses régions de production vers de nombreux marchés de consommation.

Les plus grands des champions cachés ont leurs propres filiales dans de nombreux pays, comme le montrent les exemples du tableau 4.2.

Les champions cachés de la performance préfèrent nettement avoir un accès direct aux marchés et clients étrangers – ils ne veulent pas que des tiers s'interposent entre eux et leurs clients. Le Dr Wolfgang Pinegger, président de Brückner, l'un des premiers fabricants mondiaux de systèmes d'étirage biaxial de films, exprime franchement cette opinion :

> Nous connaissons tous nos clients à travers le monde. Certains de nos collaborateurs sont allés en Chine une centaine de fois. Nous faisons tout nous-mêmes. On me demande quelquefois comment nous parvenons à gérer tout cela avec seulement 280 salariés et si nous ne devrions pas avoir

Tableau 4.2 – Les filiales étrangères de quelques champions cachés.

Entreprise	Produit primaire	Nombre de filiales étrangères
Fresenius	Instruments de dialyse	50
Würth	Produits de montage	44
Al-Ko Kober	Composants pour caravanes	37
TÜV Rheinland	Inspection et certification technique	32
SEW Eurodrive	Transmission électrique	31
Villeroy & Boch	Produits céramiques	27
Prominent	Pompes métriques	26
Knauf	Plâtre	26
Dragoco	Parfums	24

des agents commerciaux. Nous refusons catégoriquement de passer par des agents. Nous avons nos propres bureaux et certains de nos meilleurs collaborateurs voyagent 80 % de leur temps. C'est ainsi que nous couvrons le monde.

C'est sans doute vrai : chaque fois que nous avons essayé de l'appeler, le Dr Pinegger était en route pour une destination lointaine. Il nous a fallu des mois pour obtenir un rendez-vous avec lui en Allemagne. On voit ainsi comment les champions cachés gèrent leur organisation mondiale. A côté de leur étroite focalisation sur leur marché, ces réseaux mondiaux de commercialisation constituent le second pilier de leur stratégie. Celle-ci est donc à première vue contradictoire : elle est étroite, focalisée et profonde en ce qui concerne leur produit, leur technologie et les besoins de leur clientèle, mais elle est large, vaste et mondiale en ce qui concerne la dimension géographique de leur activité. La figure 4.3 illustre cette ambivalence.

Cette association étroitesse/mondialisation a quelques implications très intéressantes et judicieuses. D'abord et avant tout, des marchés niches petits, voire minuscules, peuvent devenir étonnamment larges si on les étend au monde entier. Ainsi, un marché élargi à l'échelle mondiale avec une focalisation étroite n'interdit pas nécessairement les

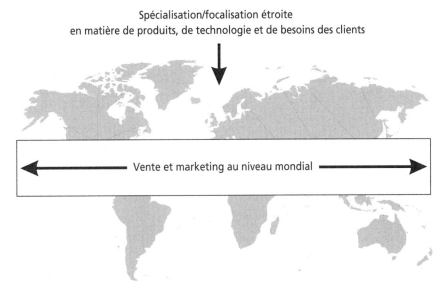

Figure 4.3 – *Les deux piliers de la stratégie des champions cachés.*

économies d'échelle et les effets de courbe d'expérience. Il peut très bien permettre d'associer de manière intéressante spécialisation commerciale et efficacité des coûts.

Les champions cachés nous enseignent apparemment que telle est la bonne façon de procéder, et que la démarche inverse est mauvaise. Le directeur d'un prospère supermarché, dans une petite ville, s'interrogeait sur le réinvestissement de ses profits ; il décida d'ouvrir un hôtel dans la même ville. Selon les champions cachés de la performance, ce n'est pas ce qu'il faut faire. Au lieu de rester au même endroit et de s'engager dans une nouvelle activité – dont il ne connaissait pas grand chose – il aurait dû coller à son métier de détaillant et ouvrir de nouveaux supermarchés dans d'autres villes. De même, une entreprise que je conseille s'était exclusivement attachée au marché allemand, s'arrogeant une part de marché de 80 % sur son marché de haute technologie, très concurrentiel. Quand je leur ai demandé pourquoi ils ne pourraient pas réussir aussi bien sur les marchés étrangers, ses dirigeants sont tombés des nues. Ils ont dû admettre qu'ils n'étaient bridés que par leurs frontières psychologiques. Aujourd'hui, ce champion caché « local » a mis le cap sur le monde, et il réussira car la plupart des marchés sont moins difficiles et moins exigeants que le marché allemand. Mais dans le passé, cette société est passée à côté de superbes opportunités à cause de ses limitations géographiques.

Il y a d'ordinaire plus de ressemblance entre une même activité d'un pays et d'une région à l'autre qu'entre différentes activités d'une même région. Comme l'a fait observer Peter Drucker, tous les hôpitaux du monde ont en gros les mêmes problèmes (Drucker 1993). Celui qui arrive à résoudre un problème pour un hôpital de Los Angeles pourra probablement en faire autant pour des hôpitaux de Tokyo et de Paris sans même être obligé de parler japonais ou français. Le langage technique des hospitaliers est partout le même et il en va de même pour l'hôtellerie-restauration.

Comme on l'a vu au chapitre 3, c'est exactement le fondement de la stratégie de Winterhalter Gastronom, le spécialiste des lave-vaisselle pour ce dernier secteur. Son directeur, Manfred Bobeck, explique :

> Nous n'avons pas de mal à adapter nos installations aux besoins des hôtels de différents pays, parce qu'ils se ressemblent partout. En revanche, il serait difficile de les adapter aux besoins de clientèles distinctes, qui sont très différents. Les hôtels d'Asie ressemblent davantage aux hôtels d'Europe que les hôtels allemands aux hôpitaux allemands. C'est aussi simple que cela.

On est là dans la meilleure tradition de la théorie de Levitt sur la mondialisation (Levitt 1983). Ces constats comportent une leçon importante pour toutes les entreprises, même celles qui fonctionnent au niveau local : la bonne formule est apparemment de se centrer sur un domaine de compétence ou de produit étroit puis de s'étendre géographiquement pour accroître son marché. Bien des entreprises font exactement l'inverse. Par peur de s'internationaliser, elles restent à l'intérieur de leur région ou de leur pays et tentent de croître en se diversifiant dans des domaines qu'elles connaissent mal. Elles perdent ainsi leur focalisation, et finalement leur compétitivité.

Le chemin de la mondialisation

Parmi les champions secrets les plus anciens, quelques-uns sont mondialisés depuis un nombre d'années impressionnant. Heidenhain, fondé en 1889 et leader mondial des systèmes de mesure pour distances et angles, exportait plus de 50 % de sa production dès avant 1960. Il en allait de même de Koenig & Bauer, fondé en 1817, qui détient 90 % du marché mondial des presses fiduciaires.

Heinz Hankammer, fondateur des filtres à eau Brita, évoque ainsi les débuts de son internationalisation :

> Des visiteurs venus de l'étranger, principalement des distributeurs, avaient découvert nos produits dans les magasins allemands. Intéressés, ils nous avaient appelés. C'est ainsi que nous avons commencé à Londres en 1980. Nous y avons trouvé un excellent correspondant, qui vendait nos produits aux grands magasins, aux magasins de diététique, etc. Des gens du monde entier ont alors vu nos produits dans ces magasins et nous ont contactés. Londres a été un tremplin vers le monde. Dans cette phase initiale, nous n'allions jamais vers les clients étrangers, c'étaient eux qui nous appelaient en demandant à distribuer nos produits dans leur pays. C'est ainsi que cela a commencé et, aujourd'hui, nous sommes présents dans soixante pays.

On peut trouver dans la littérature des schémas ou des paradigmes typiques d'internationalisation. Notamment celui-ci : exportation indirecte → exportation directe → accord de licence → joint-venture → filiale de vente et de service → assemblage local → production locale (voir par exemple Root 1987). Il a été dit aussi qu'il y avait des schémas idéaux d'internationalisation.

Les champions cachés les suivent rarement. Ils ont plutôt commencé à s'internationaliser très tôt, très rapidement et souvent dans le désordre. Sur une échelle de 1 à 7, leur score quant à l'ancienneté de leurs importations est inférieur à 4 pour 82,4 % d'entre eux, ce qui signifie qu'ils ont commencé à exporter tôt ou très tôt, le score moyen étant de 2,4. Viktor Dulger, fondateur et PDG du leader mondial des pompes volumétriques Prominent illustre bien leur état d'esprit quand il déclare : « J'étais toujours le premier sur le marché. » Il attribue sa réussite à trois facteurs : la qualité de son produit, l'intensité de sa R & D et la précocité de sa présence sur le marché. Ces constats démontrent que les champions cachés typiques ont très tôt nourri une vision internationale de leur activité. Même si l'internationalisation n'est intervenue qu'en réaction, ils étaient réceptifs aux opportunités des marchés étrangers. Sans cette attitude, ils n'auraient pas pu s'internationaliser rapidement.

L'expansion internationale de Kärcher, leader mondial des nettoyeurs haute pression, illustre bien le processus caractéristique de la mondialisation chez les champions cachés. Fondé en 1935, Kärcher n'a créé sa première filiale qu'en 1962, lors de son implantation en France. Pendant les dix années suivantes, son internationalisation par création de filiales n'a progressé que lentement. En 1974, il n'en avait encore créé que trois de plus, en Autriche, en Suisse et en Italie. La décennie suivante a vu une accélération rapide avec l'apparition de onze nouvelles filiales. Au cours des dix années les plus récentes, douze autres ont été créées. Il est très probable que leur nombre augmentera encore dans la prochaine décennie, particulièrement avec l'entrée imminente de la société en Asie et en Europe de l'est.

L'entrée sur le marché est souvent préparée et exécutée en fonction des circonstances plutôt qu'en suivant une démarche très planifiée ou systématique. Hermann Kronseder, fondateur de Krones, leader mondial des machines d'étiquetage de bouteilles, raconte ainsi son entrée sur le marché américain :

> En 1966, j'ai reçu un coup de téléphone d'un homme d'affaires américain. Quatre semaines plus tard, je m'envolais pour les États-Unis, accompagné d'un cousin anglophone qui faisait office d'interprète. C'était ma première visite aux États-Unis ; elle fut épuisante. Nous avons visité New York, Chicago, Detroit et finalement Milwaukee. J'arrivai à la conclusion que nous devions avoir notre propre filiale aux États-Unis. Deux jours plus tard, nous avons créé Krones Inc. dans une chambre du Knickerbockers Hotel de Milwaukee. Deux jours encore et nous recevions notre première commande d'une brasserie de la région.

Il a fallu deux ou trois ans pour que l'établissement fonctionne correctement, non sans devoir remplacer plusieurs personnes chemin faisant.

L'entrée de Brita sur le marché américain est un autre exemple. Voici le récit qu'en fait Heinz Hankammer :

> Quelqu'un de Salt Lake City nous avait fait connaître son intérêt pour nos produits. J'ai pris l'avion pour voir si les filtres à eau Brita pouvaient se vendre aux États-Unis. Je suis entré dans un drugstore et j'ai demandé si je pouvais installer une table. J'ai préparé du thé avec de l'eau versée sur un filtre Brita tout en discutant avec les clients qui passaient par là, et j'ai vendu mes filtres. Au bout de trois jours, je savais ce qui marchait ou non aux États-Unis. C'était il y a dix ans, et aujourd'hui nous faisons plus de 150 millions de dollars de chiffre d'affaires aux États-Unis. Voici quatre semaines, j'étais à Shanghai et j'y ai fait la même chose. La semaine dernière, je suis allé à Tirana, la capitale de l'Albanie. Je veux voir moi-même ce qui se passe.

De nombreuses opportunités internationales sont le fruit du hasard. Écoutons encore Hankammer à propos de l'entrée de Brita en Russie :

> Je parraine un club de football, qui recevait une équipe russe, et j'ai eu l'occasion de rencontrer la mère d'un joueur russe. Il s'est trouvé qu'elle parlait anglais et avait le sens des affaires. Elle a lancé nos activités en Russie en 1993. La société compte à présent vingt-cinq salariés sur place et a réalisé un chiffre d'affaires de 2 millions de DM en 1994. Un bon départ !

L'aspect le plus critique de l'entrée sur un marché international, selon les dirigeants, est le choix des collaborateurs. La multiplication des champions cachés de la performance de pays en pays repose sur des hommes clés plutôt que sur une organisation. Cela explique pourquoi, comme dans le cas de Kärcher, le processus peut demander plusieurs années. Au début, l'expérience internationale du champion caché est très limitée. L'entreprise n'a pas beaucoup de collaborateurs qu'elle puisse charger d'assurer son implantation à l'étranger. Puis le temps passant et davantage de gens se familiarisant avec son activité, le processus d'internationalisation peut s'accélérer. Il est évident qu'un processus aussi complexe ne va pas toujours sans difficulté. De sérieux problèmes se posent souvent et des crises surviennent dans tel ou tel pays, particulièrement dans ceux où il est difficile d'entrer, comme les États-Unis ou le Japon.

Peu importe donc l'origine de l'impulsion originale en faveur de l'internationalisation. Le processus est essentiellement guidé par les objectifs et la volonté. Ce qui compte vraiment est qu'une fois les champions cachés mis en appétit, ils poursuivent leur mondialisation avec de une détermination et une énergie inépuisables. Au début, les choses avancent lentement, car les dirigeants ne peuvent pas tout faire et les capitaux disponibles limitent le rythme de l'internationalisation. Mais avec l'apprentissage et l'accumulation des capitaux, le processus s'accélère et l'expansion internationale se fait à pas redoublé.

Les fondements intellectuels de la mondialisation

Même s'il peut paraître facile à première vue d'acquérir une perspective mondiale, il n'en a rien été pour les champions cachés de la performance. Ce n'est pas un résultat vite acquis, il doit s'appuyer sur des bases cognitives et comportementales qui dépassent les limites étroites de l'entreprise. La culture d'entreprise et les facteurs de société jouent un rôle important dans le franchissement des obstacles à la mondialisation.

La barrière la plus évidente est la langue. Les champions secrets prennent au sérieux le conseil d'Anton Fugger, « le meilleur langage est celui du client », car ils refusent que la langue soit une barrière à l'internationalisation. Certains ont une approche exceptionnellement volontariste de la question. C'est ce qu'explique Peter Barth, directeur général du leader du houblon Joh. Barth :

> Selon nous, tout cadre devrait parler au moins trois langues étrangères en plus de sa langue natale. C'est important car cela a des effets psychologiques. Apprendre une langue étrangère, c'est aussi apprendre à connaître une autre culture. C'est la base même de nos excellentes relations avec nos clients dans le monde entier, et sans nul doute notre principal avantage concurrentiel. Il se trouve que nous sommes installés en Allemagne. Psychologiquement, pourtant, nous ne sommes pas Allemands mais internationaux.

La volonté d'adopter les langues étrangères ne doit pas se limiter à l'encadrement. Chez beaucoup de champions secrets, la langue de travail est l'anglais ; au cours de mes nombreuses visites, j'ai souvent eu l'impression de me trouver hors d'Allemagne en voyant les réunions et les conversations téléphoniques se dérouler dans une langue étrangère.

Ce sont là le terreau et la semence d'une vraie mondialisation. Dans ma propre société, tout le monde, même les secrétaires, doit parler l'allemand, l'anglais et une autre langue. Je crois que de telles exigences relèvent largement de la culture d'entreprise. Les langues sont un préalable indispensable aux activités internationales, et l'une des plus graves erreurs que puisse faire une entreprise serait de ne pas être exigeante. Les champions cachés n'ont pas d'avantage naturel à cet égard. Leurs fondateurs n'ont souvent reçu que les huit années d'éducation scolaire traditionnelles en Allemagne, qui ne comporte pas d'apprentissage d'une langue étrangère, puis trois ans de formation professionnelle. Mais tous ceux que j'ai rencontrés avaient appris l'anglais, par eux-mêmes ou sur le tas, et pouvaient travailler dans cette langue.

Bon nombre ont étudié d'autres langues. Lars Windhorst parle le chinois. Certains ont même appris le japonais, comme Dieter Schneidewind, précédemment chez Wella, ou comme Otto Gies, directeur des ventes de Paul Binhold, leader mondial des aides pédagogiques anatomiques (squelettes, etc.), qui a pénétré le marché japonais. Binhold détient environ 50 % du marché japonais. Son catalogue est disponible en quinze langues, celui de son concurrent le plus proche en trois langues seulement. Le PDG d'une entreprise technique qui préfère demeurer anonyme se rappelle :

> Jeune, dans les années 60, j'ai travaillé deux ou trois ans au Japon et j'ai pratiqué le japonais à haute dose. Aujourd'hui, je peux encore suivre 70 à 80 % d'une conversation dans cette langue. C'est un avantage considérable lors de mes fréquentes négociations avec des relations d'affaires japonaises.

Lars Windhorst, dont la société fondée en 1993 réalise environ 140 millions de dollars de chiffre d'affaires principalement sur des marchés comme la Chine et le Vietnam, a appris le chinois et même le vietnamien pour se rapprocher de ses clients locaux.

Il semble que beaucoup de gens sous-estiment grandement l'importance de la langue. L'intérêt pour les langues étrangères varie d'une entreprise et d'un pays à l'autre. Certaines entreprises trouvent tout naturel d'exiger l'apprentissage d'une langue locale. C'est le cas de Royal Dutch Shell ; ainsi, tous les étrangers qui font partie de l'encadrement de sa filiale allemande Deutsche Shell AG ont appris et pratiquent l'allemand. On ne peut en dire autant de la plupart des multinationales américaines. Les cadres américains nommés en Europe se soucient rarement d'apprendre la langue de l'endroit. Ils considèrent comme acquis que tout le monde est capable de traiter avec eux en anglais – ce qui est exact dans la plupart des cas, cela va de soi. Il existe aussi des différences entre les champions secrets et les grandes sociétés allemandes. Les salariés de ces dernières ont souvent du mal à passer aux langues étrangères lors des réunions, séminaires ou conférences ; ceux des champions secrets, dont les réunions de direction internationales se tiennent presque toujours en anglais, y parviennent plus aisément.

L'aptitude de telle ou telle entreprise à adopter une langue étrangère dépend de sa nationalité. On note des différences importantes. Le tableau 4.3 montre comment divers pays européens pensent comprendre l'anglais et comment ils le comprennent en réalité.

De nos jours, dans la plupart des pays, les enfants reçoivent au moins une initiation à l'anglais. Mais l'efficacité de la formation diffère sensiblement d'un pays à l'autre. Les chiffres les plus sûrs et les plus intéressants

Tableau 4.3 – Compréhension de l'anglais parlé.

	Autoévaluation	Compréhension réelle
Allemagne	32 %	15 %
Belgique	41	17
Espagne	9	3
France	20	3
Italie	9	1
Pays-Bas	51	28

Source : d'après C. Drewes, « Euro-Kommunikation », in *Euro-Dimensionen des Marketing*, ed. H.G. Meissner (Dortmund, Fachverlag Arnold, 1992), p. 82.

du tableau 4.3 sont les pourcentages de compréhension réelle. Il apparaît clairement ici que les petits pays comme la Belgique et les Pays-Bas viennent en tête. Parmi les grands pays, l'Allemagne se détache nettement. Dans les pays latins, France, Italie et Espagne, seule une petite partie de la population comprend réellement l'anglais. Bien que l'Angleterre, assez logiquement, ne figure pas sur ce tableau, une enquête auprès des dirigeants d'entreprise britanniques a montré que « la moitié d'entre eux ne faisaient aucun effort pour étudier l'étiquette locale des affaires et que trois sur dix ne se souciaient pas d'apprendre quelques phrases en langue étrangère » (Burke 1994, 1). Une entreprise qui travaille dans un environnement peu propice aux langues étrangères doit faire d'importants efforts pour surmonter ces déficiences afin de réussir sa mondialisation.

En voici un exemple concret. Cecilia Simon est directrice générale de Lingua Video Media GmbH, une petite entreprise allemande qui importe des films vidéos de nombreux pays différents pour les vendre en Allemagne. Chez le grossiste espagnol auprès duquel elle se fournit, personne ne parle suffisamment l'anglais ni aucune autre langue étrangère pour prendre des commandes par téléphone. C'est un handicap fâcheux, si bien que Cecilia Simon s'est mise à apprendre l'espagnol, sa quatrième langue, pour faire plus facilement ses achats en Espagne. Une entreprise qui prend au sérieux ses activités internationales doit surmonter la barrière de la langue.

L'internationalisation suppose aussi un usage intelligent des symboles. On se sent souvent mal à l'aise en visitant un pays étranger, et de petits symboles peuvent donner plus d'aisance. Tracto-Technik, important constructeur d'excavateurs, accueille ses visiteurs étrangers en pavoisant aux couleurs de leur pays. Bien d'autres champions cachés ont des gestes symboliques similaires. Un PDG, qui propose à ses visiteurs japonais de choisir entre restaurant japonais et restaurant allemand constate qu'ils préfèrent souvent la première possibilité. Au cours d'une négociation d'affaires dans un pays étranger, ils se sentent plus à l'aise dans un environnement familier. Dans la même veine, les produits doivent être adaptés aux préférences nationales. Paul Binhold propose des torses aux caractéristiques japonaises au Japon et africaines en Afrique. Ces attentions simples sont souvent négligées dans les entreprises internationales.

Au-delà de la langue et des symboles, l'internationalisation générale du corps social affecte l'aptitude des entreprises à se mondialiser. Bien qu'elle soit difficile à mesurer, le nombre d'appels téléphoniques internationaux pourrait en être un indicateur. Les derniers chiffres disponibles, ceux de 1989 confirment que, par rapport à des pays de taille comparable, l'Allemagne paraît fortement internationalisée. Ses habitants téléphonent à l'étranger 3,7 fois plus que ceux de l'Italie et près de dix fois plus que ceux du Japon. Depuis 1989, le trafic téléphonique international a plus que doublé, mais *a priori* il n'y a aucune raison de penser que les positions respectives des pays ont changé.

Une autre tendance qui pourrait être favorable aux entreprises internationales est celle des voyages à l'étranger, mais il est difficile de parvenir à des statistiques parlantes. Le tableau 4.4 indique le nombre de nuitées selon le pays d'origine. Il montre que les visiteurs français ont passé deux millions de nuitées en Allemagne, alors que les Allemands ont passé 26,9 millions de nuitées en France, soit 13,5 fois plus. La situation est similaire si l'on compare l'Allemagne avec l'Italie et l'Espagne. Par tête, les Allemands passent à peu près trois fois plus de nuits à l'étranger que les Français ou les Italiens, et à peu près cinq fois plus que les Espagnols.

Cette asymétrie se retrouve si l'on compare les dépenses aux États-Unis et en Allemagne. Alors que les visiteurs américains dépensent 1,09 milliard de dollars en Allemagne, les Allemands dépensent 2,34 milliards de dollars aux États-Unis (Statistisches Bundesamt 1993, 135), soit 2,15 fois plus.

Tableau 4.4 – Voyages internationaux en 1992,
mesurés par le nombre de nuitées (en millions de nuitées).

Pays d'origine du client	Pays du séjour					Total nuitées	Nuitées par personne
	France	Allemagne	Italie	Espagne	Royaume-Uni		
France	-	2,0	7,0	13,5	16,3	38,8	0,68
Allemagne	26,9	-	45,2	39,0	17,6	128,7	2,04
Italie	17,3	2,0	-	8,3	8,2	35,8	0,62
Espagne	8,3	0,7	1,8	-	8,3	19,1	0,49
Royaume-Uni	25,6	3,5	6,2	44,1	-	79,4	1,38

Sources : Jordi Montaña, ed., *Marketing in Europe*, (Londres, 1994) et calculs de l'auteur.

Les voyages touristiques sont inclus dans ces chiffres, et l'on peut à juste titre objecter qu'ils comparent des pommes et des poires. Mais ce n'est vrai qu'en partie, car le fait de visiter un pays étranger en tant que touriste élargit son horizon international et facilite l'envoi de collaborateurs à l'étranger pour y réaliser un travail. Les champions cachés recherchent avidement des salariés disposés à travailler à l'étranger. « J'ai souvent besoin de déployer des équipes n'importe où dans le monde dans un délai très court, explique Reinhard Wirtgen, PDG de Wirtgen, leader mondial des machines de recyclage routier. Comme nous avons suffisamment de collaborateurs passés par l'étranger, nous sommes capables de réunir de tels groupes en quelques jours, que ce soit pour l'Alaska, la Sibérie ou le Sahara. Cette faculté est un avantage énorme ». Seuls les salariés qui se sentent partout chez eux, qui ont voyagé dans différents pays, sont prêts à relever ce genre de défi. En général, les champions secrets ne considèrent pas que leur mondialisation se heurte à des problèmes de mobilité des salariés.

Mes activités universitaires m'ont donné l'occasion d'observer d'autres différences entre pays. A l'occasion de deux programmes d'échanges universitaires avec les États-Unis et la France, nous n'avons eu aucune peine à trouver des volontaires allemands. La demande était en général trois à quatre fois supérieure au nombre des places offertes. En revanche, aussi bien les Américains que les Français ont eu du mal à trouver suffisamment d'étudiants désireux de séjourner en Allemagne. Soit ils ne parlaient pas assez bien la langue, soit ils n'avaient tout bonnement pas envie d'étudier à l'étranger. Une telle attitude chez les jeunes ne favorise pas la mondialisation d'un pays et de ses entreprises.

Grâce au téléphone et au fax, le point le plus éloigné du monde est accessible dans la minute, sous réserve de surmonter les barrières linguistiques et psychologiques. Et il suffit d'une vingtaine d'heures pour y acheminer des hommes et des marchandises. C'est le temps qu'il fallait pour faire 100 kilomètres voici seulement un siècle. D'un point de vue historique, le monde s'est rétréci à un rayon de 100 km. De même, le coût des voyages n'est plus un obstacle : il ne représente en moyenne que 1 % du chiffre d'affaires des champions cachés. Exception la plus coûteuse, le Japon, qui réclame pour chaque dollar encaissé, deux *cents* de frais de voyage. Compte tenu de ces éléments, il n'y a vraiment aucune raison de ne pas considérer le monde comme un marché unique. Les seules barrières sont dans les têtes, et les champions cachés les ont renversées. Pour eux, leur petite taille n'est pas un facteur limitatif. Mais toutes les entreprises devraient réaliser que l'environnement peut favoriser ou non la mondialisation. Il semble que l'Allemagne offre un environnement très favorable, ce qui pourrait expliquer la fréquence des champions cachés sur son territoire. Mais ceux-ci peuvent prospérer partout, comme le montre ce qui se passe dans d'autres pays (voir quelques exemples dans le tableau 11.1). Peut-être ont-ils seulement besoin de travailler un peu plus pour surmonter les obstacles sociologiques afin de créer une culture d'entreprise et des fondations intellectuelles favorables à la mondialisation.

5

LE CLIENT

*Je connais et j'ai rencontré chacun
de nos clients à travers le monde.*

Les champions cachés de la performance entretiennent avec leurs clients des relations étroites caractérisées par une dépendance mutuelle. Les entreprises précisément ciblées doivent généralement s'appuyer fortement sur un petit nombre de clients qui auraient beaucoup de mal à remplacer les produits très particuliers dont ils ont besoin. Cette situation crée un engagement des deux côtés et fonde une relation à long terme basée sur la confiance et le respect, sans que l'on puisse nécessairement parler d'amitié. Les champions cachés ont beau être proches de leurs clients, leur marketing n'a rien d'extraordinaire. Moins doués pour la parole que les grands groupes, ils prêtent la plus grande attention aux orientations de leurs clients. Leur proximité avec leurs clients se lit dans leur dévouement, pas dans leurs mots. Mais prenez les préceptes suivants avec un peu de recul – les actions généralement très spécifiques des firmes de notre échantillon ne se prêtent guère à une imitation servile.

La nature des relations avec la clientèle

Les produits des champions cachés ne sont pas toujours simples ; souvent, il s'agit de solutions ou d'ensembles complexes. Cela a une incidence directe sur leurs relations avec leurs clients et leur engagement à leurs côtés. Parmi les entreprises ayant répondu à notre enquête, 69,7 % disent attacher une importance grande ou une très grande à l'avis des clients. Et la proposition : « Vos clients s'attendent à recevoir beaucoup d'informations » est notée au-dessus de la moyenne par 68 % d'entre elles. Une nette majorité de ces entreprises pensent que l'achat de leur produit n'est pas un acte banal pour leurs clients. Les trois quarts sont d'accord avec l'idée que leurs clients auraient du mal à remplacer leurs produits.

Mais la dépendance n'est pas à sens unique : 77,7 % de nos entreprises considèrent qu'elles dépendent tout autant de leurs clients. La moitié à peu près reconnaissent que leurs clients peuvent faire pression sur elles et que la perte de clients importants mettrait leur existence en danger. En raison de leur focalisation étroite, beaucoup de champions cachés réalisent un pourcentage élevé de leur chiffre d'affaires avec un petit nombre de clients. Un septième d'entre eux disent que plus de 50 % de leur chiffre d'affaires vient de cinq clients seulement, et un quart que leurs cinq plus gros clients représentent entre 20 et 50 % de leurs ventes totales.

Tous ces constats confirment la forte dépendance mutuelle des deux parties. Tant les produits que l'acte d'achat ont tendance à être complexes et source d'incertitudes et de coûts de transaction élevés. Les deux parties auraient du mal à changer de partenaire, ce qui tend d'ordinaire à stabiliser les relations.

Invités à noter seize facteurs selon une échelle de 1 à 7, les champions cachés donnent une note de 6,1 à la phrase selon laquelle leur principale force réside dans l'ancienneté de leurs relations avec leurs clients. Pour les deux tiers, une vente à un nouveau client est le point de départ d'une relation d'affaires durable. Et 82,5 % considèrent leurs clients comme fidèles ou très fidèles, les acheteurs occasionnels ne jouant qu'un rôle mineur. Les entreprises ayant répondu à notre enquête s'attendent pour 85,8 d'entre elles à conserver leurs clients actuels. Pour bien des entreprises moins heureuses, de tels chiffres sont de l'ordre du rêve. Or ces constats de notre étude quantitative ont été nettement renforcés par les entretiens. A de nombreuses reprises, nos interlocuteurs ont souligné que leurs relations d'affaires avaient vocation à durer longtemps et devaient pour cela reposer sur une relation gagnant-gagnant.

Étant donné leur puissance sur le marché, il arrive que les champions cachés se trouvent temporairement en position de force par rapport à leurs clients, par exemple lorsqu'un goulot d'étranglement apparaît. Mais ils veillent à ne pas abuser de la situation, en s'abstenant parfois explicitement d'en profiter pour relever leurs prix. La plupart des clients ne se montrent pas avares de reconnaissance quand les affaires se retournent. J'ai entendu plus d'un client vanter la serviabilité de tels fournisseurs.

Le fait que les champions cachés visent des relations durables avec leurs clients s'accorde avec les conclusions d'études récentes. On admet généralement qu'il est cinq fois moins coûteux de conserver un client que d'en trouver un nouveau ; eux le savent depuis longtemps. Ils sont aussi bien conscients que la contribution par client est d'autant plus élevée que la relation est ancienne (Heskett *et al.* 1990). Des champions cachés comme Hauni, Barth, Heidenhain et bien d'autres travaillent avec certains clients sans interruption depuis des décennies, voire des générations. S'il m'arrivait d'évoquer dans la conversation une récente publication sur ce thème, cela me valait un sourire, parfois un peu moqueur. « Est-ce quelque chose de nouveau ? demandait un PDG. N'est-ce pas le simple bon sens ? Nous avons toujours suivi ces principes évidents. Si vous contentez vos clients en leur offrant une qualité et des services excellents, vous les garderez toujours et ils vous paieront bien. » Certes, c'est le bon sens ! Mais il est souvent difficile à suivre.

Les champions cachés de la performance fondent leurs relations commerciales sur l'économie et la logique, non sur l'émotion et l'amitié. Ils savent parfaitement qu'un phénomène de pouvoir joue dans les relations entre fournisseur et clients, et ils font tout leur possible pour qu'il fonctionne en leur faveur. Telle entreprise fait écran entre ses fournisseurs et ses clients en réétiquetant et en repeignant les composants utilisés pour dissimuler leur origine et éviter qu'ils ne soient achetés directement auprès du fournisseur initial. Une autre s'efforce délibérément d'augmenter sa part dans les commandes pour rendre ses clients plus dépendants. Une troisième étend sa ligne de produits par intégration verticale et crée une incompatibilité avec les composants d'autres fournisseurs pour réduire le choix de ses clients. Mais si des actions de ce genre visent avant tout à renforcer la position de l'entreprise, elle peuvent aussi s'avérer à l'avantage des clients. Le fait qu'un industriel prenne en charge un ensemble complet leur évite par exemple de devoir traiter avec de multiples fournisseurs. Encore une fois, ils en paient le prix sous forme d'une dépendance croissante, et les deux parties en bénéficient tant que le fournisseur s'abstient d'en abuser. Pour de nombreux champions cachés, ces tactiques sont un moyen d'affirmer une position de leader. Mais elles en sont rarement la base : une position de leader s'acquiert uniquement par une meilleure performance globale.

Les champions cachés ne croient guère aux expressions à la mode du genre « enthousiasmer le client » ou « réjouir le client ». Ils considèrent plus sobrement la relation avec le client : pour eux, la performance, la valeur et le prix jouent les premiers rôles. Lorsqu'ils parlent de relations clientèle, ils évoquent une réalité économique plutôt qu'une idée en vogue. Si l'amitié, l'émotion ou le plaisir interviennent peu, il en va autrement de la confiance et du respect mutuel. Et ces sentiments ont des résultats très concrets : ils limitent le travail juridique et permettent une économie de temps et de moyens.

Excor (il s'agit d'un pseudonyme), fournisseur d'installations clé en main pour l'industrie alimentaire, illustre certains de ces avantages. Cliente de longue date, une grande société multinationale que j'appellerai Confood devait construire une nouvelle usine en Europe de l'Est dans un délai très court afin de devancer un concurrent. Excor commença a construire l'usine avant d'avoir signé un contrat, car Confood avait besoin de trop de temps pour recueillir les différents accords et signatures nécessaires. Le projet se déroula si bien qu'Excor reçut une autre grosse commande de Confood. Au cours de ce second projet, achevé fin 1994, Confood n'affecta au projet qu'un seul contrôleur. « C'était le signe d'une grande confiance en nous, observe le PDG d'Excor, mais cela faisait aussi peser sur nous une pression extrême, car nous devions supporter toute la responsabilité. Dans un tel projet, d'autres clients auraient pu faire intervenir quinze contrôleurs, ce qui était la norme naguère ». En échange de sa confiance, Confood a fait l'économie de quatorze contrôleurs, et notre champion caché Excor est résolu à faire le maximum pour satisfaire et conserver cet important client.

Au cours du projet suivant, engagé en 1995, Confood fit un pas de plus. Il se contenta de définir un budget de 63 millions de dollars en demandant à Excor de lui construire pour ce prix une usine d'une capacité définie. Il n'y eut ni appel d'offre, ni contrat écrit : seulement la confiance et une relation d'affaires à long terme. Ce type de relations client-fournisseur permet d'énormes économies de temps, d'argent et de ressources humaines tout en poussant Excor à faire de son mieux. Encore peu fréquent, il montre néanmoins vers quoi de nombreux champions cachés se dirigent. La tendance à entretenir des relations d'affaires plus étroites et toujours plus exigeantes est particulièrement caractéristique des fournisseurs industriels.

Ces observations débouchent sur plusieurs leçons importantes. Les champions cachés et leurs clients sont interdépendants. Celui qui souhaite établir une position forte vis-à-vis d'un client doit corrélativement s'attacher à devenir plus dépendant de lui. Force commerciale et dépendance sont dans une certaine mesure les deux faces d'une même médaille : d'un côté le client exige une performance supérieure, de l'autre le fournisseur exige la fidélité. Cette situation crée une implication et mène à une relation à long terme qui entretient la confiance et réduit les coûts de transaction au profit des deux parties.

Proximité avec le client

Dans *Le Prix de l'excellence* (1982), Peters et Waterman affirment à propos de la proximité avec le client que « les entreprises excellentes sont *réellement* proches de leurs clients. D'autres en parlent, elles le font ». Avec le recul, on doit se demander si ces entreprises étaient au fond tellement proches de leurs clients, ou bien si le livre ne faisait que reproduire une langue de bois appuyée par quelques actions spectaculaires. Je pense vraiment que les champions cachés sont plus proches de leurs clients que la plupart des grandes entreprises ne le seront jamais.

D'où vient la proximité avec le client? Évidemment, chacun a sa théorie, mais rares sont ceux qui se soucient de la définir précisément. Christian Homburg (1995) a récemment proposé une conceptualisation scientifique. En s'appuyant sur un solide concept théorique et une enquête par questionnaire auprès de 327 clients de sociétés industrielles, et à l'aide d'une technique dite analyse causale, il s'est aperçu que la proximité avec le client comprend deux dimensions, « la performance » et « l'interaction ». La première comprend ce que le client reçoit en termes de produit, de service et de qualité du processus, tandis que la seconde se rapporte à ses relations avec le fournisseur (ouvert, réactif, etc.). Ces deux dimensions se définissent elles-mêmes d'après sept facteurs mesurés par vingt-huit indicateurs individuels.

La performance et l'interaction sont d'importance à peu près égale dans les relations d'affaires. Les champions cachés ont tendance à montrer le même degré de proximité à l'égard de leurs clients dans les deux dimensions. Leurs performances sont excellentes et leurs interactions de bonne qualité, en particulier pour ce qui est de la circulation de l'information, de la réceptivité et des contacts avec les personnels non commerciaux. A cet égard, ils sont sensiblement différents de la plupart des grandes entreprises. Les sociétés de notre échantillon montrent aussi plus de souplesse dans leurs relations avec leurs clients. On peut simplifier encore davantage ce concept en ne considérant que les deux dimensions performance et interaction.

Les champions cachés se situent à un niveau élevé des deux côtés. Les grandes entreprises sont souvent bien notées pour la performance mais mal pour l'interaction. Les petites entreprises se situent en moyenne à l'opposé, avec parfois des scores de performance faibles mais des scores d'interaction élevés.

Les champions cachés sont supérieurs aux grandes entreprises (à haute performance) pour l'interaction et à la moyenne des petites pour la performance. Elles se situent haut dans les deux dimensions du système de proximité avec le client, combinaison qui vaut décidément les efforts qu'elles y consacrent.

Tout en étant très proches de leurs clients, ces entreprises ne sont pas des professionnelles du marketing, du moins au sens habituel de ce terme. Si le professionnalisme d'une entreprise dans le domaine du marketing se mesure au pourcentage de ses salariés affectés à la fonction marketing (planification, analyse, études, etc.), les champions cachés se situent plutôt mal par rapport aux grandes entreprises, et sur dix-neuf facteurs, ils ne classent leur professionnalisme en matière de marketing qu'au dix-septième rang. Beaucoup d'entre eux ne comptent pas un seul collaborateur dont le titre se rapporte au marketing ou aux études de marché, ni même un seul collaborateur ayant une formation en marketing. Mais presque tous leurs collaborateurs ont des contacts avec les clients.

Le pourcentage des salariés qui rencontrent les clients plus ou moins régulièrement y est deux ou trois fois supérieur à celui des grandes entreprises. Ce chiffre est selon moi de l'ordre de 20 à 25 % chez un champion caché typique, contre un peu moins de 10 % dans les grandes entreprises. La distinction entre proximité avec le client et professionnalisme en marketing peut paraître artificielle. Le vrai marketing n'est-il pas la même chose que la proximité avec le client ? Idéalement, cela devrait certainement être le cas, mais comme l'a montré mon étude comparative, la réalité est différente. Les champions cachés ne sont pas des professionnels du marketing mais des professionnels de la proximité avec le client. Pour la plupart des grandes entreprises, c'est l'inverse.

Bien entendu, il est souhaitable de se situer haut dans les deux dimensions – être proche du client et s'appuyer sur des études de marché et un marketing mix solides ; les champions cachés doivent s'améliorer à ce dernier égard. Quand l'entreprise devient plus grosse, plus complexe et plus internationale, les impressions subjectives ne suffisent plus. Les sociétés les plus importantes de notre échantillon, par exemple Kärcher, Würth ou Wella, manifestent une tendance évidente à aller vers davantage de professionnalisme en matière de marketing. Cette évolution intervient souvent au moment où le fondateur-entrepreneur cède la place à des gestionnaires professionnels. Lors de cette transition, les champions cachés doivent faire attention à préserver leur proximité avec les clients. La croissance et la professionnalisation sont des ennemies naturelles de la proximité avec le client, car elles affectent des facteurs importants comme la flexibilité, l'ouverture, la réceptivité et le contact personnel. Certains champions cachés, très conscients de ces dangers permanents, veillent à s'en protéger. Tel est le cas chez Putzmeister, une entreprise en croissance rapide, leader mondial sur le marché des pompes à béton. Karl Schlecht, son PDG-fondateur, a engagé une décentralisation en créant des unités opérationnelles indépendantes. Il cherche explicitement à préserver, malgré la poursuite d'une expansion rapide, la force tirée jusque là de la proximité avec le client.

Les grandes entreprises ont beau disposer en général de service marketing et de plans marketing bien pensés, leur proximité avec la clientèle laisse à désirer, en particulier sur le plan de la souplesse, de l'ouverture, de la réceptivité et de l'intensité des contacts. Leurs clients trouvent d'ordinaire en face d'eux une hiérarchie à plusieurs niveaux, du fait d'une division du travail prononcée qui aboutit à tenir la plupart des salariés à l'écart des clients. Chez les champions cachés, la division du travail est moins prononcée et la polyvalence plus fréquente, les salariés étant ainsi au contact des clients. Ces différences sont schématisées dans la figure 5.1. Ce tableau est peut-être un peu idéalisé, mais il met en évidence des aspects importants. Les grandes entreprises font une claire démarcation entre ceux qui ont des contacts directs avec les clients et ceux qui n'en ont pas. Mais chez les champions cachés, la frontière entre les fonctions externes – au contact du client – et internes est floue.

Les salariés des entreprises de notre échantillon ont en général une vision globale du processus de création de valeur dans leur entreprise et ils comprennent clairement en quoi ils contribuent à la valeur finale du produit acheté par le client. Cette attitude permet à ceux chargés des fonctions externes de s'assurer que l'entreprise tout entière adhère aux vœux du client.

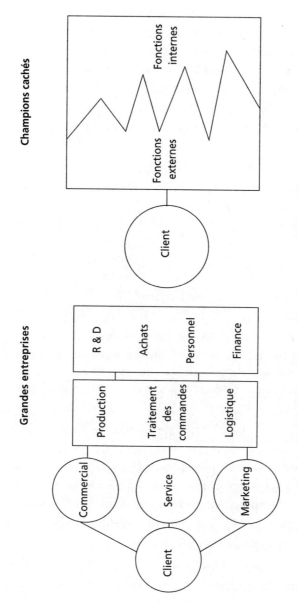

Figure 5.1 – Hiérarchies et client dans les grandes entreprises et chez les champions cachés.

Le fait d'être petit impose la polyvalence ; par exemple, le personnel de la production et de la R & D est souvent appelé en renfort par les services techniques. Le codéveloppement avec les clients est fréquent chez les champions cachés (cf. chapitre 6). La phrase « les principaux dirigeants ont en général beaucoup de contacts directs avec les clients » y obtient un score élevé (5,70 points sur une échelle de 1 à 7).

Grâce à leur taille modeste et à leur comportement, ces entreprises sont mieux à même de créer en face du client une hiérarchie plate et légère. Il est intéressant de constater que ces sources de problèmes sont pour une bonne part celles auxquelles s'attaque le reengineering (Hammer et Champy 1993, Davenport 1993). Beaucoup de champions cachés peuvent se dispenser de faire la « révolution dans l'entreprise » invoquée par Hammer et Champy. Étroitement focalisé sur le client, ils obéissent depuis longtemps à la plupart des postulats du reengineering. De même, des concepts nouveaux comme le « chargé de cas » ou l'« équipe de cas » leur sont depuis longtemps familiers.

Klaus Grohmann, fondateur et PDG de Grohmann Engineering, important fournisseur de l'industrie électronique, explique ainsi son organisation :

> Délibérément, nous n'avons pas de commerciaux. Nos managers sont totalement responsables de leurs dossiers : ils vendent, établissent la proposition, mettent au point la solution et exécutent le projet. À l'égard de celui-ci, ils ont toutes les compétences d'un directeur général. À chaque projet est affectée une équipe qui agit comme une petite entreprise. Tout le monde adopte une vision globale du projet. Cette démarche garantit une incroyable proximité avec le client.

Un leader mondial dans plusieurs spécialités chimiques utilise un système similaire : ses ingénieurs commerciaux assument en totalité les responsabilités et compétences techniques dans leurs relations avec le client. Ces idées n'ont certes rien de neuf, mais les champions secrets les appliquent avec une vigueur exemplaire.

J'ai aussi l'impression que les filiales étrangères jouissent d'une liberté et d'une autonomie considérablement plus grandes chez les champions cachés que dans les grands groupes. La principale raison en est qu'il n'existe pas au siège de grosse hiérarchie de contrôle. La principale critique que j'entends lorsque je visite les filiales étrangères de grands groupes porte sur l'interventionnisme excessif du siège, ce dont les filiales des champions cachés se plaignent rarement. Cela peut aussi tenir au fait que les filiales contestataires sont dirigées par des gens à l'esprit d'entreprise, qui défendent leur autonomie. Les conditions qui favorisent la proximité avec le client sont les mêmes dans la société mère et sur les marchés étrangers. Même si, peut-être, il n'est pas possible de transposer pleinement leurs leçons aux grandes entreprises, l'orientation clients des champions secrets recèle un potentiel d'amélioration énorme.

Le contact direct

Les champions cachés de la performance sont convaincus de bien connaître leurs marchés : ils classent la connaissance du marché au troisième rang parmi dix-neuf facteurs. La préférence pour les contacts directs imprègne leur stratégie tout entière. Lors de mon enquête, 69,4 % des entreprises ont déclaré traiter directement avec leurs clients. Quand elles pénètrent sur des marchés étrangers, comme on l'a vu au chapitre 4, elles évitent les intermédiaires et créent leurs propres filiales. Bien entendu, les champions cachés dont les produits s'adressent au grand public, comme Tetra (nourriture pour poissons), Haribo (confiserie) ou Wella (produits de soins capillaires) doivent passer par les détaillants. Mais ils poussent les contacts directs aussi loin que possible. Wella possède ainsi ses propres filiales dans presque tous les pays d'Asie et s'efforce de nouer des contacts directs avec des coiffeurs du monde entier dans ses activités de soins capillaires professionnels. Tetra organise des séminaires pour les propriétaires d'aquariums, ce qui lui donne l'occasion de recueillir des informations directement de ses clients.

Un autre trait remarquable des champions cachés est la forte implication de leurs dirigeants dans les contacts directs avec les clients. Beaucoup de hauts dirigeants considèrent que c'est l'une de leurs principales responsabilités, même quand cela exige des voyages incessants. « Je connais et j'ai rencontré chacun de nos clients à travers le monde, assure le Dr Wolfgang Pinegger, président de Brückner, leader mondial des systèmes d'étirage biaxial de films. Les relations directes que je noue à l'occasion de ces visites sont extrêmement précieuses. » J'ai lu un jour dans un journal américain, quelque part aux États-Unis, que les laques à cheveux utilisées par certains travailleurs de l'endroit posaient des problèmes dans l'atelier de peinture d'une grande usine automobile car elles contenaient des particules métalliques qui se collaient sur les surfaces peintes. J'ai découpé l'article et je l'ai envoyé à Reinhard Schmidt, alors PDG de Dürr à Stuttgart, leader mondial des installations de peinture automobile. « Je connais le problème car je suis allé dans cette usine, m'a-t-il écrit en retour. L'équipement actuel, celui d'un de nos concurrents, ne peut traiter le problème. Nous avons une solution, et la prochaine fois ce sera sans doute notre tour. » Voilà de la proximité avec le client : le PDG d'une société de Stuttgart qui fait 800 millions de dollars de chiffre d'affaires non seulement connaît tel problème particulier rencontré dans une région des États-Unis, mais il est allé sur place, a constaté le problème et détient une solution.

Würth exige de tous ses managers qu'ils visitent au moins un client par mois. Reinhold Würth, aujourd'hui président du conseil d'administration de la société, s'est lui-même conformé à ce principe pendant les quarante années où il l'a dirigée. Un problème d'origine indéterminée survenu en Hollande l'a conduit à passer une semaine entière sur place avec ses commerciaux, pour discuter avec les clients. Il a consacré toute une journée à visiter des ateliers de réparation automobile à Istanbul, en Turquie, pour se rendre compte lui-même de leur situation. Où que ce soit dans le monde, il ne sera jamais pris au dépourvu par les problèmes des clients. Au lieu d'élaborer ses stratégies dans son bureau de Künselsau, en Allemagne, il veut avoir une expérience directe d'un marché avant d'y pénétrer. Cela est vrai aussi de Heinz Hankammer, des filtres à eau Brita. La semaine précédant notre entretien, il était allé à Shanghai et en Albanie pour y inspecter lui-même les bazars.

Des dirigeants qui rendent visite aux clients ne sont pas de simples potiches. Ce sont des représentants techniques compétents (bien des managers de champions cachés détiennent des diplômes d'ingénieur) qui n'hésitent pas à remonter leurs manches. En visitant un client à Singapour, Günter Sieker, ingénieur de formation et directeur de Lenze (l'un des leaders mondiaux des petits engrenages pour photocopieurs, fauteuils roulants, etc.), s'est un jour aperçu que les techniciens locaux n'avaient pas pu réparer une machine vendue par sa société. Il a ôté sa veste et travaillé pendant deux heures pour résoudre le problème. Inutile de dire combien le client a été impressionné de voir qu'il connaissait aussi bien ses machines.

L'un des effets les plus importants de l'expérience directe est qu'elle influence les comportements bien davantage que n'importe quelle étude de marché. Cette observation est confirmée par les travaux de McQuarrie (1993) sur l'effet des visites aux clients. Mais à la différence des grandes entreprises, les champions cachés n'ont pas besoin de programmer des visites spéciales aux clients. Dans leur philosophie, il est normal d'aller les voir périodiquement.

Prix, valeur, service

Alors que les champions cachés ajustent leurs performances aux exigences des clients (ce qui sera examiné plus en détail dans le contexte de l'avantage concurrentiel, au chapitre 7), leur principal argument de vente est leur valeur supérieure, non leur prix. Le service joue aussi un rôle important dans la valeur offerte. Les déclarations suivantes reflètent bien la stratégie de certains d'entre eux :

- Le prix n'est pas notre argument décisif.
- Notre message, c'est la valeur et non le prix.
- La qualité demeure, longtemps après que le prix a été oublié.
- Notre stratégie tourne autour de la valeur et pas du prix.
- Nos produits ont beau être chers, ils sont économiques.
- Les clients nous sont fidèles à 100 % en raison de la valeur qu'ils reçoivent.
- Nous n'abusons pas de notre position, car la fidélité des clients est plus importante que les profits à court terme.

Si l'on se réfère aux stratégies génériques proposées par Porter (1985), les champions cachés inclinent à se différencier plutôt qu'à être les moins chers. Cela ne veut pas dire qu'ils soient à l'abri des pressions concurrentielles, mais le prix n'est pas leur priorité première. A l'intérieur d'une certaine fourchette, leur chiffre d'affaires est relativement peu sensible à l'augmentation des prix, comme le démontre la figure 5.2. Elle fait apparaître la baisse de la part de marché entraînée pour un champion caché en cas d'augmentation de ses prix de 10 ou 20 %. Pour une augmentation des prix de 10 %, la courbe demeure presque plate, la perte de parts de marché ne dépassant pas 8 % environ. Même pour une augmentation des prix de 20 %, l'évolution relative de la part de marché se situerait autour de 20 %. Ce n'est qu'au-delà de 20 % de hausse des prix que la perte de parts de marché devient substantielle. Un relèvement de tarif de

28 % ferait fuir la moitié des clients. Du point de vue du profit à court terme, on pourrait penser qu'une augmentation des prix ne dépassant pas 20 % serait acceptable. Mais les champions cachés s'abstiennent délibérément d'exploiter ce genre d'opportunités à court terme, car ils attachent bien plus d'importance à la rentabilité à long terme. A cet égard, ils sont comparables aux sociétés japonaises. Ils font passer la défense de leur position commerciale et de leur part de marché avant l'exploitation de leur potentiel tarifaire à court terme.

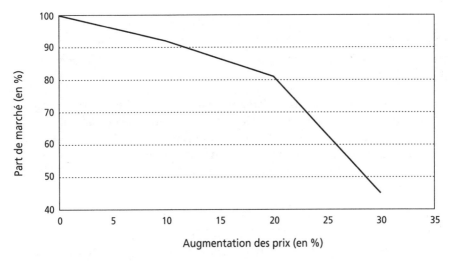

Figure 5.2 – Effet d'une augmentation des prix sur la part de marché des champions cachés.

L'affirmation selon laquelle les champions cachés de la performance ne cassent pas les prix connaît quelques exceptions, mais elles ne concernent qu'une petite minorité. Suspa, leader des antivibratoires, propose « la qualité allemande à des prix taiwanais ». Paul Binhold, leader mondial des outils pédagogiques en anatomie offre une garantie de prix mondiale : s'il existait sur le marché un produit de qualité comparable à un prix inférieur, il prendrait en charge la différence. Quant à Fielmann, leader européen de l'optique, il fonde sa stratégie sur des tarifs très bas, largement proclamés dans sa publicité. Mais même ces champions cachés atypiques offrent une bonne qualité : leurs ventes ne dépendent pas uniquement de leurs tarifs.

La stratégie de nombreux champions cachés repose en bonne partie sur la qualité et la rapidité du service. La plupart d'entre eux considèrent celui-ci comme un avantage concurrentiel manifeste (voir le chapitre 7), et leurs prestations sont d'ordinaire très complètes et personnalisées. Cette observation rejoint celle de Homburg (1995) selon laquelle les entreprises très proches de leurs clients se différencient plus par le service que par les caractéristiques de leurs produits. Leurs concurrents, se disent-ils, peuvent imiter les particularités des produits plus facilement que le service. La supériorité du service, qui découle généralement de la supériorité des compétences des salariés, est excessivement difficile à reproduire.

Brähler International Congress Service offre à ses clients des décors totalement individualisés, souvent conçus en collaboration avec les architectes d'intérieur des bâtiments. Ainsi que l'explique Gerhard M. Bauer, directeur du marketing de Brähler,

> Nous créons le décor demandé par le client, qu'il soit rond, ovale ou carré. Dans le nouvel immeuble du parlement allemand, nous avons utilisé de l'acier de haute qualité, pour l'Euro-Center de McDonald's nous avons intégré des systèmes de vote, de discussion et de traduction simultanée dans des bureaux en quart de cercle. Notre spécialité, ce sont ces services sur mesure.

La formation est un aspect extrêmement important du service. Les champions cachés disposent de centaines de centres de formation à travers le monde. Ainsi, le centre de formation français de Stihl, leader des tronçonneuses, est très connu et publiquement agréé. Il n'assure pas seulement une formation technique pour les clients de Stihl mais propose aussi des cours dans tous les domaines se rapportant à l'activité de ses clients. Les séminaires de Wella sur les dernières tendances de la mode capillaire sont appréciés des coiffeurs de nombreux pays. Les clients des filtres à eau Brita, qui sont principalement des détaillants, ouvrent généralement leurs magasins à 9 heures du matin, mais les vendeurs de Brita les forment à l'utilisation des filtres entre 8 et 9 heures. Brita tient à ce que ses revendeurs soient aussi utilisateurs de ses produits. « S'ils sont convaincus, ils convaincront leurs clients », remarque Heinz Hankammer. Plusieurs champions secrets ont créé des unités distinctes consacrées à la formation. Festo Didactic, l'une des unités de Festo, l'un des leaders mondiaux et numéro un européen des équipements pneumatiques pour l'automation industrielle, en est un exemple particulièrement réussi. Ses cours destinés aux clients de Festo aussi bien qu'aux non-clients portent sur de nombreux aspects de l'automation industrielle.

Apporter un service régulier et rapide dans le monde entier est un défi majeur pour des PME. À la différence des grands groupes, elles ne peuvent pas toujours se permettre d'entretenir une équipe d'assistance compétente dans tous les pays. Elles doivent donc être rapides et extrêmement souples. « Fiable et mondial », proclame un slogan de Grohmann Engineering ; sur ses affiches, une voiture de course, un avion à réaction et un parachute symbolisent l'empressement des techniciens de l'entreprise à rejoindre leurs clients par les voies les plus rapides. La plupart des champions cachés s'efforcent d'assurer l'intervention de leurs techniciens sous vingt-quatre heures et la livraison de pièces détachées sous quarante-huit heures, ce qui est très ambitieux pour une petite entreprise. Hermann Kronseder, de Krones, leader mondial des machines d'étiquetage de bouteilles, expose ainsi le problème :

> Nous avons en permanence 250 techniciens d'assistance et d'installation autour du monde. Il leur arrive de ne pas pouvoir rentrer chez eux pendant des semaines ou des mois. Leur coordination est une tâche quasi insoluble pour le département d'assistance et son directeur. Mais, j'en suis fier, on me dit tout le temps que notre service est le meilleur du monde. C'est la base de notre réussite et nous le devons à nos spécialistes d'assistance, dont beaucoup ont dix ou vingt ans d'expérience dans la partie.

Il décrit ensuite son système d'expédition de pièces détachées :

> Les données concernant toutes les machines, soit 20 000 au total, sont enregistrées dans notre ordinateur central. Elles peuvent être consultées en trente secondes depuis n'importe laquelle de nos implantations dans le monde. En les chargeant directement dans les machines à commande numérique, on lance la fabrication immédiate des pièces détachées, de jour comme de nuit. Les pièces commandées avant sept heures du matin sont d'ordinaires expédiées dans l'après-midi, par camion, vers l'aéroport de Francfort. De là, elles prennent l'avion le soir même pour leur pays de destination. Simultanément, nos filiales reçoivent les numéros du vol et du colis de manière à effectuer le dédouanement sans délai.

Il n'est pas étonnant que le service d'une telle entreprise soit bien noté par ses clients. Une entreprise planétaire ne doit jamais oublier que l'endroit où elle se situe n'a pas d'importance pour ses clients. Où qu'ils se trouvent, ils veulent être servis.

6

L'INNOVATION

*Le seul moyen pour réussir
sans cesse est d'innover sans cesse.*

L'innovation joue un rôle central chez les champions cachés de la performance. La quasi-totalité d'entre eux sont parvenus aux premiers rangs mondiaux pour avoir, à un certain moment, été des pionniers dans des aspects essentiels de la technologies ou des méthodes sur leur marché. Au point que certains marchés n'existaient pas avant eux. Ces entreprises profitent évidemment d'un environnement favorable à l'innovation. Bien des champions cachés font des prouesses quant au nombre de brevets déposés ou à la proportion de leurs bénéfices provenant de nouveaux produits.

Dans leurs initiatives créatrices, ces firmes se distinguent des grands groupes en ce qu'elles n'obéissent pas uniquement à la technologie ou au marché. Les sociétés de notre échantillon préfèrent plutôt associer ces deux forces motrices de manière équilibrée. Il semble donc que le modèle stratégique de l'innovation chez les champions cachés unisse des éléments externes et des éléments internes.

La nature de l'innovation

Comme d'autres entreprises, les champions cachés soulignent dans leurs devises et leurs documents institutionnels que l'innovation est pour eux une obligation et un choix. Mais cela est vrai pour toutes sortes d'entreprises à travers le monde. Seuls les faits font la différence entre les intentions pieuses et la réalité. Je m'attacherai donc surtout aux faits.

La plupart des champions cachés, convaincus que l'innovation ne doit pas se limiter à l'amélioration des produits, consacrent d'importants efforts à leurs processus internes et externes. Cette manière de voir s'appuie sur une compréhension profonde et globale de l'activité et des problèmes des clients. En 1993, par exemple, Hoppe AG, leader européen des poignées pour portes et fenêtres, a mis au point un système simplifiant radicalement l'assemblage des portes en bois et susceptible de révolutionner leur production. Un journal professionnel y a vu « l'innovation du siècle ». Wolf Hoppe, PDG, m'a un jour montré le nouveau produit. « Cela a l'air tout simple, ai-je dit. Pourquoi n'étiez-vous pas arrivés à cette solution plus tôt ? » Son père, Friedrich Hoppe, m'a alors répondu : « C'est une idée que j'ai eu voici trente ans, mais il faut beaucoup de temps et de connaissances pour simplifier au maximum un tel composant. Ce produit est couvert par trente-quatre brevets ou demandes de brevet ! » Manifestement, Hoppe n'a pu mettre au point cette amélioration qu'après avoir étudié plus à fond que ses clients eux-mêmes le rôle de la serrure dans la fabrication d'une porte.

W.L. Gore, Inc., champion caché américain célèbre pour ses tissus Gore-Tex semi-perméables, est également une société exemplaire. L'une des principales sources de sa réussite est qu'elle a étudié encore mieux que ses clients, industriels de la confection et de la chaussure, leurs propres processus de fabrication et d'assurance qualité. Puis elle s'est appuyée sur ses remarquables moyens de R & D pour mettre au point des solutions facilitant la production, de façon à assurer le respect de sa promesse : garder les utilisateurs au sec.

Pour beaucoup de champions cachés, l'innovation n'est pas faite de grandes avancées réalisées à des intervalles importants et de manière bien distincte. C'est plutôt un processus d'amélioration continue, assez comparable à la méthode japonaise du *kaizen* (amélioration continuelle au bénéfice du client). Dans ces entreprises, le travail créatif est un processus au jour le jour grâce auquel chaque version d'un produit comporte quelque amélioration par rapport à la précédente. Ce mode de fonctionnement est particulièrement répandu dans l'ingénierie et l'informatique, où les « produits » ne sont pas des biens corporels mais des solutions à des problèmes. Répondant aux besoins d'un client précis, chaque nouveau système est différent et offre une occasion d'innover.

« Nos clients nous disent : Voilà le problème, trouvez la solution, explique Wolfram Burger, chez Böwe Systec, leader des systèmes de gestion du papier. Nos ingénieurs s'acharnent à trouver la meilleure solution en intégrant les nouvelles technologies et en évitant les erreurs du passé. En fin de compte, il n'y a pas deux installations identiques — chacune comporte ses propres caractéristiques innovantes ».

Wolfgang Kufferath, de GKD, l'un des leaders mondiaux des treillis métalliques, est confronté à une situation similaire. « Aujourd'hui, notre client est un brasseur de Dortmund, demain un bureau d'études de Seattle. Voici un exemple classique : on nous demande un treillis métallique pour amortir la chute d'un liquide à 45 degrés. Nous résolvons ce genre de problème. »

Konrad Parloh, de chez Peter Wolters Werkzeugmaschinen GmbH AG, numéro un mondial des machines d'extrême précision pour surfaces parallèles et planes (les disques durs pour ordinateurs de Seagate, par exemple, sont fabriqués sur des machines Wolters) est confronté à des exigences analogues. « Nos solutions sont développées en fonction des spécifications des clients, dit-il. Une fois que nous les avons reçues, nous concevons le processus et le système. La démarche est chaque fois nouvelle. » Ce genre d'innovation est à l'évidence bien plus fréquent qu'on ne l'imagine.

Les améliorations graduelles interviennent souvent à l'occasion de nouvelles applications imposant de modifier un produit existant. RUD-Kettenfabrik, leader mondial des chaînes spéciales pour tous types d'usages industriels, a été créé en 1875 pour fabriquer des chaînes à usage agricole avant de devenir le leader des chaînes à neige. Aujourd'hui, l'agriculture représente moins de 5 % de son chiffre d'affaires, et il a créé une myriade de chaînes pour applications industrielles à fortes contraintes (ascenseurs, convoyeurs, systèmes de levage, chaînes à pneus pour engins de travaux publics). Selon Biallo (1993, 64), « aucune entreprise au monde ne peut se mesurer aux professionnels de la chaîne de RUD ». L'extrême inventivité de RUD transparaît dans le fait que 75 % de son chiffre d'affaires proviennent de produits existant depuis moins de cinq ans, et il lui sera encore possible de trouver et de perfectionner d'innombrables applications. Les systèmes de parking automatiques à plates-formes élévatrices et les installations de stockage à grande hauteur sont deux cas parmi d'autres où sa croissance se poursuit.

De nombreuses innovations visent à améliorer les procédés des clients pour les aider à améliorer leurs coûts, leurs délais ou leur qualité. Würth, leader des produits de montage, a introduit la gestion des commandes et des stocks dans des centaines de milliers d'ateliers de réparation automobile et de menuiserie. Barth, champion secret du houblon (« Barth facilite votre houblonnage », dit son slogan), a simplifié le procédé de la brasserie en conditionnant le houblon dans des sacs – tels de gros sachets de thé – en fonction de critères précis de taille et de goût. Même si cette innovation n'a rien de révolutionnaire *a priori,* elle est d'un grand intérêt pour les brasseurs, qui gagnent du temps sur le pesage et le mélange des houblons.

Beaucoup de champions cachés ont en fait créé de nouveaux marchés grâce à leurs innovations. Le marché des toilettes hygiéniques de Clean Concept existait-il, ou a-t-il fallu le créer? Le marché des filtres à eau Brita était certainement nul avant que le produit n'apparaisse. C'est le cas aussi pour les chevilles Fischerwerke, qui ont révolutionné la manière de fixer des objets aux murs. Kärcher tente de créer un marché pour son nouveau nettoyeur à vitres qui fonctionne sur le principe d'un aspirateur rempli d'eau.

Il arrive qu'un besoin fort et durable existe, mais que les clients n'en soient pas conscients ou n'aient pas envie de changer leurs habitudes. Livio De Simone, PDG de 3M, exemple même de l'innovation et champion « non caché » dans bien des domaines décrit ainsi l'acte de foi de sa société : « les produits les plus intéressants sont ceux dont les gens ont besoin sans être capable de l'expliquer » (Loeb 1995, 84). C'est exactement là-dessus que repose la réussite de nombreux champions secrets. Le lancement de ce genre de produit exige énormément de conviction, de persévérance et d'engagement, sinon de pure obsession, car le nouveau se heurte à des habitudes bien ancrées chez les consommateurs. Or peu de choses réclament plus de temps et d'efforts que de faire évoluer les habitudes des acheteurs.

D'autres champions cachés ont redéfini les règles du jeu sur leur marché en suivant l'exemple donné par McDonald's dans le secteur de la restauration rapide, c'est-à-dire en offrant un service standardisé, d'une qualité garantie, à la place du sandwich douteux de la friterie du coin. Bo*Frost, leader européen de la distribution d'aliments surgelés et champion secret en forte croissance, appartient à cette catégorie. Ses vendeurs déposent les aliments directement dans le congélateur du client. Cette méthode de livraison est commode et saine, car les aliments ne quittent jamais le milieu réfrigéré plus de cinq minutes. Fondée en 1966, la société s'est développée au point qu'elle compte plus de quatre mille salariés et réalise près d'un milliard de marks de chiffre d'affaires. Mais pour Josef Boquoi, fondateur de Bo*Frost, le principal problème est encore de convaincre les consommateurs. « Une fois qu'ils sont convertis, assure-t-il, ils voient nos avantages et nous restent fidèles. »

De même, Günter Fielmann a révolutionné la distribution des lunettes. Jusqu'à sa création, ce secteur appartenait à des opticiens en blouse blanche installés dans des boutiques aux allures de salle d'attente de dentiste, avec des tarifs très élevés. Fielmann a opté pour des prix tirés, vend de la beauté plutôt que des appareils médicaux et fait beaucoup de publicité. Il vend près d'une paire de lunettes sur trois en Allemagne ; de loin le leader européen, il se classe numéro deux mondial et son chiffre d'affaires approche rapidement du milliard de marks.

Le recyclage et l'environnement sont désormais un domaine de forte innovation. Edelhoff, l'un de ses leaders, fait de la collecte des ordures une activité fortement mécanisée et non plus manuelle. Son récent MSTS (multiservice transport system), camion de ramassage des ordures à haute technologie piloté par un seul opérateur, fait autant de travail qu'un camion traditionnel avec quatre ou cinq hommes. Lors d'un essai effectué à Amsterdam, le MSTS l'a emporté sur tous les autres systèmes. Waste Management, plus importante société mondiale de traitement des ordures, en a commandé deux cents.

Les préoccupations écologiques génèrent une vague d'innovations et attirent de nombreux champions secrets. Les nouveautés se multiplient chez Stihl, leader des tronçonneuses ; parmi les plus récentes figurent un système d'allumage électronique (démarrage assuré, économie de carburant, moins de rejets), un système de remplissage (pas d'épandage, pas de vapeur), le convertisseur catalytique Ematic (réduction de 50 % de la consommation d'huile), un préchauffage électrique (amélioration des performances à basse température) et le frein de chaîne Quickstop Super (meilleure sécurité). A ceux qui lui demanderaient s'il n'en fait pas trop, Stihl répond : « Ces dernières années, nous avons fait breveter davantage d'inventions qu'aucun de nous concurrents dans le monde, et nous avons renforcé notre prétention au leadership technique. »

La réduction des coûts de main-d'œuvre est un puissant moteur pour l'innovation. C'est pourquoi Putzmeister, leader mondial des pompes à béton, a mis au point un robot de nettoyage pour avions. Cette machine de haute technologie, le plus gros robot du monde paraît-il, remplace toute une équipe de nettoyage.

Parfois, les champions cachés innovent en vue de satisfaire des besoins quelque peu étranges. La montre-bracelet radiocommandée de Junghans en est un exemple fort réussi. Comme les autres horlogers, Junghans a connu une crise dans les années 80, ses ventes s'étant effondrées sous le raz-de-marée des montres électroniques bon marché venues d'Asie. Tandis que les Suisses ripostaient en inventant la Swatch et en la transformant en un article de mode et un produit culte, Junghans a choisi la voie de la haute technologie et a imaginé une montre dont la régularité est contrôlée grâce à un signal radio émis par des stations nationales et capté par une antenne incorporée au bracelet. Avec un écart d'une seconde par million d'année, elle donne toujours l'heure juste. On se demande qui peut avoir besoin de cette montre au prix astronomique, mais c'est un énorme succès chez les amateurs de technologie.

Elle n'a qu'une concurrente au monde, un modèle du grand japonais Citizen (19 % du marché des montres), lancé trois ans après celui de Junghans. Au cours des quatre années suivant son lancement, alors que le reste du secteur se contractait, le chiffre d'affaires de Junghans est passé de 200 millions à 395 millions de marks. Le produit connaît aussi un grand succès au Japon, « premier filon horloger » selon l'expression de Wolfgang Fritz, PDG de Junghans. Fait intéressant, les spécialistes des études de marché avaient conseillé à la société de ne pas lancer ce produit.

Une innovation plus récente de Junghans a aussi un fort potentiel commercial. Il s'agit d'une montre solaire radiocommandée qui fonctionne sans pile grâce à la lumière du soleil ou d'une ampoule. Le premier modèle a été lancé en 1993. Citizen n'a présenté sa première montre solaire qu'en mai 1995.

Ces quelques exemples tirés de l'arsenal des champions cachés illustrent le vaste champ qui s'ouvre à l'innovation. Les champions cachés saisissent même les occasions les plus bizarres pour innover. Leur créativité et la diversité de leurs inventions répondent à la diversité de leurs produits et services. Empruntant rarement les sentiers battus, préférant suivre leur propre route, transformant ou créant leur propre marché, ils sont d'ordinaire très en avance sur le peloton.

La technologie

La technologie est le facteur le plus important de l'avantage concurrentiel et du leadership des champions cachés sur le marché planétaire. Près des trois quarts des entreprises ayant répondu à mon questionnaire ont dit que leur situation enviable reposait sur leur savoir-faire technologique et sur l'innovation. Sur une échelle à sept niveaux, de la faible technologie à la haute technologie, 70,6 % situent leurs produits au-dessus de la moyenne et attribuent à ces deux éléments des scores respectivement de 5,9 et de 5,6.

La capacité à innover suppose pour une bonne part un contexte favorable à la R & D et à la mise en œuvre du changement. C'est sous cet angle qu'il convient d'étudier l'activité créatrice des champions cachés. Dans *Culture and Technical Innovation* (1994), Horst Halbach établit une comparaison détaillée entre les États-Unis, le Japon et l'Allemagne. Il considère différente composantes de l'innovation comme la personnalité, l'esprit d'équipe, les syndicats, les sociétés, les utilisateurs, l'éducation et les pouvoirs publics avant d'en tirer des conclusions. Je n'entrerai pas dans ces différents sujets, mais le lecteur intéressé pourra se rapporter à cet ouvrage.

Le présent chapitre éclaire les conditions de l'innovation des entreprises dans différents pays, plaçant les aspects technologiques des sociétés de notre échantillon dans leur cadre national afin de mieux comprendre leurs performances. En même temps, il corrigera peut-être certaines idées fausses sur le caractère inventif de différents pays.

Les indicateurs les plus courants des actions innovantes sont les dépenses de R & D et les brevets.

L'Ifo-Institute de Munich établit des statistiques sur les brevets internationaux déposés par les entreprises. La figure 6.1 donne la liste des vingt sociétés ayant déposé le plus grand nombre de brevets internationaux pour les sept années 1985 à 1991. Cette perspective à long terme donne un indicateur fiable de la compétence technologique internationale des entreprises en neutralisant les fluctuations à court terme. Elle minimise aussi dans une certaine mesure l'effet national au Japon, puisque seuls les brevets internationaux sont pris en compte. Neuf des vingt sociétés innovantes ici retenues sont japonaises ; viennent ensuite l'Allemagne avec cinq entreprises et les États-Unis avec quatre entreprises. Deux autres pays, la Suisse et les Pays-Bas, sont représentés par une société chacun.

En rapprochant ces observations des informations sur l'orientation internationale générale détaillées au chapitre 4, on peut conclure que les champions secrets travaillent dans un environnement économique favorable à la fois à l'innovation technologique et à la mondialisation. L'aptitude

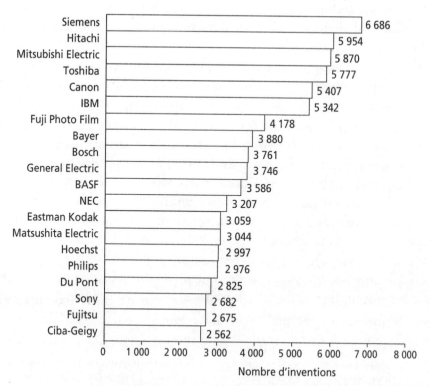

Figure 6.1 – Sociétés comptant le plus grand nombre d'inventions
internationales, 1985-1991.

d'une entreprise à innover est affectée par son contexte local, qui détermine les moyens, les hommes et les fournisseurs disponibles, et par les
infrastructures (voir Porter 1994). Il inclut aussi les forces concurrentielles locales, qui jouent un rôle pour beaucoup de champions cachés,
comme on le verra au chapitre 8. Il semble donc que l'environnement
allemand dans lequel fonctionnent les champions cachés soit favorable à
l'innovation, particulièrement celle à vocation internationale.

Compte tenu de leur environnement économique favorable, il n'est
pas étonnant que les champions cachés de la performance figurent parmi
les entreprises les plus innovantes. Un coup d'œil sur le nombre de brevets
détenu par certains d'entre eux révèle leur capacité à faire évoluer la technologie. Le tableau 6.1 met en relation nombre de brevets et nombre de

salariés. J'utilise le nombre de brevets pour cent salariés comme indicateur d'inventivité, mais il convient de préciser que certains de ces chiffres ne sont pas totalement fiables. Ils ont été relevés dans les rapports annuels et dans les plaquettes de présentation des entreprises, qui expliquent rarement comment le décompte a été établi. Les entreprises de cette liste ne sont pas nécessairement celles qui détiennent le plus de brevets, car il est difficile de réunir des informations complètes sur la question.

Pour bien apprécier les performances en matière de brevets des sociétés figurant dans le tableau, il faut savoir que Siemens, la plus innovante des grandes sociétés mondiales (voir figure 6.1), compte environ 40 000 brevets pour 400 000 salariés, de sorte que son nombre de brevets pour cent salariés est à peu près de 10. Tous les champions cachés de la performance répertoriés dans le tableau 6.1 se situent au-dessus de ce niveau. Fischerwerke atteint le niveau incroyable de 234 brevets pour cent salariés et bien d'autres montrent aussi une vitalité inhabituelle. Il n'est probablement pas exagéré de supposer que, si l'on établissait un palmarès mondial du nombre de brevets par salarié, beaucoup des firmes de notre échantillon se situeraient aux premiers rangs.

Tableau 6.1 – Brevets déposés par les champions cachés de la performance.

Société	Principal produit	Effectif	Nombre de brevets	Nombre de brevets pour 100 salariés
Fischerwerke	Produits de fixation, fournitures pour le bâtiment	2 350	5 500	234
Held	Presses à double courroie	90	50	56
Tracto-Technik	Excavateurs	211	100	47
Herion	Valves proportionnelles pour pneumatiques	1 500	600	40
RUD-Kettenfabrik	Chaînes à pneus et à neige	904	350	35
Sachtler	Trépieds pour appareils photographiques	130	40	31
Heidenhain	Système de mesure linéaire pour machines à commande numérique	3 190	800	25

Tableau 6.1 – Brevets déposés par les champions cachés de la performance. *(Suite)*

Société	Principal produit	Effectif	Nombre de brevets	Nombre de brevets pour 100 salariés
Reflecta	Rétroprojection	500	100	20
Rittal	Clôtures	4 500	949	20
Kiekert	Systèmes de verrouillage pour automobiles	1 670	300	18
Netzsch	Machines et installations (secteur de la céramique)	2 800	350	12,5
Prominent	Pompes volumétriques	770	90	12
Krones	Machines d'étiquetage	7 600	811	11

Les statistiques des brevets ne donnent qu'une image parcellaire des prouesses technologiques des champions cachés. Les brevets ne sont d'ailleurs pas synonymes d'innovation ni de réussite. Mais ces statistiques, parce qu'elles constituent des indicateurs relativement valables et fiables, ont l'avantage de permettre de mesurer quantitativement un phénomène aussi complexe que l'invention technologique. Les chiffres du tableau 6.1 appuient l'idée selon laquelle les sociétés étudiées bénéficient d'un environnement qui semble, contrairement à certaines rumeurs, favoriser l'innovation technique à orientation internationale.

Mais le nombre de brevets ne rend pas entièrement compte de la créativité des champions cachés. Beaucoup de sociétés, en particulier les petites, ne détiennent que peu ou pas de brevets, même si elles sont superbement inventives. C'est une question de politique et de coût. Selon une étude réalisée à la demande de l'Office européen des brevets, les deux tiers des PME ayant des activités de R & D ne protègent pas leurs inventions par des brevets. Les raisons en sont le coût et la longueur des démarches, leur préférence pour le secret, leur manque de confiance dans le pouvoir protecteur des brevets et leur impuissance à faire respecter un brevet. Chez le très innovant Grohmann Engineering, Klaus Grohmann explique ainsi cette attitude :

> Nous ne déposons pas de demandes de brevet parce que nous n'avons pas les collaborateurs pour cela et que nous détestons la bureaucratie. De

toutes façons, le rythme de l'innovation dans notre secteur est bien trop élevé par rapport à celui du processus d'examen des demandes. Et des brevets ne nous serviraient à rien parce que nous ne pourrions pas les faire respecter. D'ailleurs, dans le temps nécessaire pour les obtenir, nous avons généralement fait d'énormes progrès en développement. Les brevets sont comme une voiture à cheval, alors que nous bougeons à la vitesse d'un avion à réaction.

Les champions cachés de la performance qui partagent cette attitude ne sont pas rares, mais le fait de ne pas briller au firmament des brevets n'empêche pas beaucoup d'entre eux d'être hautement innovants. Sur les 693 millions de dollars de chiffre d'affaires de Kärcher, 78 % viennent de produits datant de moins de quatre ans (Kärcher compte 182 brevets et 3 842 salariés, soit 4,7 brevets pour 100 salariés). EOS, pionnier très innovant du prototypage rapide, exploite un marché qui était littéralement inexistant en 1990. Il en va de même pour Fast Electronic, leader sur le marché européen des cartes de compression pour ordinateurs. Dans ce domaine, il est essentiel de faire des progrès rapides, car le secteur de l'informatique dans son ensemble se caractérise par la brièveté des cycles d'amélioration des produits.

De plus, les brevets sont sans objet dans des secteurs comme les services. Considérons le cas de Wige-Data Group, qui assure chronométrage et circulation des données pour des grands événements sportifs dans le monde entier. La société détient des connaissances vastes et irremplaçables sur la manière de commercialiser ces événements – comment placer au mieux les caméras et alimenter les journalistes en données. Mais ses capacités ne sont couvertes par aucun brevet et ne sont pas brevetables.

Pour résumer cette section, disons que la réussite planétaire des champions secrets ne repose pas sur la chance ou sur des circonstances favorables, mais très largement sur une inventivité et une compétence technologique supérieures. La leçon est très claire. Si vous voulez devenir un leader sur votre marché, vous avez intérêt à soigner votre innovation.

C'est exactement ce qu'on fait nos champions. Cela explique que les PDG avec lesquels j'ai évoqué la question aient si souvent affiché une telle confiance en eux. Beaucoup ne manifestaient aucune inquiétude particulière, ce qui avait de quoi étonner le lecteur des éternelles lamentations de la presse. Mais peut-être cette dernière est-elle tout simplement incapable de discerner ce qui se passe dans des sociétés aussi soucieuses que nos champions cachés de protéger leur vie privée.

Les forces motrices

Après ces considérations technologique et ces statistiques impressionnantes sur les brevets, on est tenté de conclure que la technologie est la première force qui anime les champions cachés. Une comparaison avec les grandes sociétés révèle que cette conclusion est fausse! A la question concernant leurs forces motrices, 50 % des grandes entreprises disent que c'est le marché, 31 % citent en premier la technologie et 19 % attribuent un poids égal à ces deux forces. Les champions cachés répondent tout différemment. Une majorité d'entre eux, 57 %, affirment que le marché et la technologie sont des forces d'égale importance, alors que 32 % citent d'abord le marché et seulement 11 % la technologie. Ainsi, le pourcentage des sociétés qui associent technologie et marché au lieu de privilégier l'un des deux termes est trois fois supérieur chez les champions secrets, comme le montre la figure 6.2. Un constat presque identique avait été fait au cours d'une étude de 1990, ce qui montre la haute fiabilité de cet instrument de mesure.

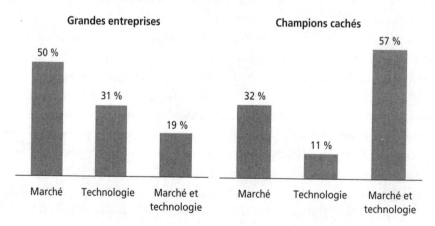

Figure 6.2 – Forces motrices chez les grandes entreprises et chez les champions cachés.

Dans *Polarity Management*, Barry Johnson (1992) indique que dans toute bipolarité, il faut éviter les extrêmes, une voie moyenne étant d'ordinaire préférable. Au lieu de privilégier le marché ou la technologie, il vaudrait mieux couvrir les deux aspects. La raison en est que les deux philosophies ont chacune ses avantages *et* ses inconvénients. Mais aux extrêmes, là où les inconvénients l'emportent, les effets positifs de l'orientation marché – écouter le client, produire exactement ce qu'il veut vraiment, être réactif, etc. (voir le chapitre 5) – cèdent devant les inconvénients – indifférence envers la technologie, perte du leadership technologique, faiblesse du budget de R & D, etc. Quant à la technologie, si elle est le facteur dominant, avec pour objectif de stimuler l'innovation, d'offrir une ligne de produits forte et d'avoir une technologie élevée, elle peut aussi, par exemple, couper l'entreprise de ses clients, augmenter ses coûts et aboutir à des produits trop complexes.

Les grandes entreprises ont du mal à gérer cette bipolarité. Les causes en sont bien connues : le gigantisme, la division du travail, le cloisonnement fonctionnel, le travail « jeté par-dessus le mur » au service suivant et le compartimentage. Chez les champions cachés, qui sont des entités moins vastes, chaque salarié distingue plus complètement comment il contribue à la création de valeur et peut rester en contact plus étroit avec les clients ; ces entreprises équilibrent plus efficacement les deux pôles.

Ce que je sais des entreprises de l'échantillon me permet de faire un pas supplémentaire. Je considère l'orientation technologie et l'orientation marché comme des dimensions complémentaires et non pas opposées (voir Cooper 1979), c'est-à-dire qu'une entreprise peut être orientée à la fois marché et technologie, ou refuser les deux orientations. Elle peut avoir une orientation unique, le marché ou la technologie prévalant alors, comme dans les grandes entreprises. L'idéal est évidemment d'être fort dans les deux dimensions. Comme le disait le célèbre physicien danois Niels Bohr, découvreur du principe de complémentarité, « *Contraria non contradictoria sed complementa sunt* » (les contraires ne sont pas contradictoires mais complémentaires) (*Scientific American* 1993). Le principe de complémentarité s'applique bien à la question de l'orientation marché ou de l'orientation technologique, et les champions cachés ont trouvé un moyen de l'appliquer. Norbert Gebhardt, chez Netzsch, l'un des leaders des machines pour l'industrie des céramiques, qui fait partie des entreprises répertoriées dans le tableau 6.2, explique ainsi sa position : « Quand nous traitons avec le client, nous avons besoin à la fois du marché et de la technologie. Le vendeur se perd dans les détails techniques et le technicien n'est guère féru de communication. Nous visons à réaliser l'accord parfait. »

Le conflit potentiel entre les deux orientations unilatérales vers le marché ou vers la technologie obéit à des traits culturels profonds. De nombreuses entreprises occidentales, notamment les plus grandes, souffrent d'un schisme culturel. Il convient à cet égard d'établir une distinction entre culture fonctionnelle ou professionnelle et culture d'entreprise ou commerciale. La première tient sa valeur de la fonction ou de la profession. Par exemple, un ingénieur désire avant tout être un bon ingénieur respecté par ses pairs. La seconde, en revanche, tient sa valeur principalement de l'avantage apporté aux clients. À la simple question : « Qui êtes-vous ? », 95 % des personnes que j'ai interrogées ont répondu par l'intitulé de leur profession : « je suis ingénieur », ou expert financier, chimiste, etc. ; elles lisent aussi la presse professionnelle et participent à des conférences professionnelles. Ce sont autant d'indications que leur système de valeur est orienté vers leur profession.

Je crois que ce type de culture est plus prononcé dans les grandes entreprises que dans les petites, pour la simple raison que les collaborateurs des premières vivent principalement à l'intérieur de leur monde professionnel. Ceux qui sont dans la R & D ont surtout affaire à d'autres spécialistes de R & D, et c'est vrai aussi pour la production, le marketing, la finance, etc. C'est pourquoi ils adoptent une forte orientation professionnelle/fonctionnelle. Selon le versant dominant, l'entreprise tout entière en vient à adopter une orientation unilatérale.

Mais dans les petites entreprises, tous les collaborateurs sont en contact permanent avec des gens d'autres fonctions et professions que la leur, ils sont plus proches du résultat final du travail et reçoivent plus d'informations remontant des clients (voir le chapitre 4). De ce fait, il parviennent à mieux intégrer technologie et marché. Les hommes peuvent contribuer à combler le fossé culturel. Ainsi, un leader mondial dans plusieurs créneaux de la chimie spéciale recrute systématiquement comme commerciaux des ingénieurs chimistes. Ces derniers forment plus de 60 % de sa force de vente. Mais ils assument l'entière responsabilité de tous les aspects de la vente – contrat, négociation des prix, livraison. Dans ce système où la division du travail est à son minimum, la technologie et le marché se rejoignent dans une seule et même personne. Grohmann Engineering suit une démarche comparable. Les deux entreprises sont très satisfaites des résultats.

Je voudrais ajouter que la position respective du marché et de la technologie ne peut pas être définie une fois pour toutes : c'est une cible mouvante. Parfois, l'avis d'un client n'est pas pertinent parce qu'il ne connaît pas ou ne parvient pas à expliquer correctement ses vrais besoins, comme on l'a noté précédemment dans ce chapitre. Compte tenu de leurs innovations, les champions secrets doivent parfois former et convaincre leurs clients au lieu de les écouter.

Voici ce que raconte un cadre chez Hauni, champion secret des machines à tabac :

> Pendant des années, nous avons obéi à la technologie et non au client. Le seul critère était celui des performances. Nous dictions les règles. Les clients venaient à Hambourg comme en pèlerinage pour commander nos machines. Cela rappelait le temps de Hermann Hollerith, qui avait inventé un système d'enregistrement de données sur cartes perforées lues automatiquement par des tabulatrices. Les clients devaient se rendre à New York pour supplier qu'on leur vende ces machines.

La première expérience américaine de Hermann Kronseder, de Krones, leader mondial des machines d'étiquetage, a également été centrée sur la technologie : « Mes prix étaient extrêmement élevés, mais ce n'était pas le principal problème. Le gros obstacle, c'était la technologie, c'était de faire admettre aux clients nos performances exceptionnelles – tout simplement, ils ne pensaient pas qu'elles étaient possibles. » De même, le plus gros problème de Hoppe, inventeur du nouveau système d'ajustement des portes déjà évoqué dans ce chapitre, est de convertir les fabricants de menuiseries à sa solution révolutionnaire. « Aujourd'hui, en tant que leader du marché, nous pouvons probablement y arriver, explique Wolf Hoppe. Si nous étions petits sur ce marché, nous n'arriverions pas à surmonter les réticences des clients. »

Les champions secrets montrent qu'il faut parfois surmonter des résistances substantielles chez ses clients pour imposer une innovation révolutionnaire. Parfois, les clients sont conservateurs ou incapables d'agir selon leur propre intérêt à long terme. En ce cas, l'innovateur ne devrait pas être orienté client à court terme. Bien entendu, cela n'infirme en rien le fait que, pour être un succès à long terme, un nouveau produit doit en fin de compte apporter une valeur supérieure.

Le problème inverse peut se poser aussi : il arrive que l'inertie des clients conduise à limiter sa technologie de peur d'être considéré comme trop novateur. Robert Mayr, directeur du marketing et des ventes des tronçonneuses Stihl, analyse ainsi le problème :

> Nous avons tant d'innovations que je ne sais vraiment pas si le client en a besoin, les désire ou les accepte. Toutes nos nouveautés écologiques

sont excellentes. Mais les clients comprennent-ils et apprécient-ils ce qu'elles apportent, sont-ils prêts à en payer le prix ? Mon rôle essentiel n'est pas de lancer trop vite ces innovations sur le marché mais d'apprendre ce que les clients sont prêts à accepter et de faire remonter ces informations vers l'entreprise pour parvenir à un niveau d'innovation correct. Du fait de notre inventivité, nous devons être davantage axés sur le client, ce qui n'est pas une tâche aisée.

Le dilemme entre la technologie et le marché soulève une question stratégique plus large, celle des deux paradigmes de la stratégie d'entreprise. Les forces de la concurrence, déterminants essentiels de la rentabilité comme l'a principalement montré Michael Porter (1985), soulignent l'importance des opportunités externes. Une entreprise doit développer les capacités internes nécessaires à sa réussite en recherchant des marchés présentant des conditions concurrentielles favorables. Puis elle doit se positionner de manière à se ménager et à conserver un avantage concurrentiel. Ce paradigme, qui évoque une démarche allant de l'extérieur vers l'intérieur, se traduit souvent par la séquence suivante : structure du secteur → conduite → performances.

Un paradigme différent, plus récent, celui de la stratégie basée sur les ressources, fait l'objet d'un intérêt croissant (Prahalad et Hamel 1990, Peteraf 1993, Hamel et Prahalad 1994). Selon cette conviction, les ressources et les compétences internes devraient être le point de départ de la stratégie des dirigeants, laquelle devrait être guidée essentiellement par les opportunités internes plutôt que par les opportunités externes. Ce paradigme évoque une démarche allant de l'intérieur vers l'extérieur, selon la séquence ressources internes → conduite → performances. Cette approche s'inspire des idées plus anciennes de Selznick (1957), Penrose (1959) et Learned *et al.* (1965).

Mon expérience des champions cachés m'a convaincu qu'il fallait éviter de considérer ces paradigmes comme exclusifs l'un de l'autre. Les ressources internes ne sont qu'une condition nécessaire mais non suffisante de l'avantage concurrentiel externe. Une ressource interne forte qui ne démontrerait pas qu'elle a une valeur pour un marché ne pourrait être transformée en avantage externe. S'il n'y a pas d'acheteurs pour une automobile capable de rouler à 250 km/h, peu importe que l'entreprise soit techniquement capable de la construire.

Le meilleur constructeur de locomotives à vapeur serait incapable d'en vendre une seule aujourd'hui. De fait, certains champions cachés ont sombré parce que leur excellente compétence interne a fini par devenir inutile sur leur marché, comme ce fabricant de rouleaux pour pianos mécaniques. La stratégie ne peut donc être construite sur les ressources ou les compétences internes seules.

Une stratégie fondée uniquement sur des opportunités externes peut être également déficiente. Même si un marché recèle une fabuleuse opportunité, une société qui ne parviendrait pas à se doter d'excellentes compétences internes sera destinée à échouer. Bien des projets de diversification sont tombés dans ce piège. Les grandes entreprises ont tendance à s'imaginer qu'elles pourront acquérir toutes les compétences requises pour s'engager dans une nouvelle voie. La réalité dissipe cette illusion.

Le succès n'est probable que si les compétences internes répondent aux opportunités externes (voir figure 6.3). Les champions cachés réussissent relativement bien cet équilibrage, souvent mieux que les grandes entreprises, ce qui élargit l'observation selon laquelle les sociétés de notre échantillon ont une stratégie globale d'inspiration à la fois technologique et commerciale, leur démarche stratégique n'allant ni de l'intérieur vers l'extérieur, ni de l'extérieur vers l'intérieur. Une focalisation claire, une organisation limitant la distance entre les détenteurs des compétences internes et le client ainsi qu'une culture d'entreprise plutôt que de spécialistes, telles sont les conditions d'une intégration efficace des ressources internes et des opportunités externes.

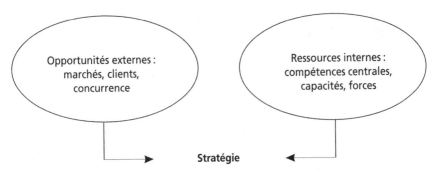

Figure 6.3 – Opportunités externes contre ressources internes.

Le client en tant qu'innovateur

Le client est une source très précieuse d'idées innovantes. Eric von Hippel, qui appuie ce message simple avec des dizaines d'exemples, considère que le processus d'innovation est « réparti parmi les utilisateurs, les fabricants, les fournisseurs et d'autres » (Hippel 1988, 3). Il s'agit d'un territoire familier que de nombreux champions secrets ont depuis longtemps pris à cœur ; parfois, tout a commencé le jour où des clients insatisfaits sont devenus leur propre fournisseur.

Les moyens de combler le fossé entre clients et fonctions productrices d'idées de produits nouveaux se rapportent étroitement à la question générale de la proximité avec le client évoquée au chapitre 5. Cela suppose soit qu'un contact direct soit établi entre les uns et les autres, soit que des fonctions comme les ventes et le service, en contact régulier avec les clients, puissent faire remonter l'information vers les techniciens.

Les champions cachés s'entendent particulièrement bien à susciter ces échanges. Claas, leader des constructeurs de moissonneuses-batteuses, commercialise la plupart de ses machines par le biais de distributeurs qui les revendent aux agriculteurs. Mais il possède au moins un point de vente dans chacun de ses principaux pays, non parce qu'il est intéressé par la commercialisation mais parce que c'est un moyen d'appréhender en direct les besoins des cultivateurs. Il considère ces magasins comme des terrains d'entraînement où les salariés de différents services internes peuvent acquérir une connaissance de première main des problèmes et besoins des agriculteurs.

Les contacts entre experts techniques et clients sont souvent naturels et spontanés. Visitant un jour l'usine d'un champion caché, j'ai traversé un atelier où ses experts travaillaient avec un groupe d'ingénieurs de Volkswagen. Ils s'efforçaient de résoudre un problème rencontré par le constructeur automobile en usinant avec précision une pièce de moteur. J'ai été frappé par le niveau de collaboration entre les deux groupes et l'aisance manifeste de leurs relations : on n'aurait pu dire qui représentait quelle société. À l'évidence, s'ils ne venaient pas de la même entreprise, ils appartenaient au même monde technique.

Une coopération aussi étroite produit d'intéressants effets. Selon une récente étude de J.D. Power and Associates, les contacts en face à face entre fournisseurs et clients dans l'industrie automobile améliorent la qualité et les délais (voir *Harvard Business Review* 1994). Une coopération étroite en matière de R & D n'est pas seulement avantageuse pour les fournisseurs en alimentant leur processus d'innovation, elle aide aussi les clients à améliorer la qualité de leur produit final et à réduire les temps de développement : c'est une situation gagnant-gagnant.

L'avis du client doit souvent parcourir un long et périlleux chemin avant de parvenir à destination. Hermann Konseder, de Krones, assure que dans sa société les messages remontant du terrain parviennent aux bons destinataires :

> Les retours d'expérience transmis par l'après-vente sont parfois fort déplaisants pour les ingénieurs du bureau d'études, car je suis présent lorsque les techniciens font état de ce qu'ils ont appris. Ils exposent clairement les difficultés rencontrées, ce qui a mal fonctionné, ce qui devrait être modifié et amélioré. Les techniciens comprennent généralement très bien ce genre de problèmes. Bien qu'ils sachent exactement quels sont les dysfonctionnements, ils ne peuvent en tirer des concepts ou modèles nouveaux. Rares sont les firmes où les techniciens ont suffisamment d'occasions de transmettre leur vécu complexe directement aux concepteurs. Parfois, il n'y a simplement pas de contacts entre les deux groupes.
>
> Si je me fais un devoir de participer à ces réunions, c'est qu'en mon absence le technicien n'aurait pas une chance. Forts de leurs statut, de leur formation et de leur intelligence, les concepteurs l'acculeraient au mur. Dans une telle situation, le technicien a tendance à se résigner et à se dire : « Qu'ils fassent donc ce qu'ils veulent, ce n'est pas mon affaire. » Les techniciens, qui ont des problèmes avec l'écriture et l'orthographe, n'aiment pas qu'on les oblige à établir des comptes rendus écrits, d'abord lus par les secrétaires qui corrigent leurs erreurs comme à l'école. C'est insupportable pour les techniciens, qui se sentent humiliés. Donc, ils n'ont pas à rédiger de rapports, pas chez Krones AG en tout cas !

L'enfer est pavé de bonnes intentions, et l'expérience de Kronseder démontre que la communication entre commerciaux et techniciens ne manque pas de pièges. Au bout du compte, la manière d'agir de Krones pourrait bien être ce qui distingue les innovations réussies et les autres.

Les idées innovantes viennent souvent en observant comment les clients travaillent. Reinhold Würth, gourou des produits de montage, a mis le doigt sur une idée de ce genre lors d'une visite de chantier, en entendant un ouvrier se plaindre d'avoir du mal à lire le numéro des outils et des vis correspondantes qui, estampé dans le métal, était à peine lisible. Würth a donc remplacé les numéros par des anneaux de couleur, de telle sorte qu'il suffit aux ouvriers d'utiliser des outils portant la même couleur que les vis. Ce système breveté a rencontré un énorme succès. Au cours d'autres visites, Würth a aussi entendu des ouvriers se plaindre de souffrir de certains muscles et tendons. Personne ne s'était demandé si l'ergonomie des outils ordinaires comme les tenailles et les tournevis était optimale. Würth s'est aperçu que certains outils n'avaient pas changé de forme depuis plus d'un siècle, et qu'il y avait fort peu de chances pour que leur prise soit d'une efficacité maximale. Il a lancé avec l'université de Stuttgart un projet de recherche qui a abouti à la conception d'une série entière de nouveaux modèles d'outils, dont certains réduisent de plus de 30 % l'effort nécessaire.

Le codéveloppement en liaison avec les clients est répandu chez les champions cachés de la performance, souvent de manière permanente et sur un grand nombre d'années. Schott est le leader mondial dans le domaine des plaques de cuisson en verre céramique avec un produit dénommé Ceran, qui coûte entre 300 et 1 000 marks de plus que les plaques de cuisson traditionnelles. Mais aujourd'hui, tous les fabricants européens d'électroménager proposent ce produit, et la moitié des cuisinières électriques vendues sur le continent comportent une plaque Ceran. Aux États-Unis, où le produit a été lancé bien des années après ses débuts en Europe, sa pénétration est maintenant de 15 à 20 % et progresse rapidement. Le seul concurrent important est le français Eurokera, dont la part de marché est d'environ 5 %. Ceran existe dans 2 000 variantes, et une équipe de quarante personnes coopère en permanence avec les fabricants d'appareils électroménagers, de batteries de cuisine et de produits de nettoyage, ainsi qu'avec les designers, pour améliorer le produit. Ses vingt-quatre ans d'histoire ont été une période d'innovation ininterrompue à laquelle tous les participants de la chaîne de valeur ont contribué.

Tetra, créé par le Dr Ulrich Baensch, appartient à la catégorie des champions secrets issus de leur clientèle. En 1950, alors jeune chercheur, son fondateur élevait des poissons tropicaux pour sa thèse de doctorat. Comme il avait du mal à les nourrir faute d'un produit approprié, il mit au point sa propre recette prête à l'emploi. Tetra Werke, la société qu'il a fondée en 1955, est à présent le leader de l'alimentation et des soins pour poissons tropicaux, avec une part de marché supérieure à 50 %.

Wendelin Sachtler, qui avait éprouvé tous les inconvénients et les limites des trépieds existants, a fondé Sachtler AG pour exploiter ses idées d'amélioration. Sa société est devenue en moins de vingt ans le leader mondial des trépieds professionnels pour appareils de prise de vue. Elle a au passage anéanti un concurrent naguère dominant mais qui, sombrant dans l'autosatisfaction, n'avait pas fait attention à des évolutions techniques importantes comme le passage du film à la vidéo.

Carl Spaeter, fondateur de Stabilus, importait des automobiles américaines en Allemagne au début des années 30. Les routes allemandes n'étaient pas faites pour les automobiles. Sinueuses et bosselées, elles rendaient la conduite désagréable. Spaeter mit au point un système d'amortisseurs hydrauliques à ajustement automatique, que tous les propriétaires de voitures de luxe eurent vite fait d'adopter pour rendre la conduite plus douce. Aujourd'hui, Stabilus est leader mondial des suspensions à gaz antivibrations, dont les usages multiples concernent entre autres les machines à laver, les chaises de bureau et les avions.

7

LA CONCURRENCE

Il y a si peu de concurrence.

Les champions cachés de la performance, réputés rudes concurrents, préfèrent les stratégies de différenciation à celles de baisse des prix. Ils ne négligent pourtant pas les coûts, mais ils se battent pour offrir une bonne valeur à des prix acceptables. En ajustant leurs performances aux besoins des clients, ils se ménagent des avantages concurrentiels en matière de qualité du produit et de service.

Ces avantages sont durables, car ils reposent sur de fortes compétences internes, difficilement imitables. Si on les attaque, ces firmes défendent férocement leurs positions commerciales, mais certaines d'entre elles sont menacées car elles ont de plus en plus de mal à isoler leurs niches des marchés de volume et à échapper aux pressions sur les coûts.

Structure

Les concurrents sont généralement peu nombreux sur les marchés des champions cachés. Le nombre médian de concurrents au niveau mondial est de dix ; la moyenne arithmétique, beaucoup plus élevée avec cinquante-cinq concurrents, est trompeuse car certains marchés sont composés de plusieurs centaines de concurrents. Seuls 20 % environ des champions cachés couverts par mon étude comptent plus de vingt concurrents sur leurs marchés mondiaux. Même si ce nombre peu paraître peu élevé, il faut garder à l'esprit qu'il n'est pas plus important sur beaucoup de grands marchés. Il existe tout au plus vingt prétendants sérieux parmi les constructeurs automobiles mondiaux.

Dans le cadre des cinq forces de Porter (1985), la concurrence s'exerce principalement entre firmes établies. Les nouveaux concurrents sont rares (2,7 sur une échelle de 1 = très rare à 7 = fréquents). Les probabilités d'en voir surgir d'autres, et que ces nouveaux venus soient potentiellement dangereux, sont considérées comme inférieures à la moyenne (respective-ment 3,6 et 3,3 sur une échelle de 1 à 7). Évidemment, comme les marchés des champions secrets sont petits et que leurs forces concurren-tielles paraissent inattaquables, ces arènes n'attirent pas les agresseurs potentiels. Néanmoins, sur certains marchés, les produits fabriqués en masse débordent sur les niches des champions cachés.

Un observateur peu averti pourrait s'imaginer que la vie concurren-tielle est douce sur ces marchés, mais ce n'est pas le cas. L'affrontement est la règle. Dans la plupart des cas, des concurrents comparables sont présent partout et en permanence (note 5,5 sur une échelle de 1 à 7) et luttent pour obtenir une part de ces marchés étroits. On m'a très souvent dit que les champions cachés prenaient la concurrence au sérieux. La quasi-totalité des personnes interrogées ont souligné que leurs concur-rents étaient eux aussi puissants et qu'il serait extrêmement dangereux de considérer leur leadership commercial futur comme assuré. De tous les facteurs relatifs à la concurrence, c'est l'intensité de la concurrence qui obtient le score le plus élevé (5,8 sur notre échelle de 1 à 7). Les cham-pions secrets n'oublient jamais qu'ils doivent mériter et défendre chaque jour leur place de leader.

La plupart de ces firmes ne considèrent pas que les substituts, au sens des cinq forces de Porter, d'une part, ni les fournisseurs et les acheteurs d'autre part soient des menaces concurrentielles majeures. Les cham-pions secrets ont tendance occuper un maximum de place dans la chaîne de valeur en évitant la sous-traitance autant que possible. Cela les rend moins dépendants de leurs fournisseurs mais peut avoir un effet négatif sur leur compétitivité sur le terrain des coûts. On évoquera plus bas le point faible que constituent les coûts.

La composition régionale de la concurrence est intéressante. La figure 7.1 montre les réponses à la question : « Quel est le pays de votre concurrent le plus important? » Elle n'appelait qu'une réponse, mais de nombreux répon-dants en ont donné plusieurs, si bien que le total est supérieur à 100 %.

La concurrence est réellement planétaire – 72,6 % considèrent que l'un de leurs plus importants concurrents au moins vient d'un pays étranger; cependant, plus de la moitié (55,4 %) disent que l'un d'eux au moins se situe en Allemagne. Ce pourcentage confirme presque exacte-ment les résultats d'une étude de 1988 auprès des sociétés d'ingénierie mécanique : 52,8 % d'entre elles avaient indiqué que leur principal

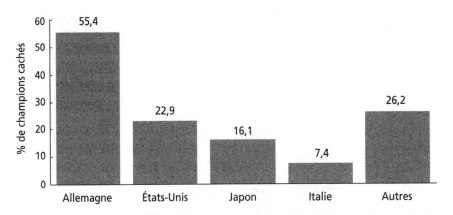

Figure 7.1 – Pays d'origine des concurrents les plus importants.

concurrent était allemand (Informationsdienst des Instituts der Deutschen Wirtschaft 1988). La rivalité intérieure est un élément important du « losange » de Porter sur l'avantage concurrentiel international. « L'une des découvertes empiriques les plus nettes de notre étude porte sur l'association entre une forte rivalité nationale et la création et la persistance de l'avantage concurrentiel dans un secteur, note Porter (1990a, 117). Un pays qui occupe une position de leader au niveau mondial compte souvent plusieurs rivaux locaux forts. »

Mes observations corroborent ces conclusions. La dureté de la concurrence nationale joue un rôle essentiel en préparant les champions secrets à affronter les marchés mondiaux. Ce n'est pas le seul déterminant mais un trait national parmi plusieurs autres tels que l'orientation internationale, les exigences des clients et l'inventivité, qui jouent tous dans le même sens. Les rivalités nationales sont à mes yeux un facteur d'adaptation planétaire. Cela ne tient pas à l'existence d'une collusion mais à l'existence de prétendants permanents à la première place, comme dans une compétition sportive. Rarement amis, les rivaux se hissent eux-mêmes à des niveaux plus élevés de performance en luttant les uns contre les autres. Cela se voit pour certains champions secrets, notamment quand deux sociétés mondialement dominantes sont implantées dans le même village. Le chapitre 8 s'intéressera aux relations particulières des firmes de notre échantillon avec différents partenaires.

La perspective concurrentielle ne se confine pas au niveau régional ; 39 % des champions cachés considèrent qu'au moins un de leurs concurrents les plus importants se trouve aux États-Unis ou au Japon. L'Italie, spécialement celle du nord, vient ensuite, car les Italiens occupent une place importante sur le plan international depuis une vingtaine d'années. Sont aussi citées des sociétés suisses, britanniques, suédoises et néerlandaises. Les pays d'Asie du sud-est sont rarement mentionnés, car les sociétés de cette région s'intéressent aux marchés de masse. Les pays d'Europe centrale et orientale n'apparaissent pas encore dans la liste, mais je m'attends à ce que la République Tchèque y figure dans dix ans. Avec des clients et des concurrents situés tout autour du monde, les champions secrets ont une mentalité réellement planétaire.

En somme, ces entreprises sont présentes sur des marchés qui comptent relativement peu de concurrents à l'échelle mondiale. Leur marchés sont classiquement des oligopoles. L'intensité concurrentielle y est élevée, car chaque société doit se battre pour occuper une part d'un marché étroitement défini. La plupart des champions cachés ont de puissants concurrents dans leur propre pays mais ne limitent pas leur activité à une région précise, ce qui s'accorde avec la théorie selon laquelle une intense rivalité nationale prépare à affronter les marchés mondiaux. Visant ces derniers, ils y affrontent des concurrents de grande force. La leçon est simple : toute société qui veut faire partie des leaders sur le marché planétaire doit activement chercher à concurrencer les meilleurs mondiaux, où qu'ils soient. On ne parvient au premier rang qu'en affrontant les meilleurs et non pas des seconds couteaux.

Principes de l'avantage concurrentiel

Un regard au triangle stratégique de la figure 7.2 permet de comprendre le cadre de ce qui suit. Les trois angles (le client, la firme et le concurrent) représentent les acteurs dont les interactions aboutissent au succès ou à l'échec. Le marketing s'attache traditionnellement à la relation entre le client et la firme. Cette dernière, s'efforçant de répondre aux besoins du client, lui propose une certaine valeur qu'il paiera un certain prix. Il existe une relation analogue entre le client et le concurrent.

Sur les marchés modernes, y compris ceux des champions cachés, on trouve presque toujours plusieurs concurrents qui apportent une valeur élevée à des prix concurrentiels. C'est pourquoi la troisième relation du triangle, celle entre la firme et le concurrent, met en lumière l'importance

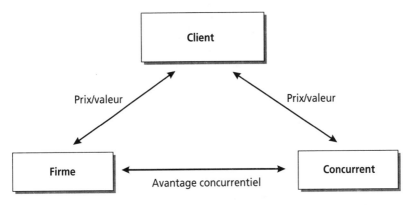

Figure 7.2 – Le triangle stratégique.

cruciale de l'avantage concurrentiel. Il ne suffit plus d'offrir au client une bonne valeur à un bon prix. Il faut faire mieux que la concurrence pour au moins l'un des composants de la valeur ou du prix, c'est-à-dire avoir un avantage concurrentiel. Il ne faut pas seulement se demander : « Servons-nous bien notre client ? », mais aussi : « Quel est notre avantage concurrentiel ? » Il est étonnant de constater que tant d'entreprises, contrairement à la plupart de nos champions cachés de la performance, ont du mal à répondre à cette question simple.

On peut définir l'avantage concurrentiel comme une performance supérieure par rapport à la concurrence et qui obéit aux trois critères suivants :

1. Être important pour le client

2. Être perçu par le client

3. Être durable

Si, par exemple, l'emballage d'un produit n'est pas satisfaisant pour le client, il est peu probable qu'il crée un avantage concurrentiel. Si la durabilité d'un produit est supérieure à celle d'un bien analogue mais que le client ne le sait pas ou ne s'en rend pas compte, elle n'a pas d'importance. Si une entreprise diminue ses prix sans acquérir un avantage de coût, la concurrence peut en faire autant et l'avantage n'est donc pas durable. Remplir ces trois critères à la fois est un défi majeur. Une étude précédente a montré que 60,4 % seulement d'un échantillon de sociétés industrielles allemandes disaient avoir un avantage concurrentiel répondant à ces trois exigences (Simon 1988).

Dans la gestion de ses avantages concurrentiels, l'entreprise doit adhérer à un certain nombre de principes simples dont les champions secrets sont bien conscients.

Le principe de survie

Pour survivre, une entreprise doit avoir au moins un avantage concurrentiel. Pourquoi un client achèterait-il son produit ou lui serait-il fidèle s'il n'y trouvait au moins une caractéristique supérieure à l'offre de la concurrence ? Ce qui n'est pas sans évoquer un principe de la théorie de l'évolution, la loi d'exclusion mutuelle de Gause : « Une espèce ne survivra que si elle maîtrise au moins une activité mieux que ses ennemis ». Elle doit être capable de courir plus vite, creuser plus profond, grimper plus haut (voir Henderson 1983). Il en va de même pour la concurrence, qui est, comme l'évolution, une lutte perpétuelle pour la survie. Ce principe est familier aux champions cachés. Ils disent en moyenne détenir 1,2 avantage concurrentiel répondant aux trois exigences ci-dessus, contre 0,6 dans l'étude citée (Simon 1988).

Connaître sa concurrence

Pour obtenir et défendre un avantage concurrentiel, il faut bien connaître ses concurrents. Le triangle de la figure 7.2 suppose que les trois acteurs et les relations entre eux sont également bien connus. Une entreprise doit connaître les forces et les faiblesses de ses concurrents pour ajuster sa propre stratégie à son avantage. La connaissance de la concurrence doit porter à la fois sur ses avantages commerciaux et sur ses compétences internes, sur laquelle on n'a pas d'informations directes. Bien que la situation se soit améliorée depuis une dizaine d'années, grâce à une prise de conscience et à de meilleures méthodes, la surveillance de la concurrence dans le contexte du triangle stratégique, et particulièrement de ses compétences internes, reste difficile.

La situation n'est pas foncièrement différente pour les champions cachés. Le chapitre 5 a montré qu'ils acquéraient une précieuse connaissance de leurs clients par des contacts étroits et une expérience de terrain plutôt que par des études de marché méthodiques. Il en va de même pour la surveillance de la concurrence. Peu de champions cachés ont mis en place un système de surveillance organisé, mais en général ils comprennent bien leurs concurrents parce qu'ils en sont proches. Ils entretiennent presque toujours des contacts personnels avec leurs principaux responsables, ce qui est probablement l'aspect le plus important de la surveillance. A force de rencontrer les mêmes représentants, ils finissent presque automatiquement et inévitablement par connaître le comportement de leurs concurrents.

Si des relations étroites avec les clients apportent d'utiles informations sur le comportement de la concurrence, certaines sociétés font en sorte de bloquer la collecte d'informations. Cela tient d'abord à leur goût du secret ; beaucoup de champions cachés ne livrent qu'un minimum d'informations écrites et publiques. Certains de mes interlocuteurs m'ont dit s'abstenir de collecter des informations sur la concurrence parce qu'ils ne se souciaient pas de se comparer à elle. « Nous ne nous comparons pas à la concurrence, ce sont eux qui nous observent », disait l'un d'eux. « Nous ne prenons pas modèle sur la concurrence, nous fixons nos propres normes », renchérissait un autre. De telles entreprises ne s'intéressent pas aux références des autres parce qu'elles fixent les leurs, attitude qu'il convient de prendre au sérieux.

On ne devient pas leader en imitant ses concurrents. D'où l'avertissement lancé par Hans-Jürgen Warnecke, président de l'institut de recherche sur l'industrie Fraunhofer Society : « Une fois engagé dans le cercle vicieux qui consiste à rechercher des solutions chez ses concurrents et non à l'intérieur de sa propre entreprise, on s'attache à imiter les solutions existantes et l'on restera un éternel second » (Warnecke 1992, 8). Celui qui marche dans les pas de quelqu'un d'autre a peu de chances de le dépasser. J'ajouterai qu'observer la concurrence n'est pas l'imiter, même si la ligne de démarcation peut être floue. Pour les champions cachés, l'intelligence concurrentielle est surtout un moyen de s'assurer qu'on reste en tête et non une source essentielle d'idées nouvelles et de solutions.

Le principe d'opportunité

À chaque paramètre concurrentiel correspond une opportunité de création d'un avantage concurrentiel. Les possibilités sont nombreuses. On peut parvenir à une performance supérieure non seulement pour les paramètres clés des produits et services tels que la qualité, la technologie, la durabilité ou le prix, mais aussi pour de nombreux paramètres « immatériels » tels que le service, la livraison, la vente/distribution, l'information, la publicité, les relations commerciales ou la formation des clients. La figure 7.3 illustre le cercle de l'immatériel.

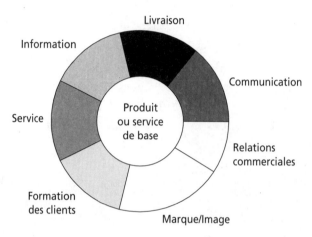

Avantages du produit contre avantages immatériels

Figure 7.3 – Opportunités d'avantage concurrentiel.

Un coup d'œil sur la figure 7.4, qui montre comment se répartissent, d'après leurs réponses, les avantages concurrentiels des champions cachés, révèle que le produit de base et le cercle de l'immatériel sont tous deux bien représentés. Mais le produit de base paraît prioritaire, particulièrement en ce qui concerne sa qualité et sa technologie. La qualité des produits, avec 38 %, a été de loin l'avantage le plus souvent cité. La technologie/innovation, à la seconde place, confirme les observations du chapitre 6 : ce facteur est l'une des bases de la supériorité de ces entreprises. La gamme de produits et l'intégration des systèmes sont aussi des domaines importants (voir chapitre 4). Pris isolément, les paramètres immatériels comme le service, la personnalisation, la vente/distribution et la livraison sont moins souvent cités, mais ensemble ils ont une incidence majeure. Le prix n'intervient dans l'avantage concurrentiel que pour une toute petite minorité d'entreprises.

La leçon de ces concurrents exemplaires est que, même si certains disent le contraire, on parvient à des performances supérieures en créant un avantage concurrentiel principalement dans les produits et services de

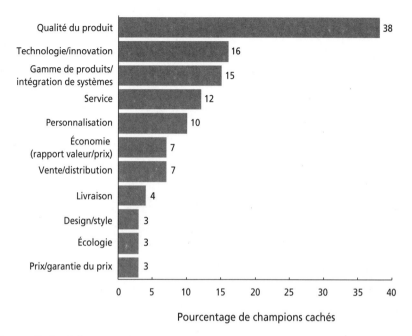

Figure 7.4 – Fréquence des avantages concurrentiels chez les champions cachés.

base, qui déterminent largement la valeur pour le client. Le meilleur avantage est la qualité du produit car, comme le démontrent les champions secrets, la plupart des produits ne sont pas égaux.

Je ne nie pas les avantages concurrentiels d'ordre immatériel, mais les priorités mises en avant dans la figure 7.4 sont justes. Sur de nombreux marchés, il devient de plus en plus difficile de conserver une supériorité dans le produit de base, particulièrement quand les concurrents sont en mesure d'imiter rapidement les avantages existants. On doit reconnaître que la durabilité des avantages immatériels prend de l'importance. La figure 7.5 montre le rapport entre l'origine des avantages concurrentiels et leur durabilité.

Les avantages concurrentiels non brevetés incorporés dans un produit sont généralement faciles à copier ; sur beaucoup de marchés modernes, il suffit de quelques semaines ou de quelques mois pour reproduire un nouveau produit en l'achetant et en pratiquant une ingénierie à l'envers. Il est considérablement plus difficile d'imiter les processus industriels ou organisationnels, de sorte que ces domaines sont plus défendables. Par exemple, un concurrent comme Komatsu aurait besoin de beaucoup

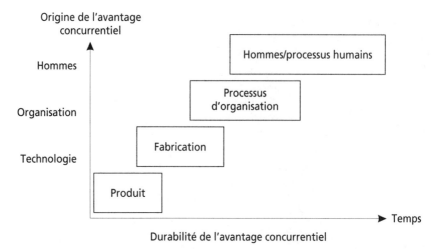

Figure 7.5 – *Durabilité et origine des avantages concurrentiels.*

plus de temps pour reproduire les systèmes mondiaux de livraison de pièces détachées mis au point par Caterpillar que pour reconstruire le dernier rouleau compresseur de celui-ci.

Les avantages les plus difficiles à dupliquer, et donc les plus durables, sont ceux qui tiennent aux hommes et aux processus. Relations avec les clients, service de haute qualité apporté par des techniciens qualifiés, réactivité et esprit de service en font partie. Mais le temps joue un rôle essentiel dans la confiance entre client et fournisseur, qui naît de contacts répétés. Cela est vrai aussi de l'éducation qui n'est pas non plus à vendre sur le marché. Ainsi, le temps déjà écoulé est automatiquement source de durabilité. Dans ces domaines, bien entendu, la ligne de démarcation entre avantage externe et compétence interne est incertaine. Mais comme la durabilité repose sur des facteurs cultivés chez les salariés et dans la culture d'entreprise, il est extrêmement difficile et long pour un concurrent moins efficace de se hisser à niveau.

Rarement mentionnés dans les réponses résumées par la figure 7.4, ces avantages concurrentiels de la catégorie la plus élevée ont néanmoins tenu une place importante dans les entretiens libres. La qualité des relations avec la clientèle est un thème récurrent. « Notre avantage concurrentiel réside clairement dans les contacts avec nos clients », nous a-t-on souvent assuré. La question du temps est aussi invoquée : « Nous faisons ce métier depuis plus de cent ans, nos clients nous connaissent et nous font confiance, si bien que la concurrence a du mal à nous rattraper. » Ces avantages sont selon moi des ajouts à une proposition de base portant sur le produit qui doit être au moins équivalente à celle de la concurrence. Les avantages immatériels ne sauraient compenser l'infériorité du produit ou service de base. Cela nous amène au principe suivant.

Le principe de cohérence

La performance d'un paramètre concurrentiel doit être cohérente avec l'importance que les clients lui attribuent. Une performance excellente compte énormément quand elle concerne des paramètres importants pour les clients, tandis qu'une performance médiocre est acceptable si le paramètre leur est indifférent. Proches des clients, les champions cachés sont en mesure d'ajuster leurs performances aux exigences de ceux-ci. Cet aspect sera plus largement étudié plus bas.

Le principe de perception

Seuls comptent les avantages concurrentiels perçus par les clients – avoir un avantage objectif ne suffit pas si le client ne s'en aperçoit pas. La plupart des champions cachés pensent relever correctement ce défi de la communication, mais certains se demandent s'ils arrivent à bien faire passer leur message. Cela est particulièrement vrai pour des produits ou systèmes nouveaux et complexes comme les toilettes hygiéniques de Clean Concept, ou quand le grand nombre des clients interdit le dialogue individuel. La communication de masse avec de nombreux clients n'est pas un point fort des champions cachés, si bien que leur potentiel peut dans certains cas ne pas se traduire en avantages perçus. C'est un problème pour ceux dont la croissance les oblige à renoncer à la communication directe au profit de méthodes indirectes.

Les observations ci-dessus sont résumées dans le tableau 7.1.

Une fois de plus, les champions cachés n'ont pas de recette magique mais font largement appel au bon sens. Adhérant aux principes ci-dessus, tous ont au moins un avantage concurrentiel. Ils connaissent leurs concurrents sans se reposer sur un quelconque système de surveillance ; ils ne tombent pas dans le piège de l'imitation. Ils saisissent les occasions de se créer des avantages concurrentiels mais restent centrés sur leurs

Tableau 7.1 – Principes de l'avantage concurrentiel et position des champions cachés de la performance.

Principe	Définition	Position des champions cachés de la performance
Survie	La survie suppose un avantage concurrentiel	Bien conscients de ce principe. Ont un ou deux avantages concurrentiels.
Connaître ses concurrents	La surveillance de la concurrence est aussi importante que les études de clientèle	Bonne connaissance des concurrents, car proximité avec eux. Peu de surveillance organisée. Évitent le piège de l'imitation.
Opportunité	Chaque paramètre concurrentiel offre une occasion d'avantage concurrentiel	S'attachent surtout aux avantages tenant au produit ou au service de base. Les avantages immatériels se rattachent à la durabilité.
Cohérence	La performance doit être cohérente avec l'importance	Bien ajustée. Quelques exceptions dans les firmes à orientation technologique.
Perception	Seuls comptent les avantages perçus	Généralement bons, malgré des problèmes avec les produits nouveaux et complexes. Aptitude à la communication parfois faible.

produits et services de base. Ils s'efforcent de se ménager des avantages durables en jouant sur des paramètres immatériels, particulièrement sur les relations avec les clients, et, observant le principe de cohérence, réussissent mieux que leurs concurrents à ajuster leurs performances aux exigences des clients. Certains ont du mal à faire connaître aux clients leurs avantages complexes.

Analyse des avantages concurrentiels

Pour présenter de manière plus formelle et quantitative les avantages concurrentiels des champions secrets, j'utilise le système COMSTRAT (pour *COMpetitive STRATegy*) qui s'est avéré utile dans beaucoup de missions de conseil effectuée par Simon Kucher & Partner, Strategy and

Marketing Consultants. COMSTRAT comprend plusieurs modules, dont un sur les avantages concurrentiels externes et un sur les compétences concurrentielles internes. Tous deux sont illustrés dans la figure 7.6.

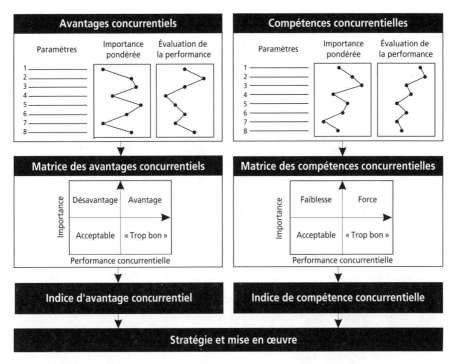

Figure 7.6 – Avantages et compétences concurrentiels dans le système COMSTRAT. *Source :* Simon, Kucher & Partner, brochure « Strategic Analysis and Action » (Bonn 1995, Simon, Kucher & Partner).

Les deux modules ont la même structure : après avoir déterminé les paramètres appropriés, on apprécie leur poids puis on évalue les performances. Les pondérations et évaluations peuvent se rapporter à différentes échelles, le plus souvent une échelle de 1 à 5, parfois à un classement. On peut utiliser à cet effet des méthodes complexes telles que mesure conjointe ou hiérarchies analytiques.

Les performances et les compétences étant évaluées pour tous les concurrents, le système contient un grand volume de données (ainsi, pour dix acteurs et quinze attributs, on obtient trois cents données) qui rend l'interprétation difficile. Les données sont donc regroupées dans deux matrices : la matrice des avantages concurrentiels et la matrice des compétences concurrentielles, qui ont elles aussi la même structure. L'axe vertical montre la pondération des importances, tandis que les performances et les compétences concurrentielles figurent sur l'axe horizontal.

La performance concurrentielle se mesure soit par un classement, soit par rapport au concurrent le plus fort concernant le paramètre considéré. On cherche ainsi à comparer une entreprise à son concurrent le plus fort et non à une moyenne (à l'instar du « portefeuille » du Boston Consulting Group, dans lequel la part de marché relative est mesurée par rapport à celle du concurrent le plus important.) Si la qualité de votre produit est évaluée 4,8 sur une échelle de 1 à 5 et que celle de votre concurrent le plus fort est évaluée 4,0, votre performance concurrentielle est de 4,8/4,0 × 100 = 120. Votre produit est 20 % meilleur que celui du concurrent le plus fort. Si la qualité de votre produit n'est que de 3,2 et celle de votre concurrent de 4,0, votre performance concurrentielle est de 3,2/4,0 × 100 = 80, donc 20 % inférieure à celle de votre concurrent le plus fort. Le score de compétence concurrentielle est calculé de la même manière.

On peut condenser encore ces informations en établissant un indice d'avantage concurrentiel et un indice de compétence concurrentielle. On totalise alors l'importance pondérée et la performance concurrentielle de tous les paramètres pour obtenir un nombre qui mesure la position concurrentielle globale. Un indice d'avantage concurrentiel égal à 95 signifie qu'on se situe en moyenne pondérée à 5 points au-dessous de son concurrent le plus fort pour tous les attributs.

La matrice des avantages concurrentiels de la figure 7.6 aide à mieux comprendre le principe de cohérence de la section précédente. Seuls les paramètres de la case située en haut à droite (intitulée « Avantage ») constituent des avantages concurrentiels, car leur importance est supérieure à la moyenne, et la performance réalisée est supérieure à celle du concurrent le plus fort. De la même manière, les paramètres de la case située en haut à gauche sont des désavantages concurrentiels (importance forte, performance concurrentielle faible). Les paramètres situés dans la case inférieure droite de la matrice des avantages concurrentiels sont trop bons (importance inférieure à la moyenne, performance concurrentielle élevée). Ils ne confèrent pas un avantage concurrentiel correspondant. Les ressources qui leur sont consacrées serait mieux employées si elles servaient à améliorer les performances pour les paramètres d'importance supérieure à la moyenne. De même, les positions du quadrant inférieur gauche sont acceptables. La matrice des compétences concurrentielles peut être interprétée de la même manière. Selon le principe de cohérence, le profil optimal se situe le long d'une diagonale allant du coin supérieur droit au coin inférieur gauche, l'importance et la performance étant ainsi en cohérence.

La figure 7.7 représente la matrice des avantages concurrentiels de notre échantillon de champions cachés de la performance. L'importance et la performance concurrentielles sont mesurées par classement. On n'oubliera pas que ces chiffres sont des moyennes pour l'ensemble de l'échantillon. La diagonale en grisé illustre le principe de cohérence, avec lequel les champions secrets sont en excellent accord. Par comparaison avec les centaines de matrices de ce type qu'il m'a été donné de voir, la cohérence entre importance et performance est ici remarquable. La meilleure performance concurrentielle est celle qui concerne la qualité du produit. Cette cohérence exceptionnelle renforce les constats précédents sur le rôle concurrentiel de la qualité du produit. La proximité avec les clients, qui inclut l'ouverture, la réceptivité et les contacts, troisième paramètre le plus important, est lui aussi parfaitement placé, de même que certains autres moins importants dans le quadrant inférieur gauche.

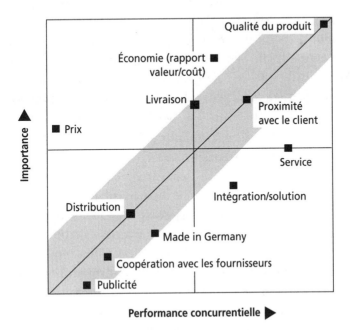

Figure 7.7 – Matrice des avantages concurrentiels des champions cachés.

L'économie (rapport valeur/prix), second paramètre le plus important, qui se prêterait à une amélioration des performances, est en partie influencée par le prix, seule infraction majeure au principe de cohérence. Le service, second en performance, est d'importance moyenne mais devrait devenir davantage désirable dans l'avenir. Bien entendu, dans certains secteurs comme la mécanique et l'ingénierie, le service est plus important et se classe souvent second derrière la qualité. Les champions cachés ont alors tendance à offrir un service d'exception. « Dans notre secteur, nous sommes de loin les meilleurs du monde en matière de service » affirme tranquillement Wolfgang Wilmsen, PDG de Weinig, leader mondial du moulage automatique. Cette haute qualité du service, souligne-t-il, modère la pression sur les prix due aux récentes fluctuations monétaires, favorables aux concurrents d'autres pays, principalement italiens. Hermann Kronseder, chez Krones, et Berthold Leibinger, chez Trumpf, considèrent eux aussi que leur entreprise détient un avantage concurrentiel du même genre sur le terrain du service.

Le prix est le seul paramètre concurrentiel d'importance supérieure à la moyenne qui fasse apparaître une position désavantageuse, mais il reste acceptable tant que d'autres paramètres importants dominent. Néanmoins, la plupart des champions cachés ont pris conscience de l'augmentation de la sensibilité au prix et y font davantage attention, certains s'en servant comme d'un outil concurrentiel. Fielmann, leader européen et numéro deux mondial de la lunetterie, propose une garantie de remboursement au cas où le client trouverait le même produit à un prix inférieur. Paul Binhold, leader mondial des aides pédagogiques en anatomie, applique le même principe au niveau mondial. Cette action n'est pas seulement défensive : Binhold y voit un moyen fort utile pour obtenir des informations sur les pratiques tarifaires de ses concurrents dans le monde entier.

On peut donc conclure que la performance concurrentielle des champions cachés est en rapport avec l'importance des paramètres. Ces firmes détiennent des avantages concurrentiels en matière de qualité du produit, de proximité avec le client et de service, soit un tiercé difficile à surpasser. Globalement, la matrice montre quelle est la position concurrentielle moyenne des champions cachés.

Risques concurrentiels

Le chapitre 3 s'est intéressé au risque de marché, compte tenu particulièrement de la focalisation des champions cachés sur des marchés étroits, ce qui signifie qu'ils mettent tous leurs œufs dans le même panier. Si le marché rétrécit ou disparaît, les conséquences peuvent être désastreuses. Si les fumeurs réduisent leur consommation, Hauni vendra moins de machines à cigarettes, mais ce risque est quelque peu atténué par sa large présence géographique, les cycles économiques variant d'une région à l'autre. Mais relativement au risque de marché, les risques concurrentiels, qui peuvent prendre bien des formes, sont plus immédiats et plus menaçants.

Le plus redoutable est sans doute celui qui concerne les positions de niche des champions secrets, associant de manière complexe la dynamique des performances, des coûts et des prix. Comme on l'a noté, la position concurrentielle du champion secret est presque toujours, dans la terminologie de Porter (1985), celle d'une « différenciation focalisée », c'est-à-dire associant un marché cible étroit et de hautes performances à l'égard d'un ou plusieurs paramètres. Cette position peut se trouver menacée de différentes manières. L'une d'elles est l'amélioration des performances des produits de masse au point de neutraliser graduellement les avantages différenciateurs traditionnels des champions cachés. Cela s'est produit sur de nombreux marchés comme ceux de la photographie, de la moto, de l'automobile, des produits pharmaceutiques après expiration des brevets, des machines-outils et de l'équipement hi-fi, où les produits banalisés ont fini par atteindre un niveau de qualité ou de performance précédemment offert uniquement par les meilleurs produits de niche.

L'érosion de l'avantage d'un produit de qualité est souvent due à l'accroissement de la polyvalence d'un produit standard. Les machines électroniques ordinaires sont de plus en plus capables de traiter des problèmes autrefois considérés comme spécifiques et individualisés. Avec un micro-ordinateur, tout le monde peut créer des documents qui étaient auparavant l'apanage des spécialistes de l'impression, des arts graphiques et de la mise en page. Les machines pilotées par ordinateur assurent des tâches que seules des machines spécialisées pouvaient accomplir naguère.

La montée en puissance des produits standards se double presque toujours d'importants avantages en matière de prix et de coûts, dus à des économies d'échelle et à des effets de courbe d'expérience liés au volume de la production. La production des constructeurs japonais de machines d'injection plastique est à peu près dix fois supérieure à celle des sociétés allemandes, le même rapport existant entre les constructeurs les plus importants des deux pays. Les différences de taille mènent nécessairement à d'importants écarts de prix et de coût que souvent les performances ne peuvent pas compenser. L'un de nos interlocuteurs, grand fabricant d'ensembles d'usinage, a entendu un client hollandais lui faire cette remarque : « Votre prix est de 1,6 million de dollars, quand une firme italienne me propose 990 000 dollars. Je reconnais que votre produit est meilleur, mais il n'est pas 60 % meilleur. » Ce client a acheté le produit italien.

Cette situation désormais familière ne concerne pas seulement les champions cachés. Tous les acteurs des marchés haut de gamme sont confrontés au même risque. C'est en somme ce qui est arrivé à Mercedes-Benz et à BMW au début des années 1990, lorsqu'ils ont été attaqués par des voitures de luxe japonaises moins coûteuses comme Lexus et Infinity. Mais les conséquences sont particulièrement menaçantes pour les sociétés de notre échantillon car elles ne peuvent pas s'appuyer sur une base aussi large que celle de Mercedes-Benz pour affronter la crise.

Comment faire face ? Aucune entreprise ne peut tenir pour acquis qu'elle possède un avantage concurrentiel assuré pour l'avenir. Tout avantage doit être continuellement défendu, essentiellement grâce à l'un des deux moyens suivants. Le premier est d'apprendre plus vite que les concurrents, en innovant, en réduisant ses coûts et en améliorant sa qualité plus rapidement. Une entreprise qui y parvient peut conserver son leadership. Bien entendu, il faut être conscient que la plupart des paramètres connaissent un niveau de saturation à l'approche duquel les coûts augmentent de façon exponentielle.

L'autre solution consiste à modifier les paramètres de l'avantage concurrentiel, créant ainsi un nouvel avantage. Quand il n'est plus possible d'améliorer encore la qualité, du moins à un coût économique, il faut peut-être s'intéresser à un paramètre immatériel où établir une marque forte qui fidélisera les consommateurs.

Les champions cachés poursuivent toutes ces orientations. Tetra Pak et Kärcher sont en train de devenir des marques. De nombreuses entreprises redoublent d'effort en matière de service. Même des changements mineurs peuvent ajouter quelque chose à un avantage concurrentiel fondé sur le service. Smithers Oasis, filiale allemande de l'américain Solaris, leader mondial sur le marché des mousses florales, a créé une ligne de fax à appel gratuit, organise régulièrement des séminaires pour les fleuristes et publie des livres de conseils pour ses clients. Toute réclamation reçoit une réponse dans les trente minutes. Cela ne semble pas extraordinaire : beaucoup d'entreprises aspirent à traiter rapidement les réclamations. Mais pour que cela ne reste pas de l'ordre du vœu pieux, il faut un travail consciencieux, quotidien. On peut ajouter des services à un produit de multiples manières, mais plus leur potentiel est grand en tant qu'avantage concurrentiel, plus il est difficile de les mettre en œuvre.

Améliorer ou modifier sa stratégie de différenciation n'est pas une raison pour ne pas réduire massivement les coûts quand il y a lieu. De nombreuses entreprises qui poursuivent cette tactique font l'erreur d'attacher trop d'importance à l'avantage concurrentiel et de négliger les questions de coût. Le fait qu'un champion caché n'ait pas les moyens de lutter sur un marché de masse ne le dispense pas d'accorder un maximum d'attention à ses coûts. Ils sont de la plus haute importance, même si la stratégie concurrentielle repose avant tout sur la supériorité des performances. À long terme, aucune entreprise ne peut se permettre de faire l'impasse sur eux. L'erreur la plus grave que puisse faire un fabricant de produits haut de gamme serait sans doute de se bercer de l'illusion que les clients paieront n'importe quel prix un produit de grande qualité, et qu'il peut donc négliger la question. La règle d'or de la concurrence est que la performance *et* les coûts sont deux paramètres d'importance presque égale, la marge de manœuvre offerte par le renforcement de l'un ou de l'autre étant donc étroite.

La plupart des champions cachés ont dû l'apprendre à leurs dépens au début des années 90. Si certains n'ont alors pu conserver leur indépendance, tels les constructeurs de machines outils Maho et Deckel, la plupart ont réussi ce qui paraissait impossible en reconcevant leurs produits et en écrasant les coûts. La majorité des sociétés interrogées au cours de mon étude ont déclaré avoir mieux supporté la récession que leurs concurrents. C'est le fruit d'un grand effort de remodelage des produits et des procédés (voir chapitre 1). La plupart des champions cachés ont introduit dans leurs plans de développement les notions de prix cible et de coût cible. De plus en plus, au lieu de créer des produits

« parfaits » puis d'en calculer le coût, ils fixent des cibles de prix et de coût définies avant de lancer leurs projets. Il en résulte des produits qui sont souvent plus simples que prévu au départ. Trumpf, leader mondial des instruments de coupe du métal en feuille et l'un des premiers adeptes des coûts cibles, fait état de réductions de coûts de 30 % pour des produits aux performances plus élevées.

Bien entendu, toutes les techniques familières de l'ingénierie simulta-née, du reengineering et du management allégé sont utilisées pour réduire les temps de développement et de fabrication. Mais beaucoup de champions cachés de la performance, qui étaient déjà très allégés par comparaison avec les grandes sociétés, m'ont dit que ces méthodes en vogue ne leur avaient pas apporté grand chose parce qu'ils les utilisaient pour une bonne part longtemps avant leur apparition dans la littérature. Cela s'accorde largement avec ce que j'ai vu en visitant leurs établisse-ments, qui sont parmi les plus efficaces du monde. Dans cinq de ces usines, par exemple, certaines zones sont interdites aux visiteurs japonais. La plus grande différence peut-être entre les champions cachés et les grandes entreprises est que les réalisations demandent beaucoup moins de temps chez les premiers, dans une proportion qui à mon avis peut aller de la moitié aux deux tiers.

Au cours des efforts accomplis pour améliorer leur position concur-rentielle, bien des entreprises ont découvert qu'il ne fallait pas abandon-ner les marchés en volume aux producteurs de masse. Si les effets de courbe d'expérience et les économies d'échelle sont importants et si les performances des produits ordinaires s'approchent de celles des produits haut de gamme, les entreprises doivent livrer bataille pour conquérir ou défendre les marchés de masse. Nicholas Hayek, l'homme qui a inventé la Swatch, a été l'un des premiers à tirer cette leçon en conseillant aux entreprises désireuses de défendre un marché de niche de refuser de l'abandonner aux tenants du marché de masse. Le fabricant de montres solaires et radiocommandées Junghans a adopté cette philosophie en lançant des modèles moins coûteux. Grâce à sa stratégie ambitieuse, il est à présent leader du marché en Allemagne. Junghans a dépassé Citizen en 1991 et sa part de marché relative était en 1993 une fois et demie supé-rieure à celle de son rival.

Si leur marché est attaqué, les champions cachés de la performance le défendent souvent avec férocité. L'un d'eux avait pour concurrent principal une société italienne très offensive. La dévaluation de plus de 20 % de la lire en 1992-1993 a été pour celle-ci l'occasion d'attaquer avec des tarifs très bas ; sa part du marché mondial a augmenté de 7 points en 1993. Grâce à une étude de concurrence détaillée, notre champion caché a découvert que son concurrent avait un avantage de coût global de 27 % et s'est fixé un objectif de réduction des coûts de 30 %. Le projet comportait un remodelage du produit, la création d'un nouveau produit « d'attaque » à bas coût et une délocalisation de la fabrication des pièces détachées dans des pays d'Europe centrale à bas salaires. Il fallut peu de temps pour mettre en œuvre la réduction des coûts. Dès le moment où il s'avéra que celle-ci était un objectif réaliste et avant même sa réalisation effective, les prix furent baissés. Depuis lors, l'entreprise a récupéré les parts de marché perdues et se porte mieux que jamais.

La répartition de leurs implantations internationales apporte aux champions cachés une certaine souplesse et un amortisseur contre les fluctuations des devises et des coûts. L'un d'eux a réduit ses effectifs de trois cents personnes en Allemagne et les a augmentés d'autant aux États-Unis. Les salaires horaires bruts américains étant inférieurs d'à peu près un tiers aux salaires allemands (Institut der deutschen Wirtschaft 1994, 6), cette délocalisation aboutit à une sensible réduction des coûts. Au même moment, l'entreprise a déplacé plus de travail vers sa nouvelle filiale en Pologne, où les coûts salariaux sont à peu près un sixième des coûts allemands. Mais il faut être conscient que la flexibilité obtenue grâce à ces délocalisations est limitée. La haute qualification des salariés de certains champions cachés de la performance n'est pas totalement reproductible ailleurs.

Dans l'étude des menaces, il est absolument crucial de comprendre les facteurs critiques de la réussite. J'insiste sur le coût, mais ce n'est pas toujours le facteur décisif. Sur beaucoup de marchés, les effets de courbe d'expérience et les économies d'échelle ne jouent aucun rôle. L'une des plus grosses erreurs de la stratégie concurrentielle dans les années 70 et 80 a été de postuler que cette courbe était universellement valable, ce qui est tout bonnement inexact. De plus, des tendances plus récentes de la stratégie de concurrence telles que la concurrence basée sur le temps, la qualité totale et le reengineering prétendent à une universalité injustifiée dont le danger réside dans l'importance disproportionnée attribuée à un facteur unique (voir Porter 1994). Il convient de bien étudier les paramètres concurrentiels pour déterminer au cas par cas ceux qui sont décisifs. Fréquemment, le paramètre clé ne sera ni le temps, ni le coût, ni aucun autre facteur unique. En général, tout l'art de la stratégie concurrentielle consiste à faire plusieurs choses un peu mieux et non une chose beaucoup mieux.

8

LES PARTENAIRES

L'homme fort est plus puissant quand il est seul.
Friedrich von Schiller

Outre les clients et les concurrents, d'autres catégories de partenaires potentiels jouent un rôle dans l'excellence des champions cachés de la performance. Les fournisseurs sont tout aussi importants que les alliances stratégiques et autres types de coopération. Nous envisagerons d'abord la sous-traitance (*outsourcing*), qui, comme les alliances stratégiques, fait souvent figure de panacée. Ni l'une ni les autres ne retiennent beaucoup l'attention des champions cachés. Ils préfèrent conserver une maîtrise en profondeur de leur production et assurer leur propre R & D. Ils ont même tendance à s'implanter seuls sur les marchés étrangers, en se fiant à leurs propres forces plutôt que de s'imaginer qu'une intervention extérieure résoudra leurs problèmes.

Mais ce ne sont pas des solitaires.

Ils sont entourés par leurs fournisseurs, leurs clients, leurs contextes locaux et des entreprises extérieures à leur secteur particulier, tous contribuant à les pousser vers leurs réussites hors du commun. Bien qu'il ne soit guère explicable et pas du tout mesurable, cet environnement joue un rôle presque invisible beaucoup plus important qu'un observateur extérieur ne le croirait.

Comment expliquer sinon que l'on trouve plusieurs champions secrets dans une même petite ville? De temps en temps, un nouveau venu décide de prendre modèle sur l'un d'eux et entre lui-même dans ce groupe d'élite.

Toutes les entreprises devraient être conscientes de l'importance de ces forces et essayer d'en tirer parti ou de se ménager des conditions favorables.

Autosuffisance

Les champions cachés de la performance se battent pour conserver le travail chez eux. Leur chiffre d'affaires comprend en moyenne 50 % de valeur ajoutée, niveau étonnamment élevé pour des entreprises industrielles modernes. (La valeur ajoutée est ce qu'une entreprise ajoute à la valeur des matières et services achetés, c'est-à-dire la somme de ses salaires, impôts, frais financiers et profits.) La valeur ajoutée annuelle par salarié des entreprises de notre échantillon s'élève à 132 653 marks, ce qui est très élevé en tout état de cause. Selon une étude sur l'industrie allemande de la machine-outil (Rommel *et al.* 1995) la valeur ajoutée annuelle moyenne par salarié ne serait que de 103 000 marks.

L'autosuffisance est particulièrement prononcée dans la fabrication et la R & D. La profondeur moyenne de la fabrication (le pourcentage du travail de fabrication total réalisé en interne) est de 57 %. Un quart des champions cachés dépassent même 70 %. Un quart seulement se situe au-dessous de 40 %, niveau qui fait figure de limite supérieure pour les entreprises de production « allégée ». Et 69,2 % des firmes de l'échantillon disent qu'une grande profondeur de fabrication est importante ou très importante pour elles. Parmi douze phrases sur les questions institutionnelles, la formule « Notre profondeur de fabrication est inférieure à celle de nos concurrents » est celle qui a obtenu le plus faible taux d'approbation, la formule « Nous essayons de sous-traiter autant que possible » venant seulement deux rangs plus haut. Cette recherche d'autosuffisance dans la production reflète une foi dans la spécialisation et la concentration. Aux yeux des champions cachés, l'importance critique de la qualité du produit, avantage concurrentiel primordial (voir chapitre 7) ne permet pas de sous-traiter la production des composants clés. Pour protéger à la fois leurs avantages concurrentiels et leurs compétences centrales, ils préfèrent conserver chez eux ces activités, même si cela peut être un handicap sur le plan des coûts. S'ils ont le choix entre fabriquer et acheter, ils choisissent généralement de fabriquer.

Heidelberger Druckmashinen, leader mondial des machines d'impression offset, est un cas typique à cet égard. La société possède encore sa propre fonderie, car ses dirigeants sont convaincus que la qualité et la précision extrêmes exigées de ses produits ne pourraient être atteintes si elle n'exerçait pas le contrôle le plus étroit sur ses procédés de fabrication. Sans doute sacrifie-t-elle ainsi quelques économies d'échelle possibles avec la sous-traitance, mais elle considère la qualité comme plus importante que le coût. On trouve le même genre de raisonnement chez Miele. Cet important constructeur de lave-linge et de lave-vaisselle haut de gamme affiche des valeurs identiques. « Miele fabrique autant de composants que possible, de préférence à l'intérieur d'une petite région où les ouvriers sont solidement enracinés, et cela ne changera pas de sitôt », écrivait le *Frankfurter Allgemeine* (1995). Au cours d'un entretien privé, le Dr Peter Zinkann, PDG de Miele, nous a indiqué que cette attitude s'applique aux compétences centrales, non aux compétences périphériques. Et l'on dit de Braun, filiale de Gillette, leader sur le marché mondial pour quatre de ses six activités, qu'il « fabrique à peu près tout ce qu'il lui faut, jusqu'aux machines spéciales de ses ateliers et aux minuscules vis de ses rasoirs. L'entreprise considère que ses exigences de qualité sont extrêmement élevées et qu'elle ne pourrait se procurer cette qualité à un prix raisonnable sur le marché » (« Ein echter Braun wird mit Nüssen und Kirschkernen beschossen » 1995).

Mercedes-Benz adopte une attitude similaire pour des composants critiques. Sa division camions, leader mondial des véhicules lourds, est le seul constructeur automobile allemand qui possède sa propre fonderie pour produire ses essieux, culasses et carters. Fondateur d'ASB Grünland, leader mondial du terreau pour plantes en pots, Helmut Aurenz est également partisan d'une maîtrise totale de la production. Insatisfait des emballages offerts sur le marché, il s'est mis à produire et imprimer les siens. Sa devise est : « Vous ne pouvez faire pleinement confiance qu'à ce que vous fabriquez chez vous. » D'autres champions cachés lui font écho. Chez un fabricant d'équipements de construction, un manager explique :

> Chaque fois que possible, nous conservons le travail à l'intérieur de l'entreprise. Je recherche le prix d'un composant sur le marché, puis je mets mes collaborateurs au défi de le produire pour un coût égal ou inférieur. D'ordinaire, ils y parviennent et je peux alors être certain de sa qualité. Nous avons réellement horreur de laisser quelqu'un d'autre faire le travail.

Ceux des champions cachés qui avaient eu tendance à sous-traiter davantage ces dernières années sont en train de reconsidérer leur position. Le directeur général de l'une d'eux, constructeur de machines spéciales, décrivait ainsi ses réflexions à fin 1995 :

> A la fin des années 80, nous avions un PDG qui s'efforçait de sous-traiter à peu près tout. C'était à mon avis une grosse erreur. J'essaie à

présent de rapatrier autant de travail que possible, car la sous-traitance a rendu nos processus très complexes, particulièrement dans la R & D. Nous avons aussi été confrontés à de sérieux problèmes de qualité, mais notre confiance en nous croissante nous a conduits à réviser nos positions en défaveur de la sous-traitance. A quoi sommes-nous bons si nous ne sommes pas capables de fabriquer des pistons et des vilebrequins de la meilleure qualité au même coût que d'autres fournisseurs du marché?

La sous-traitance peut poser du côté des clients un problème largement sous-estimé. Un champion caché du secteur électrique explique :

> Nos clients sont bien conscients que tous les acteurs en présence utilisent les mêmes composants des mêmes fournisseurs. Ils ne trouvent donc pas normal de payer nos produits cher s'ils sont tellement semblables aux autres. En fin de compte, seuls diffèrent l'assemblage et l'apparence extérieure. Non, nous devons absolument avoir des composants de base exclusifs, présents dans nos produits et dans ceux de personne d'autre.

La sous-traitance de sous-ensembles complets est actuellement en vogue. Au lieu d'acheter des composants isolés et de les assembler au sein d'un système ou d'un sous-système, on demande au fournisseur de livrer le sous-ensemble complet. Cette formule limite le nombre de fournisseurs et de pièces détachées, déplace la responsabilité globale vers le fournisseur et est généralement économique. Particulièrement fréquente chez les constructeurs automobiles, elle intéresse aussi de plus en plus les fabricants d'équipements industriels. Mais elle peut engendrer de nouveaux problèmes, comme l'ont découvert certaines firmes de notre échantillon. Un important fabricant d'équipements pour l'industrie alimentaire a transféré à ses fournisseurs des savoir-faire essentiels en leur demandant de produire divers sous-ensembles. Pendant quelque temps, tout se passa très bien, les économies de coût étaient substantielles. Puis plusieurs fournisseurs, forts des compétences acquises, commencèrent à vendre leurs sous-ensembles directement aux industriels de l'agro-alimentaire. Notre champion caché était allé au-devant de sérieuses difficulté en formant ses propres concurrents. Il a renoncé à sous-traiter la confection de sous-ensembles et s'efforce de retrouver le chiffre d'affaires qu'il réalisait avec ses équipements complets.

L'hostilité à la sous-traitance ne se limite pas aux composants des produits : elle porte aussi sur une étape encore plus précoce de la création de valeur. Beaucoup de champions cachés préfèrent fabriquer leurs propres machines de production ce qui, là encore, se justifie difficilement par des raisons de coût. Aussi s'agit-il moins de conserver de la valeur ajoutée en interne que de protéger le savoir-faire de l'entreprise en matière de production. « À peu près 10 % de notre effectif travaille dans notre atelier de mécanique, qui est sévèrement gardé, assure Friedrich Hoppe, président de Hoppe, leader du marché européen des fermetures pour portes et fenêtres. Nous concevons et nous fabriquons nos propres machines et nous ne les vendons à personne. Elles renferment des compétences inégalées. »

Le jour où Heinz Hankammer, fondateur et PDG des filtres à eau Brita, m'a fait visiter son usine, nous sommes passés par l'atelier de mécanique. « Pourquoi quelqu'un pourrait-il construire ces machines mieux que nous ? demanda-t-il. Brita est le leader du marché mondial parce qu'il a un produit exclusif fabriqué sur des machines exclusives. » Haribo, leader mondial des oursons en gélatine, qui conçoit et construit ses propres machines, préfère ne pas les montrer aux visiteurs. Il en va de même pour les courroies tissées Schlatterer, utilisées dans les machines à cigarettes. Schlatterer, qui détient 70 à 75 % du marché mondial, produit en interne tout ce dont il a besoin. Comme personne d'autre ne construit les équipements de tissage qui lui sont nécessaires, il s'en charge lui-même, en remplaçant ses machines tous les trois ans par des modèles plus avancés.

Il me semble que la mise au point et la production des machines en interne sert aussi à conserver et à motiver des ingénieurs et techniciens de haut niveau. J'ai l'impression que les salariés les plus capables de ces entreprises sont en général affectés à ces services plutôt qu'aux tâches routinières de fabrication du produit final. L'avantage concurrentiel des champions cachés n'est pas seulement dû à un meilleur produit, usiné sur des machines construites par un tiers que n'importe quel producteur pourrait acheter. L'avantage des firmes de notre échantillon trouve ses racines dans leur aptitude à développer et à fabriquer un équipement correspondant exclusivement à leurs besoins et inaccessible à leurs concurrents.

« Dans certains pays, des concurrents tentent d'imiter nos produits, souligne ainsi Jürgen Nussbaum, directeur de Sachtler, leader mondial des trépieds professionnels pour appareils de prise de vue. Mais ils n'y arrivent pas, car ils n'ont pas les mêmes outils. Nous fabriquons nos propres outils, non disponibles sur le marché. C'est notre meilleure protection contre le piratage ». Vue sous cet angle, la question de la profondeur de la fabrication prend un sens tout différent : elle devient une pierre angulaire essentielle dans une stratégie concurrentielle de différenciation. L'avantage réside principalement dans la capacité à se procurer en interne un élément d'équipement non reproductible, de sorte que le processus de création de valeur commence à une phase plus précoce, exclusive, et ne se limite pas à la fabrication du produit fini.

Cette réflexion peut être directement transposée à la R & D, où l'autosuffisance des champions cachés est encore plus prononcée que dans la production. À 82 %, les sociétés interrogées nous ont dit qu'elles s'efforçaient de pousser la R & D très en profondeur, et cela pour deux raisons. D'abord, leur spécialisation les oblige à prendre en charge leur propre travail de recherche. Personne d'autre n'est assez spécialisé pour leur apporter quoi que ce soit d'intéressant. Ensuite, ces firmes sont extrêmement sensibles à la protection de leur savoir particulier. Le PDG d'un grand fournisseur de l'industrie du meuble raconte ainsi son expérience : « Il nous est arrivé une fois de participer à un accord de R & D en coopération avec une autre société. Cela nous a très peu appris, alors que notre partenaire a obtenu de nous beaucoup d'informations. Depuis lors, notre R & D indépendante est une activité absolument secrète. C'est le seul moyen pour protéger notre savoir-faire exceptionnel. » J'ai entendu des dizaines de remarques similaires chez les champions cachés.

Bien entendu, le refus de la sous-traitance comporte aussi des risques sérieux. Si les paramètres de coût et de prix deviennent plus importants face à la concurrence, et que la sous-traitance permet des économies d'échelle, cette attitude doit être reconsidérée. Beaucoup de firmes de notre échantillon ont augmenté la part de la valeur ajoutée qu'elles sous-traitent. La sous-traitance et la R & D, comme tout autre question, ne doivent pas être considérées de manière unilatérale ou dogmatique. Trop s'appuyer sur ses propres forces peut devenir une faiblesse s'il est impossible ou trop long de développer en interne les compétences exigées par une nouvelle technologie. D'un autre côté, si la R & D – qui est une compétence centrale dans la plupart des entreprises – s'achète librement sur le marché, il est peu probable qu'elle puisse être un avantage concurrentiel, puisque tout le monde y a accès. La littérature sur la sous-traitance, trop étroitement axée sur les coûts, néglige les effets de la différenciation concurrentielle. Les champions cachés nous enseignent que cette analyse est incomplète et qu'il faut considérer la question de manière plus globale.

Si les champions cachés voient d'un mauvais œil la sous-traitance d'activités essentielles comme la fabrication et la R & D, ils lui redeviennent presque favorables et y recourent largement pour des éléments moins importants. Alors que les grandes entreprises visent souvent l'autarcie dans des domaines périphériques comme les questions juridiques, la comptabilité et d'autres services, la grande majorité des champions cachés les confient à des fournisseurs extérieurs. Leur argument habituel est qu'ils n'ont pas les moyens de se payer de tels départements générateurs de coûts fixes. Mais je crois que ce n'est pas tout, et là encore je soupçonne un arbitrage entre coût et qualité. Interrogés à ce sujet, les représentants de grandes entreprises sont généralement capables de démontrer qu'il leur coûte moins cher d'avoir leurs propres fiscalistes, juristes et consultants internes, même en tenant compte du fait que les coûts deviennent alors fixes. Mais ils parlent rarement de la qualité, ce qui peut se comprendre, puisqu'il est difficile de mesurer les différences de qualité entre fournisseurs internes et externes de services complexes. Les champions cachés voient cette question différemment.

Le PDG d'une société de négoce explique ainsi sa position, assez représentative :

> Nous sous-traitons toutes les fonctions non centrales comme les questions juridiques et fiscales ou les relations publiques. Nous tenons à ce que notre entreprise reste très légère dans ces domaines, et nous avons horreur des coûts fixes. De plus, je suis convaincu que nous obtenons une qualité de service bien supérieure à celle que nous pourrions avoir en interne. Pourquoi un fin juriste, un excellent fiscaliste ou tout autre expert travaillerait-il chez nous comme salarié? S'il est vraiment excellent, il peut gagner bien plus d'argent comme indépendant ou comme associé dans un cabinet spécialisé. Je pense que les grandes entreprises se font énormément d'illusions si elles s'imaginent pouvoir recruter les meilleurs collaborateurs dans ces domaines. La sous-traitance est la seule manière d'acheter les meilleures compétences dans les activités non centrales. Une fois qu'une entreprise a trouvé un excellent consultant externe, elle doit établir une relation permanente avec lui. Le consultant acquerra graduellement les connaissances d'un expert interne tout en demeurant obligé de faire constamment la preuve qu'il reste l'un des meilleurs, puisqu'il n'est pas un salarié permanent.

D'après mon expérience auprès de grands groupes aussi bien que de champions cachés, je suis d'accord avec cette remarque. Les fournisseurs de services sophistiqués auxquels s'adressent les firmes de notre échantillon font souvent mieux que les services internes de grandes entreprises. Il est probablement vrai que les grandes entreprises doivent disposer en interne de certains services périphériques; pour les champions cachés en revanche, l'expérience donne à penser que la décision de sous-traiter dans ces domaines ne doit pas se limiter à l'aspect coût mais inclut aussi l'aspect qualité.

Intégrateurs de systèmes

À première vue, certains champions cachés sont de gros utilisateurs de sous-traitance, ce qui contredirait mes affirmations précédentes. Parfois, leur valeur ajoutée ne dépasse pas 15 ou 20 % de leur chiffre d'affaires. Dürr et Brückner appartiennent à cette catégorie. Tous deux construisent de grandes usines, le premier pour l'industrie automobile, le second pour l'industrie chimique. Leur taux de sous-traitance ne contredit pas mes observations, car ces sociétés sont essentiellement des intégrateurs de systèmes plutôt que des industriels. Leurs compétences centrales résident dans l'intégration de systèmes hautement complexes, la gestion de projet et l'ingénierie.

Brückner, leader mondial de systèmes bi-axiaux d'étirement de films, est un exemple d'entreprise de ce type. Il réalise un chiffre d'affaires de 120 millions de dollars avec 260 salariés seulement; son chiffre d'affaires par salarié, soit 461 538 dollars est extrêmement élevé pour une firme industrielle. La raison en est qu'il ne fabrique rien mais se limite à concevoir et réaliser les usines.

Le Dr Wolfgang Pinegger, président de Brückner, décrit ainsi son rôle :

> Nos compétences centrales consistent à concevoir des machines complexes, à trouver des fournisseurs pour le matériel, puis à tout assembler. C'est un travail extrêmement complexe. Nous ne sous-traitons pas vraiment, dans la mesure où nous ne sommes pas fabricants. Mais en matière d'intégration de systèmes, qui est le cœur de notre activité, nous ne sous-traitons rien. Nous protégeons avec grand soin notre savoir-faire. Nous détenons les brevets essentiels et nous avons renforcé notre position au cours des années de crise récentes.

Cette société est, elle aussi, un exemple de champion caché qui défend ses compétences centrales. Sous-traiter ne signifie pas la même chose pour les intégrateurs de systèmes et pour les industriels.

Alliances stratégiques

L'attitude négative des champions cachés envers la sous-traitance de leurs activités de base touche aussi les alliances stratégiques. La plupart d'entre eux souscrirait à ce qu'écrivait Michael Porter (1990b, 93) : « Faire des alliances une stratégie systématique, ce serait assurer la médiocrité d'une entreprise, non son leadership international. » Il est particulièrement difficile de savoir s'il vaut mieux aborder un marché étranger seul ou à travers une alliance stratégique. Selon Peter Drucker (1989), « pour les entreprises petites et moyennes, les alliances stratégiques deviennent de plus en plus la voie de l'internationalisation ». Mais cela ne s'applique pas aux champions cachés : 56,5 % d'entre eux disent que leur politique est d'agir seuls. Ces entreprises ne veulent pas d'intermédiaires entre elles et leurs clients. Elles ne sont que 23 % à dire que, en général, elles entrent sur les marchés étrangers avec un partenaire.

Le marché japonais fait exception. Les alliances sont beaucoup plus courantes au Japon que dans les autres pays, car c'est un marché difficile à pénétrer. De nombreux accords de coopération noués dans les années 60 se sont avérés très fructueux. Lenze, l'un des leaders mondiaux des petits engrenages, est en relations depuis le début des années 60 avec Miki Pulley, une entreprise japonaise de taille comparable. Cela lui a permis de vendre ses produits au Japon. En contrepartie, il commercialise les produits Miki en Allemagne. Au cours des années, les familles dirigeantes ont noué des liens personnels étroits, au point par exemple de s'inviter réciproquement à leurs réceptions de mariage et d'anniversaire.

Trumpf, leader mondial des machines de coupe du métal en feuille, est entré sur le marché japonais au début des années 60 grâce à un distributeur japonais, avec lequel il a étroitement coopéré pendant plus de dix ans. Kreul, l'un des premiers fabricants mondiaux de hautbois de qualité, n'est entré sur le marché japonais que dans les années 80, en coopérant dès le départ avec un importateur japonais. Hans-Joachim Kreul, son propriétaire et PDG, souligne l'importance de la patience et des relations à long terme. Lui-même et son partenaire japonais coopèrent avec profit et se rendent mutuellement visite plusieurs fois par an pour cultiver leurs relations.

Mais même s'ils entrent sur des marchés étrangers avec des partenaires, la plupart des champions cachés préfèrent conserver l'entier contrôle de leurs opérations à long terme, comme Trumpf l'a fait en créant sa propre filiale au milieu des années 70. Le cas de BMW est particulièrement éclairant : son expansion réussie au Japon n'a commencé que lorsque la firme a pris le contrôle de son distributeur japonais au début des années 80. Un champion caché, fournisseur de l'industrie automobile, est entré sur de nombreux marchés étrangers grâce à des partenariats avec des entreprises locales. Mais au cours des années, il a régulièrement poursuivi une stratégie de prise de contrôle total et détient à présent à 100 % seize de ses dix-neuf filiales étrangères. C'est un phénomène ordinaire pour beaucoup de sociétés de notre échantillon.

Alors que les champions cachés sont des partenaires exigeants mais loyaux à l'occasion des transactions affectant la chaîne client-fournisseur normale, il est difficile de travailler avec eux au sein d'alliances stratégiques moins bien définies. Leur culture d'entreprise très particulière et leur style de management (voir chapitres 9 et 10) peuvent rendre problématique leur coopération avec des acteurs extérieurs. Jaloux de leurs précieuse indépendance, ils sont très exigeants vis-à-vis de leurs partenaires, dont ils attendent qu'ils respectent les mêmes normes de performance et les mêmes valeurs qu'eux. Leurs objectifs peuvent être incompatibles avec ceux de partenaires moins ambitieux (voir chapitre 2).

Je fais une distinction entre sociétés « amibes » et sociétés « barricadées ». Les premières ont un maximum de contacts avec des partenaires extérieurs, alors que les secondes se tiennent à l'écart des acteurs extérieurs qui ne sont ni des clients ni des fournisseurs et sont réservés à leur égard. La plupart des champions cachés appartiennent à la catégorie des « barricadées » et l'on pourrait dire d'eux ce qui a été dit de Mars, le géant des sucreries : « Mars a une stratégie solitaire et n'est pas porté au partage des idées ni aux alliances stratégiques » (Saporito 1994). On notera cependant que ni la culture barricadée ni la culture d'amibe n'est préférable en général. La prééminence de l'une ou de l'autre dépend de la situation particulière. L'observation selon laquelle les champions cachés inclinent vers une culture de type barricadé ne doit pas être prise pour une préconisation. Cette culture peut être dangereuse car les modifications de l'environnement lui échappent. En revanche, une culture d'amibe comporte le risque d'abandonner et de partager avec des tiers trop de savoir-faire.

Les champions cachés enseignent qu'il faut se méfier de l'illusion selon laquelle les alliances stratégiques peuvent résoudre des problèmes qu'une société ne parviendrait pas à démêler par elle-même. D'abord et principalement, toute entreprise devrait compter sur ses propres forces et se charger de réunir elle-même les compétences nécessaires pour se battre et prospérer sur un marché. Selon eux, les alliances stratégiques devraient être un dernier recours, non un premier choix.

Le tableau 8.1 résume les opinions des champions cachés sur la sous-traitance et les alliances stratégiques.

Tableau 8.1 – Attitudes des champions cachés de la performance
envers la sous-traitance et les alliances stratégiques.

Activité extérieure	Attitude des champions cachés de la performance
Sous-traitance de fabrication	Généralement négative, la qualité est plus importante que les coûts, particulièrement pour les composants clés et quelquefois les machines
Sous-traitance de la R & D	Négative, la R & D interne étant considérée comme critique pour la protection des compétences centrales
Sous-traitance d'activités périphériques	Positive, du fait de la variabilité du coût et de la qualité ; relations constantes avec les fournisseurs
Alliances stratégiques/Coopération	Généralement négative, préférence pour un contrôle complet, mentalité barricadée fréquente, particulièrement sur les marchés étrangers sauf le Japon

Ces attitudes s'écartent fortement des opinions le plus souvent avancées dans la littérature. Le management allégé et autres concepts similaires évoquent un large recours à la sous-traitance et aux alliances, mais cela tient souvent à une préoccupation excessive pour les coûts. Les effets sur la qualité, sur l'engagement envers un marché, sur la motivation des salariés, sur la préservation du savoir-faire et sur la différenciation sont rarement examinés en détail. Je n'affirme nullement que le scepticisme des champions cachés soit toujours justifié, car il peut assurément les mettre en danger de manquer des économies d'échelle ou des développements technologiques, ou encore de consacrer trop de temps à entrer sur un marché étranger. Ce que les champions secrets peuvent nous enseigner, c'est qu'il est bon de se méfier de la recherche de solutions chez d'autres plutôt que chez soi.

Les partenaires

Si l'analyse précédente peut faire penser que les champions cachés sont solitaires (ce qui est en grande partie vrai), de nombreux réseaux et contacts, formels ou informels, contribuent à leurs performances inhabituelles. Certains appartiennent à des groupes, des familles ou des agglomérations industrielles, d'autres se forment simplement sur la base de quelque réglementation.

Dans cette analyse, on se référera utilement au cadre des forces concurrentielles et de la situation contextuelle proposé par Porter (1985, 1990a). La figure 8.1 en donne un exemple simple. J'ai déjà évoqué plusieurs conditions contextuelles qui ont un effet sur les champions cachés. Le chapitre 4 a montré qu'ils fonctionnent dans un environnement à forte orientation internationale, ce qui favorise leur propre mondialisation. On a vu au chapitre 6 qu'ils bénéficient d'un environnement favorable à l'innovation technologique.

Le chapitre 7 a traité des stratégies concurrentielles en s'attachant à l'avantage concurrentiel ; sous cette perspective, les concurrents sont des adversaires. Mais dans le contexte de la figure 8.1, comme Porter (1990)

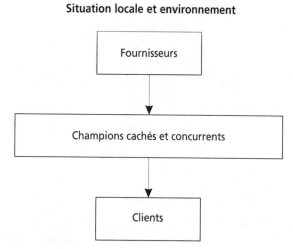

Figure 8.1 – Forces externes affectant les champions cachés.

l'a justement souligné, les concurrents sont aussi des *training partners* qui aident à rester en forme. Cela ne veut pas dire qu'il faille être en bons termes avec eux, et tel n'est généralement pas le cas. Mais des entreprises qui se font concurrence les unes aux autres ne peuvent se permettre de négliger d'améliorer continuellement leurs relations si elles veulent survivre. Leur rivalité est comparable à celle de deux athlètes de haut niveau. Tant que leur ambition demeure, même s'ils ne s'entraînent pas ensemble, ils se poussent mutuellement vers de nouveaux niveaux de performances.

Les relations de proche concurrence sont assez fréquentes parmi les champions cachés. Le tableau 8.2 donne une liste de sociétés dont le

Tableau 8.2 – Couples de champions cachés de la performance en concurrence directe.

Marché/Produit	Champions cachés concurrents	Situation et comportement concurrentiels
Produits de montage	Würth Berner	Würth est le numéro un incontesté avec une part de marché relative de 5 environ ; Berner, qui en est issu, est très agressif
Machines d'imprimerie offset	Heidelberg Roland	Concurrence intense depuis plus de cent ans
Systèmes d'embouteillage	KHS Krones	KHS est numéro un dans les installations complètes, Krones dans les machines à étiqueter ; concurrents acharnés
Amortisseurs à gaz, antivibrations	Stabilus Suspa	Chacun est numéro un sur certains sous-marchés
Chaînes industrielles	RUD Erlau	Concurrents acharnés pendant cent ans ; en 1988, RUD a pris le contrôle d'Erlau
Presses à double courroie pour chauffage et pressage en continu	Hymmen Held	Chacun est numéro un sur certains sous-marchés ; concurrence extrêmement acharnée et inamicale
Machines de brosserie	Zahoransky Ebser	Zahoransky nettement leader ; concurrence effrénée sur des sous-marchés
Crayons	Faber-Castell Staedtler-Mars	Faber-Castell a été fondé en 1761, Staedtler-Mars en 1835 ; polémiques sur le thème de l'ancienneté et de la réputation

concurrent le plus proche – et généralement le plus rude – est également voisin physiquement. Il arrive que le premier et le second mondiaux soient installés dans la même petite ville, comme Würth et Berner dans les produits de montage, tous deux implantés à Künzelsau, ou Zahoransky et Ebser, installés à Todtnau. Ces deux derniers sont leaders du marché mondial des machines de brosserie. Deux firmes leaders dans la vaisselle en céramique, Hutschenreuther et Rosenthal, sont implantées à Selb, près de la frontière tchèque.

Faber-Castell, numéro un mondial des crayons, et son concurrent le plus proche, Staedtler-Mars, se trouvent l'un et l'autre dans la région de Nuremberg. Ils se querellent fréquemment sur le thème de leur ancienneté respective. Faber-Castell a été fondé en 1761, Staedtler-Mars en 1835. En 1994, ce dernier a lancé une loterie pour célébrer le 333e anniversaire de la fabrication du premier crayon par Friedrich Staedtler, premier membre de la famille à embrasser le métier. Faber-Castell a vigoureusement contre-attaqué pour défendre son statut de société la plus ancienne. Le fait qu'en 1978 Staedtler ait acquis Eberhard Faber, société américaine fondée en 1904 par un renégat du clan Faber-Castell, n'a fait qu'envenimer le conflit. Un autre concurrent, Lyra Bleistift-Fabrik, à Nuremberg, fondé en 1806, se targue également d'une ancienneté supérieure à celle de Staedtler.

Au cours de mes entretiens avec les champions cachés de la performance, j'ai toujours abordé la question des concurrents les plus puissants, mais bon nombre de mes interlocuteurs ont refusé de s'étendre sur ce sujet. Mon impression est qu'ils n'entretiennent pas avec eux des rapports d'amitiés mais de forte concurrence, voire d'hostilité. Il me paraît certain en tout cas qu'ils s'obligent mutuellement à garder la forme. Albert Berner, ancien salarié de Würth, est le numéro deux mondial des produits de montage avec un chiffre d'affaires supérieur à 800 millions de marks. Il a publiquement annoncé son intention de franchir la barrière du milliard de marks en 1997. Bien entendu, la compétition entre Berner et Würth, dont le chiffre d'affaires est quatre fois supérieur, les pousse à se développer plus vite. Cela est vrai aussi de la plupart des autres couples de notre liste. Parfois, le combat se termine par une défaite ou une prise de contrôle, comme dans le cas de RUD. La guerre entre RUD et Erlau, principaux producteurs de chaînes et tous deux installés dans la ville d'Aalen, a duré près de cent ans. RUD a racheté Erlau en 1998, mais le nom de ce dernier a été maintenu.

On rencontre des configurations similaires dans d'autres pays. Les deux plus grands producteurs mondiaux de vins mousseux, Freixenet et Codorniu, sont implantés dans le même village espagnol. Ensemble, ils dominent une fraction importante du marché américain et européen de ces vins. À lui seul, Freixenet vend plus de bouteilles aux États-Unis que tous les producteurs de champagne français réunis. Selon le *Wall Street Journal,* ce succès « doit beaucoup à la chaude rivalité entre Freixenet et Codorniu » (1994). On trouve aussi des paires ou des groupes de concurrents dans la chaussure en Italie, l'horticulture aux Pays-Bas, le logiciel aux États-Unis, et partout où il y a des leaders mondiaux (voir aussi Porter 1990a).

Comme on l'a noté dans les chapitres précédents, les champions cachés ne considèrent pas que la concurrence se limite à une dimension régionale. Il semble néanmoins que la proximité d'un puissant concurrent ait un effet énorme sur la santé concurrentielle. Cela a une conséquence à première vue perverse. Il pourrait être meilleur pour une entreprise d'avoir auprès d'elle un concurrent fort plutôt qu'un concurrent faible. Comme dans une discipline sportive, l'athlète solitaire a moins de chance de décrocher la médaille d'or que celui qui s'entraîne en compagnie d'autres prétendants sérieux. Les meilleurs athlètes d'une discipline sont souvent réunis dans un même endroit. Cela est vrai aussi pour les entreprises. Mais la médaille a un revers. Dans une concurrence acharnée, une entreprise atteint les meilleurs niveaux ou s'effondre. Imprudemment menée (par exemple avec une guerre des prix), ce genre de concurrence peut être désastreuse pour les deux parties. Une concurrence étroite et dure, mais intelligente, semble être une bonne voie vers la domination du marché mondial.

Les relations verticales sont aussi une force importante pour le développement des champions cachés. Les clients de plusieurs de nos entreprises sont eux-mêmes leaders mondiaux sur leurs marchés. Ensemble, ils forment des paires verticales de champions cachés. Le leader des fabricants de gélatine, DGF Stoess, appartient à cette catégorie. Son plus important client est Haribo, plus gros utilisateur de gélatine mondial pour ses confiseries. Un autre client, dont le capital appartient en partie à DGF Stoess, est R.P. Scherer, plus important fabricant mondial de capsules de gélatine douce pour l'industrie pharmaceutique. DFG Stoess et R.P. Scherer sont tous deux implantés à Eberbach. Schlatterer, qui fabrique des courroies tissées spéciales pour la production de cigarettes, détenait 100 % du marché mondial en premier équipement et entre 90 et 95 % en remplacements. Il a grandi grâce à Hauni, leader des machines à cigarettes. « Nous n'avions pas besoin de vendre ou de faire du marketing, remarque Thomas Beckh chez Schlatterer, nous nous contentions de distribuer nos produits. Et comme notre capacité de production était insuffisante, nos délais de livraison étaient beaucoup trop longs ». Aujourd'hui, Schlatterer est pleinement engagé dans le marketing de ses produits et détient entre 70 et 75 % du marché mondial. Sa relation avec Hauni demeure fructueuse pour l'un et l'autre. Il en va de même pour Electrobau Mulfingen, l'un des leaders mondiaux des moteurs électriques spécialisés.

Koenig & Bauer, qui occupent environ 90 % du marché mondial des presses fiduciaires, et Giesecke & Devrient, numéro deux des services d'impression fiduciaire derrière De La Rue, forment aussi une paire de champions secrets verticaux. Wirtgen et SAT associent des compétences en machines et en services de recyclage. Il est difficile de surpasser de telles paires, qui mettent en commun leurs compétences, coopèrent en matière de R & D et sont capable de dresser des barrières à l'entrée supplémentaires. Pour que ces paires verticales réussissent, les deux partenaires doivent atteindre le plus haut niveau de performance. Personne ne fait montre d'indulgence à cet égard, car la relation est d'ordre commercial et non stratégique. Le fait que les deux partenaires aient des cultures d'entreprise similaires favorise la coopération.

L'idée selon laquelle des clients locaux puissants et exigeants sont un ingrédient essentiel pour aller vers l'excellence n'est pas neuve (voir Porter 1990a). De fait, des dizaines de champions cachés fournissent des secteurs dans lesquels l'Allemagne occupe une position internationale forte.

Le tableau 8.3 dresse la liste de certains d'entre eux, relevant de cinq industries choisies parce qu'elles se situent à des phases diverses de leur cycle international (Wells 1972). L'industrie automobile allemande était et demeure puissante et bien qu'elle ait perdu des parts de marché dans des pays comme les États-Unis, sa compétitivité ne semble pas menacée. La situation est différente pour l'industrie chimique, où les contraintes d'ordre écologique ont poussé les grandes entreprises allemandes à investir à l'étranger plutôt que dans leur propre pays. Les États-Unis sont désormais le plus important marché de Bayer AG et l'origine des appro-

Tableau 8.3 – Les champions cachés dans des industries situées
à des phases différentes de leur cycle international.

Industrie cliente	Champion caché fournisseur	Produit principal
Automobile	Weingarten, Schuler	Presses lourdes
	Gehring	Machines à aiguiser
	Kiekert	Serrures de portes
	Webasto	Toits ouvrants, chauffages auxiliaires
	Dürr	Ateliers de peinture
	Glyco	Anneaux glissants
	Hella	Équipement d'éclairage
Chimie	Uhe, Lurgi	Ingénierie chimique
	Barmag	Machines à fibres
	Brückner	Machines d'étirage biaxial de film
	Göttfert	Équipements de test rhéologiques
	Automatik-Apparate	Granulateurs par voie humide
Meuble	Weinig	Machines de moulage automatiques
	Hymmen, Held	Presses à double courroie
	Homag	Machines pour l'industrie du meuble
	Glunz, Hornitex, Pfeiderer	Matériaux à base de bois (mélaminé, aggloméré…)
	Hoppe	Poignées pour portes et fenêtres
	Siempelkamp	Presses hydrauliques pour aggloméré
Textile	Ehrardt & Leimer	Technologie de manipulation des tissus
	Karl Mayer	Machines raschel
	Grosse	Machines jacquard
	Helsa	Épaulettes
	Union Knopf	Boutons
	Groz-Beckert	Aiguilles
Électronique	Aixtron	Équipements pour films minces
	Convac	Équipements d'enduction pour CD
	Grohmann	Systèmes de montage pour l'électronique
	Leybold	Technologie du vide
	Wacker	Silicium
	Meissner & Wurst	Technologie des salles blanches

visionnements se déplace peu à peu de l'Allemagne vers d'autres pays. Ce mouvement, qui se déroule rapidement dans l'industrie du meuble, est très avancé dans l'industrie textile, dont beaucoup d'entreprises se sont déjà délocalisées vers des régions à bas salaires.

Pourtant, quelle que soit la répartition géographique actuelle de ces industries, nombre des champions cachés les plus forts conservent leur base en Allemagne. On peut en tirer deux leçons importantes. Première-ment, ils parviennent à conserver leurs clients même quand ceux-ci se déplacent ; deuxièmement, si les clients s'internationalisent, leur fournis-seur, pour conserver sa position, doit les suivre où qu'ils aillent. La proxi-mité peut jouer un rôle initial critique dans la conquête d'une position de leader, mais une fois celle-ci atteinte, l'entreprise doit être suffisam-ment flexible pour servir ses clients dans le monde entier.

Les champions cachés du meuble et du textile semblent avoir bien relevé ce défi, mais il en va de même dans des secteurs comme le papier, l'agro-alimentaire, la pharmacie, l'optique et même l'électronique. Jusqu'ici en tout cas, ces entreprises réussissent à défendre leur position de fournisseur bien que les industries clientes aient déserté leur territoire national. D'autres secteurs ne s'en tirent pas aussi bien. Le déclin de l'industrie de la chaussure en Allemagne a largement entraîné celui de leurs fournisseurs de machines, au profit des Italiens. Mais sur le long terme, un fournisseur peut se trouver obligé de délocaliser ses principales activités pour rester en contact avec ses clients qui se sont déplacés. Comme de nombreux secteurs se déplacent d'un pays à l'autre en fonction de l'évolu-tion des coûts comparés, des taux de change, des technologies et de la demande, leurs fournisseurs doivent en fin de compte devenir des acteurs réellement mondiaux, capables de livrer et de fonctionner n'importe où. Bien des champions cachés ont atteint un tel degré de mondialisation.

La vision verticale des firmes de notre échantillon donne à penser que faire équipe avec des clients d'élite, exigeants, est une bonne voie d'accès au leadership international. Une entreprise ne peut devenir et demeurer un leader mondial que si elle est disposée à satisfaire les exigences de ce genre de clients. Il est peut-être possible de parvenir à ce but à partir de son emplacement d'origine, mais si la proximité matérielle est impor-tante, comme cela semble être souvent le cas, la délocalisation des activi-tés de base est nécessaire. Certains champions cachés, par exemple Karl Mayer et Dürr, sont très avancés à cet égard.

Au-delà de la concurrence horizontale directe et de la relation verticale client-fournisseur, d'autres facteurs d'environnement affectent les champions cachés. Beaucoup d'entre eux fonctionnent dans un contexte favorable à l'apparition d'une mentalité propre à un secteur. Bien que la comparaison se justifie parfois, cela dépasse la notion des grappes sectorielles de Porter (1990). Plusieurs industries comptent de nombreux champions cachés qui ne sont ni concurrents directs ni fournisseurs les uns des autres. Ils semblent néanmoins profiter de l'existence des autres, qui composent leur secteur au sens large, comme le montre le tableau 8.4.

Tableau 8.4 – Industries comptant plusieurs champions cachés.

Industrie ou marché	Champion caché	Produit principal
Équipement sportif à hautes performances	Spieth	Appareils de gymnastique
	Sport-Berg	Disques, marteaux, poids
	Uhlmann	Barrières
	Germina	Skis de cross-country
	Carl Walther	Armes de sport
	Anschütz	Armes de sport
	BSW	Revêtements de sol sportifs
	Wige Data	Installations de chronométrage pour grandes manifestations sportives
Balances	Bizerba	Balances pour commerce de détail
	Söhnle	Balances de ménage et pèse-personne
	Sartorius	Balances de laboratoire, scientifiques
	Seca	Balances médicales
	Mettler-Toledo	Balances industrielles
Pompes	KSB	Pompes industrielles centrifuges
	Prominent	Pompes volumétriques
	ABS	Pompes immergées
	Putzmeister	Pompes à béton
	Schwing	Pompes à béton
Technologie laser	Rofin Sinar	Lasers industriels
	Trumpf	Machines à perforer le métal
	EOS	Prototypage rapide

Tableau 8.4 – Industries comptant plusieurs champions cachés. *(Suite)*

Industrie ou marché	Champion caché	Produit principal
Photo/Film	Cullmann	Trépieds
	Sennheiser	Écouteurs
	Neumann	Microphones à hautes performances, chaises pour caméra
	Arnold & Richter	Appareils 35 mm
	Sachtler	Trépieds de professionnels
Soudage	Cloos	Technologie du soudage
	LSG	Sources ioniques pour soudage/brasage
	Linde	Gaz pour soudage
Plantes/pépinières	Bruns	Pépinières
	von Ehren	Grands arbres vifs
	Dümmen	Plants de poinsettias
Produits de montage	EJOT	Joints à vis directs
	Würth	Produits de montage
	Berner	Produits de montage
	Böllhoff	Vis et écrous
	Fischerwerke	Chevilles
Livres	Kolbus	Machines de reliure
	Bamberger Kaliko	Textiles de reliure
	Heidelberger	Presses d'imprimerie
	Roland	Presses d'imprimerie

Les champions cachés qui forment ces groupes paraissent profiter de la position globale des secteurs. L'équipement sportif, par exemple, se prête à une étude des explications et des conséquences possibles. Il y a d'abord des causes fondées sur les ressources. Les athlètes de premier plan peuvent susciter une forte demande pour ces produits – Germina, un fabricant est-allemand de skis de cross-country à haute performance, était jadis le fournisseur de l'équipe d'Allemagne de l'Est. Si un sport est né à un endroit, il n'est pas étonnant que ses fournisseurs soient également là. Il n'est pas étonnant non plus que Fischer, leader mondial des skis, soit autrichien, ou que Gallagher, numéro un mondial des clôtures électriques pour bovins et ovins, vienne de Nouvelle-Zélande. Mais l'explication par les ressources ne suffit pas, car d'autres conditions paraissent également importantes. Un client international désireux d'acheter des équipements sportifs peut trouver plus commode de les acheter dans un endroit précis plutôt que dans plusieurs.

Souvent, des infrastructures complexes se développent autour de telles industries. L'entreprise qui désire participer à une foire-exposition sait que la plus importante pour l'équipement sportif est l'ISPO, qui a lieu en Allemagne. L'organisateur des Jeux Olympiques, qui, à côté des équipements sportifs, a d'énormes besoins en matière de tentes et de restauration, trouvera le leader mondial tout près de Francfort, où de toute manière il avait sans doute l'intention de faire des emplettes. Installé dans cette région, Röder Zeltsysteme est le plus grand loueur de tentes du monde et fournit régulièrement de grands événements comme les Jeux Olympiques. Outre l'ISPO, de nombreuses autres grandes foires-expositions ont lieu en Allemagne. La Hanover Messe est la plus grande foire mondiale pour les biens industriels, le CeBIT pour les technologies de l'information et leurs équipements. Les deux manifestations se déroulent à Hanovre, où se trouve le plus grand palais des expositions d'Allemagne. D'autres villes allemandes accueillent régulièrement d'importantes manifestations mondiales. Cologne est le site de vingt-cinq foires qui sont les plus importantes de leur type dans le monde. La présence de ces foires en Allemagne assure aux firmes locales un précieux atout : celui de pouvoir accéder facilement aux acteurs importants de leurs marchés respectifs. Inversement, la présence de firmes locales fortes contribue dans une grande mesure à expliquer la présence et l'importance de ces foires.

Les relations entre les ressources et la demande diffèrent selon les cas. Elles s'expliquent parfois par les accidents de l'histoire, comme dans le cas de Bâle, en Suisse. Cette ville est devenue une place forte de l'industrie chimique pour avoir, voici des siècles, ouvert ses portes aux alchimistes chassés d'autres régions. Quelles que soient les conditions précises des ressources ou de la demande pour qu'émerge un leadership dans une industrie, ce type d'environnement semble favoriser la conquête de positions mondiales dominantes. La Silicon Valley et les centres américains de biotechnologie en sont des exemples récents. Toute entreprise devrait être consciente du phénomène au moment de choisir son lieu d'implantation.

Indépendamment de la concentration sectorielle, le lieu peut aussi avoir d'autres effets sur l'apparition de champions secrets dans des industries totalement différentes. J'ai connu dans mon enfance un petit village de sept fermes. Presque tous les garçons de ma génération qui ont été élevés là ont créé leur entreprise, dans des secteurs très différents. Ils se sont mutuellement incités à entreprendre. L'existence de grappes de champions cachés n'a donc rien de très étonnant. Est-ce un accident si, juste en face de Wirtgen, leader mondial des machines de recyclage, on trouve JK Ergoline, numéro un des lits à U.V. professionnels ? Est-ce par hasard que sont nés à Künzenau non seulement Würth, première société de produits de montage, et son plus important concurrent, mais aussi Sigloch, l'une des plus grandes entreprises européennes de reliure ? Ou si Stihl et Kärcher, deux des champions cachés les plus combatifs, sont situés dans les villes voisines de Waiblinger et Winnenden, à côté de Stuttgart, d'où ils se surveillent étroitement l'un l'autre ?

Une énorme proportion de l'industrie mondiale de l'instrumentation chirurgicale est concentrée dans la région de Tuttlingen, au sud de l'Allemagne, où l'on trouve environ six cents producteurs. Partiellement concurrents, ils sont aussi complémentaires les uns des autres, car ce marché est extrêmement fragmenté. Si Aesculap est globalement leader mondial, Karl Storz est nettement en tête pour les instruments d'endoscopie.

Peu de champions cachés admettraient que ces relations et ces comparaisons ont influencé leur propre comportement. Mais les faits sont là ! Pour quelqu'un qui est suffisamment motivé, la réussite d'une entreprise dans son entourage est un défi et un modèle. C'est cet effet psychologique qu'évoque Georg Schmitt, de la société de recyclage routier SAT, quand il dit

> La réussite de mon ami Reinhard Wirtgen a été pour moi un vrai défi. Par rapport à lui, j'ai fait une erreur. Alors qu'il a créé sa propre entreprise après son apprentissage, à l'âge de dix-huit ans, j'ai commencé par faire des études avant de travailler dans une grande entreprise. Je n'ai créé ma propre entreprise qu'à quarante-cinq ans. Aujourd'hui, au bout de treize ans, aussi bien Reinhard que moi-même sommes leaders mondiaux sur notre marché, mais son chiffre d'affaires est quatre fois supérieur au mien.

Les champions cachés de la performance sont créés et animés par des entrepreneurs et la motivation est l'un des ingrédients essentiels de la création d'entreprise. Il n'est pas douteux que l'environnement économique a un effet important et que les champions cachés donnent naissance à d'autres champions cachés.

9

L'ÉQUIPE

Toujours plus de travail que d'hommes!

Les champions cachés de la performance aiment que leur culture d'entreprise soit forte et particulière. Leurs collaborateurs s'identifient aux objectifs et aux valeurs de l'entreprise plus intensément que ceux d'une entreprise moyenne. Leur forte motivation se traduit par un taux de démissions et de congés maladie nettement inférieur. Travaillant en équipe, ils tirent dans la même direction et gaspillent un minimum d'énergie en frictions internes. Les champions cachés de mon étude ne sont pas des employeurs commodes. Leurs normes sont exigeantes; ils ne tolèrent pas les médiocres et se débarrassent de ceux qui ne s'adaptent pas à leurs méthodes. Si de nouvelles recrues n'acceptent pas leur *modus operandi*, ils les renvoient sans tarder, considérant que cela fait partie de leur processus de sélection.

L'implantation rurale de la plupart de ces entreprises engendre une dépendance mutuelle entre employeur et salariés. Cela tend à favoriser un attachement à vie du salarié à l'entreprise et une souplesse de l'employeur dans les possibilités de formation continue et la polyvalence offertes aux travailleurs. La créativité des salariés est une source importante d'amélioration continue et les champions secrets semblent réussir à attirer et à conserver des collaborateurs qualifiés.

La performance

La culture d'entreprise des champions cachés privilégie la performance. Les deux tiers environ de ceux qui ont répondu à mon enquête attribuent leur réussite à leur équipe entière et à sa cohérence, un tiers seulement considérant qu'elle vient d'un accomplissement individuel; ce constat donne à penser que la culture d'équipe est dominante chez eux. Dans *Bâties pour durer*, Collins et Porras considèrent pareillement que le facteur clé de la réussite durable de leurs entreprises visionnaires est une culture d'entreprise quasi religieuse. Mais il semble que chez les champions cachés le dirigeant soit considéré comme un facteur plus important que chez les grandes entreprises étudiées par ces auteurs.

Les champions cachés comparent l'entreprise à un sport d'équipe comme le football ou le rugby, dans lequel les joueurs faibles pèsent sur les performances et sont donc inacceptables. Cette attitude n'est pas imposée de bas en haut par la hiérarchie mais fait partie du système de valeur de l'équipe. Dans ces circonstances, la surveillance des performances est d'ordre collectif ou social, et bien plus efficace qu'un contrôle formel. Les grandes entreprises disposent de systèmes institutionnalisés complexes, comme la mesure des temps et les primes de productivité, mais il est considéré comme un sport socialement acceptable de les contourner. C'est pourquoi beaucoup de grands groupes souffrent d'une tolérance excessive envers les éléments médiocres. Philips Electronic a été ébranlé par une crise grave au début des années 90. Selon Jan Timmer, arrivé alors à la direction générale et sauveteur de ce groupe géant, les problèmes de Philips étaient simplement dus à une trop grande tolérance envers les performances insuffisantes. Les entreprises de notre échantillon ne courent guère le même risque. Les tire-au-flanc sont expulsés.

Bien entendu, les petites entreprises ont un avantage structurel dans la mesure où elles peuvent détecter rapidement des performances insuffisantes. « Dans notre entreprise de quatre-vingts personnes, nous ne pouvons pas nous permettre d'avoir ne serait-ce que deux paresseux, remarque Annett Kurz chez Clean Concept. Comme nous n'avons aucun excédent de capacité, tout le monde doit remonter ses manches. Les flemmards peuvent passer inaperçus dans une grande société, mais pas dans une petite entreprise comme la nôtre, jamais. » Au cours de mes visites chez les champions cachés, j'ai pu observer le rythme du travail. Dans ces entreprises, les salariés se dévouent à leur tâche pendant tout leur temps de travail, car il se sentent obligés envers leur poste.

Cet aspect est extrêmement important. Ce PDG enfonce le clou :

> Nous avons toujours eu plus de travail que d'hommes pour le faire, et c'est bien ainsi. Non seulement, c'est bon pour la productivité, mais en réalité cela rend les gens heureux. S'ils n'étaient pas incités à travailler dur, ils se rabattraient sur des activités improductives comme la rédaction de mémos, les réunions, les travaux personnels. Les intrigues et les tracasse-

ries bureaucratiques qui sont la plaie des grandes entreprises sont évitables quand le travail est abondant.

Bien entendu, la relation entre charge de travail et capacité est une question délicate et l'exagération n'est pas de mise, mais un certain surplus de travail est un excellent moyen pour limiter les frictions internes, source de déperdition d'énergie. La loi de Parkinson ne s'applique que dans les entreprises qui ont plus d'hommes que de travail. Quand les salariés doivent s'inventer du travail pour paraître occupés, ils produisent peu de valeur ajoutée.

Dans ce contexte, il est essentiel que les gens sachent pourquoi ils travaillent et quelle est leur contribution au résultat final. C'est seulement alors qu'ils seront disposés à investir leur temps et leurs efforts. Grâce à une moindre division du travail, ce préalable à la motivation est plus facilement satisfait dans les petites entreprises que dans les grandes. En situation de croissance, un surplus de travail apparaît presque automatiquement, car la demande est toujours supérieure aux ressources internes. C'est pourquoi certains champions cachés s'efforcent par dessus tout de croître en permanence. « Nous devons croître pour demeurer productifs, disait un PDG. La croissance nous tient occupés et éveillés. Une entreprise est comme un arbre : le jour où elle s'arrête de grandir, elle commence à mourir. La croissance fait partie de notre culture. »

Mais croître conduit finalement à grossir, ce qui n'est pas sans danger. Bien des champions cachés ont du mal à conserver leur culture de petite entreprise parce qu'elles sont en train de devenir trop grandes. C'est un aspect de ce que Clifford (1973) appelait « les douleurs de croissance des sociétés qui franchissent un seuil ». Putzmeister, leader mondial des pompes à béton, en est un bon exemple. Karl Schlecht, son propriétaire et PDG, craint que son expansion ne fasse apparaître une bureaucratie centrale, que la réunionnite ne se développe et que les décisions ne demandent davantage de temps. Dès 1995, il a commencé à isoler différentes unités – pompes à béton, lavage d'avions, pompes industrielles – dans des entreprises fonctionnant comme autant de champions cachés indépendants. Hauni-Körber, leader mondial des machines à cigarettes, en a fait autant dès 1995 en se partageant en trois sociétés opérationnelles indépendantes : Hauni, spécialiste des machines à cigarette, PapTis, multiple leader mondial des équipements de traitement du papier, et Schleifring, constructeur de machines outils.

Il n'est pas facile de conserver une culture de performances dans une entreprise en croissance. Parmi les grands groupes actuels qui étaient autrefois de la taille d'un champion caché, rares sont ceux qui ont réussi à conserver les forces de leur jeunesse, et beaucoup ont succombé au syndrome de la grande entreprise. Il semble que la voie choisie par Putzmeister soit la bonne. Hewlett-Packard a réussi en appliquant un système comparable : ses unités généralement inférieures à mille personnes réussissent pour une bonne part à fonctionner comme de petites entreprises. W.L. Gore, Inc., fabricant du Gore-Tex, ce matériau semi-perméable utilisé notamment pour les vêtements de pluie, la médecine et l'isolation suit également cette démarche. Ses unités ne comportent pas plus de cent cinquante salariés, de sorte qu'au sein de chacune, tout le monde connaît tout le monde, les performances individuelles sont évidentes pour tous et la communication personnelle directe est efficace.

Découper les grands groupes en petites unités de type champion caché est une idée fascinante. Je ne parle pas seulement de divisions, qui restent ligotées par les bureaucraties de groupe, mais aussi de sociétés vraiment indépendantes. Le groupe chimique anglais ICI est du petit nombre de ceux qui ont choisi cette voie. En 1993, il s'est scindé en deux sociétés, Zeneca, pour les biotechnologies, et ICI, pour les activités industrielles. Il semble s'en trouver aussi bien que les « *baby Bells* » américaines, nées d'un désinvestissement d'AT&T en 1984. AT&T a annoncé en 1995 une nouvelle scission en trois sociétés indépendantes. D'autres grands groupes devraient envisager cette hypothèse, même si elle s'oppose au concept impérial habituel qui fait de la taille un but en soi et un indicateur du rang social des entreprises.

La culture de performance a un autre aspect : la disponibilité et la flexibilité des salariés concernant leur temps de travail. Alors que les grandes entreprises sont relativement peu souples, les champions cachés manifestent une force certaine à cet égard. La plupart de ceux que nous avons interrogés disent pouvoir mobiliser leurs troupes pour des heures supplémentaires, même sous un court préavis. Le Dr Wolfgang Pinegger, président de Brückner, premier constructeur mondial de machines d'étirage biaxial de films, explique ainsi la situation de son entreprise :

> Nos collaborateurs ne peuvent compter sur des journées de travail régulières de huit heures. Nous devons être plus flexibles et plus rapides. Par exemple, nous devons souvent voyager pendant le week-end, et ceux qui restent sur place ne considèrent pas que leur semaine de travail soit

nécessairement confinée entre le lundi et le vendredi. Nous sommes très exigeants, mais nous offrons davantage qu'une simple compensation financière.

Bien que Brückner n'ait pas trois cents salariés, l'entreprise possède sa propre crèche et des résidences de vacances pour son personnel dans les Caraïbes, entre autres. « C'est pendant les week-ends que nous avons doublé nos concurrents », insiste Reinhard Wirtgen. « Nous sommes en avion la nuit et au travail le jour », dit un PDG qui voyage à travers le monde à peu près la moitié de l'année. La rudesse des champions cachés s'étend à la disponibilité du personnel et à la flexibilité des horaires, exigences qui tiennent dont une place importante dans la sélection et la durée de présence des salariés.

La flexibilité est aussi nécessaire dans les affectations hiérarchiques et fonctionnelles des salariés. En 1992, Reinhold Würth s'est aperçu qu'il lui fallait augmenter considérablement sa force de vente, alors même que la récession lui interdisait d'accroître son effectif total. La seule solution était de déplacer massivement le personnel des services intérieurs vers la direction commerciale.

Pour récapituler, la culture d'entreprise des champions cachés est plutôt exigeante et privilégie les performances. Bien qu'elle puisse venir d'en haut, elle est acceptée et pratiquée par des salariés à l'esprit d'équipe, qui exercent un contrôle social plus efficace que n'importe quel règlement rigide. Ces firmes ont en général plus de travail que de personnel pour le réaliser. Cela les pousse à réclamer beaucoup de temps et de flexibilité à leurs salariés mais réduit les frottements et les conflits internes. Bien qu'il ne soit pas facile de travailler pour elles, c'est la motivation de leurs salariés qui les rend fortes.

Une implantation rurale

D'où vient cette motivation ? Hormis des facteurs évidents comme une claire focalisation, la proximité avec le résultat final et l'esprit d'équipe, leur localisation joue un rôle important. Rares sont les champions secrets qui ont leur siège dans des grandes villes comme Berlin, Francfort, Munich ou Düsseldorf. Seule Hambourg en héberge un nombre signifi-catif : Jungheinrich (équipements de logistique), Fielmann (lunetterie), Rothfos-Neumann (café vert), Eppendorf-Netheler-Hinz (produits médicaux), von Ehren (grands arbres vifs), Paul Binhold (aides pédagogiques en anatomie), etc. La grande majorité sont implantés dans des petites villes et des villages dont la plupart des gens ignorent jusqu'au nom. Chose intéressante, les sociétés japonaises préfèrent aussi installer leurs usines dans ce genre d'endroits plutôt que dans des grandes villes.

Les implantations rurales ont plusieurs effets importants. D'abord, comme ces entreprises sont d'ordinaire les seuls grands employeurs locaux, leurs salariés n'ont pas le choix. En contrepartie, elles ne disposent que d'un réservoir limité de travailleurs qualifiés et doivent donc s'en remettre à la fidélité de leurs salariés. Pour le meilleur ou pour le pire, ces conditions créent une dépendance mutuelle : l'employeur a besoin de ses salariés, les travailleurs ont besoin de ses emplois.

Né et élevé dans la même petite ville qu'eux, le propriétaire-dirigeant de l'entreprise entretient avec ses salariés des relations intimes impossibles dans les groupes des grandes agglomérations. Dans bien des cas, plusieurs générations d'une famille travaillent ou ont travaillé pour l'entreprise. Les managers cultivent cette proximité. En visitant des usines avec leur PDG, j'ai constaté non sans étonnement qu'ils connaissaient le nom de la plupart de leurs salariés, les appelaient souvent par leur prénom, les tutoyaient, ce qui est tout à fait inhabituel en Allemagne. Il est courant aussi que les propriétaires d'entreprise parrainent les clubs sportifs locaux, particulièrement les clubs de football, renforçant ainsi la popularité locale de l'entreprise. Une entreprise d'élite est souvent la fierté d'une petite ville. Tous ces facteurs contribuent à forger chez les salariés une motivation exceptionnellement forte.

De plus, les distractions sont rares dans les régions rurales. Klaus Grohmann, qui vise la clientèle des trente premières entreprises d'électronique du groupe, explique ainsi quel avantage il y trouve :

> Je viens de Düsseldorf, une grande ville, où se trouvait ma première entreprise. À l'époque, nous avions une affaire d'ingénierie qui réussissait dans le monde entier au service de l'industrie sidérurgique. Mais ce que nous faisons aujourd'hui pour l'industrie électronique serait impossible à Düsseldorf parce que nos meilleurs éléments y trouveraient trop de distractions. Nous avons besoin d'une profonde concentration, possible seulement dans un cadre paisible. J'ai décidé de m'installer dans la petite ville de Prüm, dans l'Eifel, près de la frontière belge, car je voulais créer un lien permanent entre les salariés et l'entreprise, et cela a fonctionné. Notre turnover est inférieur à 1 %, l'âge moyen de nos salariés est de trente ans et

nous ne perdons pas de temps dans les embouteillages. Nous vivons près des champs et des forêts et, quand nous rentrons chez nous, nous pouvons nous détendre. Nos salariés ont les moyens de devenir propriétaires, car les terrains sont bon marché. Nous avons un peu de mal à faire venir des gens des grandes villes, mais le problème n'est pas trop grave.

Là encore, cette attitude est typique de beaucoup de champions secrets, sinon de la plupart d'entre eux. Elle fait écho à ce que disait Livio de Simone, PDG de 3M à Minneapolis-St. Paul : « Nous sommes enracinés là, dans le Midwest – vous savez, le genre paysan » (Loeb 1995, 83). Les champions secrets, tout autour du monde, partagent cette conviction. Melroe, constructeur du célèbre mini-chargeur Bobcat, se trouve à Gwinner, dans le Dakota du Nord, c'est-à-dire nulle part. Le suédois Gambro, leader mondial des produits de soins rénaux, qui réalise près de 500 millions de dollars de chiffre d'affaires, a son siège dans la petite ville de Lund. Bénéteau, l'un des plus anciens constructeurs de bateaux de pêche français, est à présent le leader mondial des bateaux de plaisance. Il emploie quelque 1 100 personnes à l'écart des grandes villes, dans ses six sites de production autour de Saint-Hilaire-de-Riez. Freixenet et Codorniu, les deux plus grands producteurs mondiaux de vins mousseux, travaillent à partir d'un village espagnol, Sant Sadurni d'Anoìa. Deux sociétés suisses qui détiennent toutes deux environ 60 % de leur marché mondial respectif, se trouvent à proximité l'une de l'autre : Flytec, leader mondial des instruments de vol pour deltaplanes, et Uwatec, leader mondial des instruments de plongée sous-marine, sont installés dans un cadre de montagnes et de lacs près du village suisse de Hallwil.

Il y a tout lieu de prendre au sérieux ces ruraux-là. Pendant que les intelligents salariés urbains peuvent être attirés par les séductions de la grande ville, les hommes des champions cachés sont probablement en train d'imaginer de redoutables manœuvres concurrentielles au fond de leur retraite, y compris le week-end.

Qualification et apprentissage

Les facteurs clés de la concurrence internationale varient d'un marché à l'autre. Sur les marchés de masse, où il est essentiel de peser sur les coûts, l'aptitude à fabriquer au coût le plus bas possible, grâce à une main d'œuvre peu exigeante, s'avère une compétence centrale. Sur les marchés des champions cachés, où les paramètres les plus importants sont la qualité et le service, les compétences centrales sont la qualification de la main-d'œuvre et son aptitude à l'apprentissage. Sur les marchés avancés, la formation devient de plus en plus un avantage déterminant dans la concurrence internationale. Pour qu'un pays ait et conserve une formation concurrentielle du meilleur niveau, les possibilités de formation doivent être proposées non seulement à l'élite mais aussi à la masse des travailleurs.

Les champions cachés attachent une grande importance aux qualifications spécifiques à leur secteur dont bénéficient leurs collaborateurs. En moyenne, 8,5 % de leurs salariés sont titulaires d'un diplôme universitaire. Dans beaucoup d'entreprises, le pourcentage de salariés ayant bénéficié d'un niveau de formation supérieur est bien plus élevé. Parmi ses 250 collaborateurs, Aqua Signal, leader mondial des systèmes d'éclairage maritimes, dénombre cinquante ingénieurs. Chez Hauni/Körber, on compte 1 500 ingénieurs, soit près d'un quart des salariés. Vingt-deux pour cent des salariés de Trumpf détiennent un diplôme universitaire.

Mais dans une comparaison internationale, la formation des travailleurs est un facteur encore plus primordial. Dans les sociétés de notre échantillon, la quasi-totalité des salariés non titulaires de diplômes universitaires ont suivi une formation professionnelle. Ce système est l'un des piliers de la compétitivité allemande. Cette formation associant travaux pratiques et formation théorique se déroule sur trois ans et demi. L'expérience pratique, pendant laquelle l'apprenti reçoit un modeste salaire, est entièrement assurée par l'employeur. La partie théorique est prise en charge par des écoles publiques. Les deux facettes de l'apprentissage sont coordonnées par des conseils spéciaux, dans un partenariat privé-public unique au monde. La formation s'achève par un examen administré par les Chambres de commerce et d'industrie. Le Dr Gerhard Neumann, qui a dirigé pendant dix-sept ans le groupe motorisation aéronautique de General Electric (leader mondial des moteurs d'avion), considère que ses années d'apprentissage en Allemagne ont été la période de formation la plus importante de sa vie professionnelle, avant même ses études universitaires d'ingénieur. Les mieux notés accèdent à la phase de formation suivante, qui conduit au titre de *Meister* (maître, à ne pas confondre avec une maîtrise universitaire), qui suppose à nouveau travail pratique et études théoriques.

Les apprentis en formation professionnelle représentent 4,5 % de la main-d'œuvre des champions secrets. Si l'on rapporte ce pourcentage à leur effectif moyen, soit 735 personnes, chacun compte en moyenne trente-trois apprentis. Ajouté à la faible rotation du personnel, cela leur assure une source permanente de personnel qualifié.

À la fin des années 80, le système allemand de formation professionnelle a été critiqué à juste titre pour sa rigidité, son incapacité à suivre le rythme des évolutions technologiques. Réformé au début des années 90, il est à présent du meilleur niveau. Les centres de formation des années 80 n'étaient guère différents de ceux des années 60, mais ceux que j'ai visités récemment ressemblent à des laboratoires électroniques. Les établissements publics ont des problèmes, financiers surtout, pour se doter des équipements les plus récents, mais cette situation s'est elle-même améliorée. Les apprentis des champions secrets ont généralement reçu une bonne éducation de base avant de s'engager dans les programmes de formation. Chez Hymmen, leader mondial des presses à double courroie, la quasi-totalité des apprentis ont suivi les treize années obligatoires d'enseignement primaire et secondaire menant au diplôme de fin d'études. Il en va de même chez de nombreuses autres sociétés de notre échantillon.

Beaucoup de champions cachés de la performance, à l'instar de grands groupes comme Siemens, « exportent » vers leurs filiales étrangères des éléments de leur système de formation professionnelle. Stihl, numéro un mondial des tronçonneuses, utilise les concept allemands dans sa formation aux États-Unis et au Brésil. D'autres instituent des programmes d'échange étendus avec leurs filiales afin que leurs jeunes salariés, dans le monde entier, puissent acquérir un même fonds de connaissances. Même s'il est difficile de généraliser ce système de formation, toutes les entreprises peuvent apprendre des Allemands que la formation des salariés doués est un investissement rentable. À condition du moins que l'entreprise leur inspire une loyauté sincère.

Les champions cachés sont également actifs dans le parrainage de la formation continue. L'étude de Rommel *et al.* (1995) a montré que les société d'ingénierie mécanique qui réussissaient le mieux consacraient presque quatre fois plus d'argent que leurs concurrents (551 dollars au lieu de 150) à la formation de leurs salariés. Mais ces chiffres ne révèlent qu'une partie de ce qui se passe dans les petites entreprises, car la formation sur le tas y joue un plus grand rôle que les programmes formels. Des taux élevés d'innovation induisent un processus d'apprentissage continu quasi automatique. À la différence des grandes organisations, les petites entreprises prévoient rarement un budget de formation systématique, ce qui rend difficile la comparaison entre elles.

Un ingrédient important du processus d'apprentissage, qui défie toute traduction statistique, est la polyvalence. Comme on l'a noté dans les chapitre 5 et 6, les champions cachés montrent généralement une grande souplesse dans la répartition des postes entre leurs salariés. Winterhalter Gastronom impose à tous ses collaborateurs d'apprendre à tenir au moins un autre poste, et de préférence deux. Ils sont habitués à passer des postes de service aux postes de production et vice versa. Rommel *et al.* (1995) indique que de tels transferts sont à peu près quatre à cinq fois plus fréquents dans les sociétés qui réussissent.

La question de l'apprentissage collectif était couverte par mes entretiens. Mes interlocuteurs ne se plaignaient presque jamais de la mauvaise volonté ou de la lenteur de leurs équipes à cet égard, au contraire des grandes entreprises où c'est une attitude fréquente. Il se peut fort bien que les salariés des champions cachés se sentent moins en sécurité et éprouvent un besoin d'apprendre plus fort que leurs collègues d'autres sociétés. Ils sont conscients que la loi de la survie par l'apprentissage leur impose de s'adapter rapidement à l'évolution de l'environnement dans lequel ils travaillent et à en tenir compte dans leurs actes.

Mes interlocuteurs considèrent que leur supériorité concurrentielle repose aussi sur la présence d'une main-d'œuvre formée. Il est indispensable d'associer de nombreux facteurs de ce genre pour réussir face à la concurrence internationale.

La créativité des travailleurs

Toute entreprise devrait être constamment à la recherche de nouvelles idées sur l'augmentation de la productivité, la réduction des coûts, l'amélioration des produits et la réduction des délais. Tout le monde fait acte d'allégeance envers cette notion, mais peu d'entreprises font pleinement usage de la source la plus évidente et la plus proche d'amélioration : la créativité de leurs salariés. Les Japonais, avec le *kaizen*, leur système d'amélioration continue, l'exploitent bien mieux que les entreprises occidentales.

Le tableau 9.1 révèle de manière spectaculaire les différences entre l'Allemagne et les États-Unis d'une part et le Japon de l'autre. Ces calculs sont basés sur les statistiques de l'Institut allemand de l'entreprise (Deutsches Institut für Betriebswirtschaft). Les chiffres ne sont probablement pas totalement comparables d'un pays à l'autre, mais les différences sont si stupéfiantes que de légères erreurs de mesure n'ont sans doute pas grande importance.

Tableau 9.1 – Suggestions des salariés en Allemagne (1993), au Japon (1992) et aux États-Unis (1992).

	Allemagne	Japon	États-Unis
Suggestions pour 100 salariés	16	2 500	21
Prime moyenne par suggestion en US dollars	621	4,1	461
Coefficient de mise en application	39 %	86 %	35 %
Suggestions mises en application pour 100 salariés	6,2	2 150	7,4
Économie nette par suggestion appliquée, pour 100 salariés, en US dollars	2 609	139	
Économie nette par salarié, en US dollars	161	3 921	

Sources : Deutsches Institut for Betriebswirtschaft, diverses dates ; Informationsdienst des Instituts der Deutschen Wirtschaft, diverses dates ; Simon, Kucher & Partners, Strategy & Marketing Consultants, 1995.

Alors que sociétés allemandes et sociétés américaines sont comparables, avec respectivement avec seize et vingt et une suggestion pour cent salariés, les sociétés japonaises atteignent le niveau extraordinaire de 2 500 suggestions, soit 156 fois mieux que les sociétés allemandes et 119 fois mieux que les sociétés américaines. En Allemagne et aux États-Unis, seules 39 % et 35 % des suggestions respectivement sont mise en application, alors que le taux d'application est de 86 % au Japon. Ce qui importe en fin de compte est le montant net des économies par salarié. On ne dispose pas de chiffres américains dans ce domaine, mais ils sont sans doute comparable à ceux de l'Allemagne. Les Allemands réalisent 161 dollars net d'économie par salarié, les Japonais 3 921, soit un rapport stupéfiant de 1 à 24 !

Les données allemandes proviennent d'une enquête réalisée auprès de 245 entreprises de différents secteurs, dont dix-sept champions cachés. Ces derniers font sensiblement mieux que la moyenne des sociétés allemandes. Ils comptent en moyenne quarante-sept suggestions pour cent salariés au lieu de seize en moyenne, et les économies réalisées s'élèvent à 229 dollars par salarié au lieu de 161 dollars. Tout en étant sensiblement meilleurs que la moyenne des sociétés allemandes, ils restent donc loin derrière les Japonais. Mais les champions cachés, au moins ceux couverts par cette enquête, ne mobilisent assurément pas assez bien la créativité de leurs salariés. Deux sociétés allemandes ont prouvé que d'énormes augmentations étaient possibles : en 1993, l'unité Opel Eisenach GmbH de General Motors en Allemagne de l'Est a reçu 924 suggestions pour cent salariés et a réalisé 1 000 dollars d'économie par salarié ; en 1994, Porsche AG a obtenu 600 suggestions pour cent salariés et a fait 1,53 millions de dollars d'économies. En 1995, ce constructeur serait passé à 1 500 propositions pour cent salariés et 5,2 millions de dollars d'économies.

Je suis convaincu que les statistiques des champions cachés dans leur ensemble seraient meilleures que celles des dix-sept sociétés de cette enquête. La plupart des champions cachés, particulièrement les petits, n'ont pas mis en place de système formel de suggestions (lors d'une de mes enquêtes précédentes, seuls 12,8 % des sociétés interrogées en possédaient un). Ils refusent la bureaucratie inhérente à de tels systèmes. Au lieu de cela, comme pour le *kaizen* japonais, ils exigent et attendent de tous leurs salariés qu'ils s'engagent activement dans la recherche d'améliorations possibles, ce qui est à mes yeux préférable à un système formel. Trumpf, leader mondial des machines de perçage du métal en feuilles, demande à tous ses collaborateurs « de ressentir le besoin d'influencer les processus de la société et d'en être capable, et de faire preuve de créativité ».

Une seconde raison explique que les champions cachés ne recueillent pas un nombre de suggestions particulièrement remarquable : ils sont déjà exceptionnellement efficaces et productifs. Un jeune cadre, aujourd'hui chez un constructeur automobile, faisait l'observation suivante : « Dans cette entreprise, les ouvriers font de nombreuses suggestions, et il y a effectivement beaucoup à améliorer. Avant d'arriver ici, je travaillais chez un champion caché, où les suggestions applicables étaient nettement moins nombreuses, tout simplement parce que l'entreprise était si bonne qu'il y avait bien moins matière à amélioration. » C'est sans doute vrai aussi pour les améliorations de productivité. Chez la plupart des champions cachés de la performance, le nombre de suggestions n'est sans doute pas très remarquable, car le degré de productivité atteint est déjà élevé. On ne doit pas se laisser tromper par la seule évolution : il faut considérer le point de départ. Je me suis souvent aperçu que des gains de productivité impressionnants (tels que ceux évoqués par les textes sur le reengineering) se rapportaient principalement à des processus qui étaient auparavant extrêmement inefficaces.

En ce qui concerne le raisonnement créatif des travailleurs, on me permettra de reproduire une citation attribuée à Konosuke Matsushita [1], fondateur de Matsushita Electric Industrial Corporation, extraite d'une communication du professeur Philip Kotler :

> Nous allons gagner et l'Occident va perdre. Vous n'y pouvez pas grand chose, car les raisons de votre échec sont en vous. Vos firmes sont bâties selon le modèle taylorien, et pire, vos têtes aussi. Vos patrons réfléchissent pendant que les ouvriers manient le tournevis et vous êtes absolument convaincus que c'est la bonne façon de faire marcher une entreprise. Pour vous, l'essence du management est de faire circuler les idées de la tête des patrons aux mains des ouvriers.
>
> Nous avons dépassé le modèle taylorien. Nous savons que l'économie est devenue si complexe, la survie des entreprises si précaire dans un environnement de plus en plus imprévisible, concurrentiel et dangereux, que le maintien de l'existence des firmes dépend de la mobilisation quotidienne de chaque gramme d'intelligence.

Matsushita ne parlait certainement pas des champions cachés, sinon dans sa dernière phrase. Sur ce point, ils seraient pleinement d'accord avec lui. Ils ne sont probablement pas au meilleur niveau pour les procédures formelles et pourraient sans doute s'améliorer dans cette direction, mais autant que je puisse le dire d'après mon expérience, ils s'entendent vraiment bien à exploiter la créativité des travailleurs dans de nombreux domaines, grands ou petits.

Là encore, je souligne que toute entreprise doit s'efforcer d'exploiter tout le potentiel intellectuel de ses travailleurs. La plupart des entreprises possèdent de vastes gisements d'idées encore non exploitées. Bien que personne n'ait encore trouvé la formule magique, les champions cachés de la performance montrent que la motivation des salariés et l'intégration

---

1. N.D.T. On sait depuis 1987 que cette citation, très populaire, est en réalité un faux forgé par Hervé Séryex qui l'a révélé dans sa préface au livre de I. Orgogozo, puis confirmé en 1989 dans son ouvrage *Le zéro mépris*.

du raisonnement collectif dans le poste lui-même est sans doute préférable aux systèmes de suggestions.

Mittelstand

Les traits culturels des champions secrets décrits dans ce chapitre procèdent plus largement de la philosophie du *Mittelstand*, la classe moyenne. Le Mittelstand, qui englobe l'ensemble des petites et moyennes entreprises, évoque un réseau complexe de valeurs distinctes partagées par des milliers de firmes allemandes. Il tourne autour de valeurs comme l'aspiration à l'indépendance, la fascination pour la qualité et la qualité des relations sociales. Les grèves sont donc presque inconnues dans les sociétés de notre échantillon. RUD, le leader mondial des chaînes industrielles, décrit son usine comme un îlot de paix. Elle n'a pas connu une grève en cent vingt ans d'existence. En 1910, la société a d'elle-même créé une sorte de comité d'entreprise. D'une manière générale, l'Allemagne se situe toujours en bas de tableau quant aux statistiques des conflits sociaux et les champions cachés sont parmi les plus bas à cet égard. La moitié d'entre eux à peu près ont des programmes d'intéressement aux bénéfices et beaucoup organisent des clubs et des activités de loisir pour les salariés et leur famille. Mais je ne considère pas que ces traits soient uniques, parce que beaucoup d'autres entreprises, petites ou grandes, offrent des avantages comparables.

Au fond, la philosophie du Mittelstand est foncièrement traditionnelle et conservatrice. Elle considère qu'on doit procurer à ses clients de la valeur et de la qualité, le tout pour un prix juste. « Restez simple » est un thème récurrent. L'esprit du Mittelstand est sobre et peu attiré par les néologismes à la mode. Un sous-titre comme celui du *Tom Peters Seminar* de Tom Peters, « *Crazy Times Call for Crazy Organizations* » (qu'on pourrait traduire par « À folles époques, folles organisations ») n'inspire que des sarcasmes à leurs PDG. Ces entreprises et leur culture n'ont rien de spectaculaire. Leur réussite ne repose pas sur un unique atout majeur : elles se contentent de faire un millier de petites choses mieux que leurs concurrents.

Les valeurs du Mittelstand ne sont pas propres à l'Allemagne. Partout dans le monde, j'ai observé les mêmes attitudes chez les entreprises d'élite. À l'évidence, en matière de gestion, certains principes et valeurs transcendent le temps et l'espace ; toutes les entreprises seraient bien inspirées d'en tenir compte.

10

LES DIRIGEANTS

*Vous ne pouvez pas enflammer
si vous ne brûlez pas vous-même.*

S i je devais citer une force très caractéristique de tous les champions cachés, ce serait leurs dirigeants ou, plus exactement, l'activité et l'énergie inlassables de ceux-ci. Ils sont aussi différents les uns des autres que n'importe qui, mais tous sont pleins d'une force et d'un enthousiasme qui font avancer leur entreprise. La plupart sont hautement focalisés sur leur entreprise. La continuité de la direction est également un trait remarquable. Les dirigeants des champions cachés restent à la barre plus de vingt ans en moyenne. Leur style de direction est autoritaire en ce qui concerne les objectifs fondamentaux et les valeurs de base, participatif et décentralisateur en ce qui concerne le processus et les détails d'application. Le leadership est un ingrédient essentiel, que l'entreprise appartienne à une famille ou à un groupe important. Les grandes sociétés qui acquièrent un champion caché de la performance ont tout intérêt à le laisser poursuivre sur une voie qui a fait ses preuves si elles veulent pérenniser sa réussite.

Structures et impact

Dans les PME, la propriété et le pouvoir sont étroitement associés. Parmi les champions cachés, 76,5 appartiennent à des familles ou à un petit nombre de personnes et 2,4 % seulement à de grands groupes cotés au capital dispersé. Restent 21,1 % qui appartiennent à des groupes non cotés. La figure 10.1 résume la répartition du capital et la composition de la direction des sociétés familiales. Dans les autres, les dirigeants sont par définition des salariés.

Sur cinq sociétés familiales ou détenues par un petit nombre d'actionnaires, quatre comptent au moins l'un des propriétaires parmi leurs dirigeants.

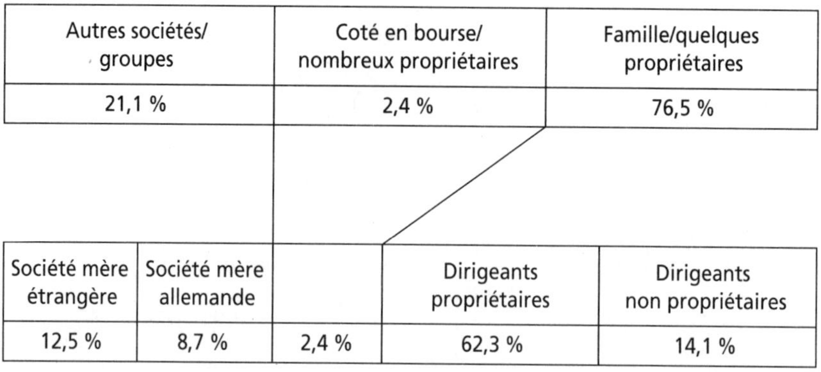

Autres sociétés/ groupes	Coté en bourse/ nombreux propriétaires	Famille/quelques propriétaires
21,1 %	2,4 %	76,5 %

Société mère étrangère	Société mère allemande		Dirigeants propriétaires	Dirigeants non propriétaires
12,5 %	8,7 %	2,4 %	62,3 %	14,1 %

Figure 10.1 – Propriété et structures de direction chez les champions cachés.

Globalement, on trouve des propriétaires dirigeants chez près des deux tiers des champions cachés (62,3 % pour être exact). La superposition du statut de propriétaire et de dirigeant leur confère naturellement une position forte. Dans près d'une société sur cinq, 17,6 %, cette position est encore renforcée du fait que le plus niveau de la hiérarchie est occupé par une seule personne.

Quant à leur formation, ces dirigeants se partagent presque également entre 49,1 % qui ont suivi une formation à la gestion, 38,6 % qui ont une formation technique ou scientifique et 5,3 % qui ont étudié les deux domaines. Mais beaucoup de dirigeants sont bien au fait de l'une et l'autre disciplines, car ils sont confrontés en permanence à des problèmes relevant de toutes les fonctions. La division du travail au niveau des dirigeants est bien moindre dans les petites entreprises que dans les grandes.

Il est intéressant de noter que les fondateurs de nombreux champions cachés n'ont pas bénéficié d'une formation universitaire. Hermann Kronseder (Krones, producteur de machines à étiqueter), Heinz Hankammer (filtres à eau Brita), Reinhard Wirtgen (machines de recyclage de voirie), Reinhold Würth (produits de montage) et des dizaines d'autres appartiennent à cette catégorie. Ils ont d'ordinaire suivi un apprentissage au cours duquel, grâce à leur talent naturel, ils ont acquis des connaissances techniques suffisantes et d'ordinaire excellentes. Le *Meister* Hermann Kronseder détient 151 brevets.

La formation reçue par les fondateurs des entreprises est en rapport étroit avec leur âge. La plupart de ceux qui ont créé une nouvelle organisation ou conduit une petite entreprise existante jusqu'à la première place sur leur marché mondial ont commencé jeunes. Würth avait dix-neuf ans lorsque son père est mort subitement, Wirtgen s'est lancé à dix-huit ans, tout comme Lothar Bopp, de LoBo Electronik, un leader des spectacles laser. Ceux qui ont attendu d'être plus âgés avant de fonder leur entreprise considèrent avoir fait une erreur. « J'ai eu tort de ne fonder ma propre entreprise qu'à quarante-cinq ans, affirme ainsi Georg Schmitt, de SAT, leader mondial du recyclage sur site des revêtements routiers. Si j'avais commencé plus tôt, comme l'a fait mon ami Reinhard Wirtgen, SAT serait bien plus grand aujourd'hui. »

L'âge du fondateur est un thème récurrent dans l'étude de l'origine des entreprises. Landrum (1993), qui étudie les dirigeants de sociétés innovantes comme Microsoft, Apple et Federal Express, constate que la plupart d'entre eux ont commencé à un très jeune âge et qu'un petit nombre, comme Steve Jobs chez Apple et Bill Gates chez Microsoft ont quitté l'université. Il en va de même pour les fondateurs des « sociétés visionnaires » étudiées par Collins et Porras (1994). William Hewlett et David Packard, par exemple, avaient l'un et l'autre vingt-six ans quand ils ont fondé Hewlett-Packard. J. Willard et Allie Marriott avaient respectivement vingt-six et vingt-deux ans, et Howard Johnson vingt-sept, quand ils ont fondé leur entreprise. Il y a des exceptions, mais l'énergie entrepreneuriale semble plus forte entre vingt et trente ans. On pourrait faire un rapprochement intéressant avec les découvertes de scientifiques de moins de trente ans, comme Einstein.

Ces caractéristiques d'âge et de comportement montrent qu'une formation universitaire de plus en plus longue pourrait nuire gravement au dynamisme et à l'ambition d'un créateur d'entreprise. En Allemagne, les études universitaires s'achèvent rarement avant vingt-cinq ans. Les étudiants qui entreprennent un doctorat de recherche, ce qui est très fréquent dans certains domaines, ne quitteront probablement leur université qu'après trente ans. Il est très possible que leur énergie entre-preneuriale soit alors épuisée. Leur optimisme réalisateur s'est évanoui. Ceux qui désirent s'engager dans la voie de la création d'entreprise devraient sérieusement envisager de raccourcir leur carrière académique ou de l'abandonner complètement. Les entrepreneurs sont le carburant de la croissance économique, et je constate qu'on manque plus aujourd'hui d'entrepreneurs susceptibles de devenir des champions secrets que de brillants universitaires.

Les champions cachés de la performance préfèrent que leurs dirigeants soient issus d'une promotion interne, 64,2 % des personnes ayant répondu à mon enquête approuvant ou approuvant fortement cette position. De la même manière, l'attitude concernant la sous-traitance observée dans les activités de base s'étend à la promotion et au développement des dirigeants. En revanche, seule une minorité considère que l'intégration de dirigeants venus de l'extérieur pose problème, ce avec quoi j'ai tendance à ne pas être d'accord. Mes observations confirment que leur culture d'entreprise très particulière rend l'entrée chez les champions secrets difficile pour des personnes venant de l'extérieur, sauf si elles arrivent d'une entreprise à la culture similaire. Plus la culture d'entreprise est forte, plus il devient difficile pour quelqu'un déjà bien avancé dans sa carrière de s'adapter à une nouvelle. Beaucoup des personnes que j'ai interrogées ont confirmé que les meilleurs leaders futurs grandissaient dans leur propre culture d'entreprise.

La personnalité du leader à la tête de l'entreprise est considérée comme une force par 73,9 % des personnes interrogées, et la continuité du pouvoir obtient un taux d'accord encore plus élevé, 79,8 %. Ces remarques directes sont confirmées par une régression multiple à travers laquelle nous avons essayé d'expliquer la réussite globale des entreprises, telle que définie au chapitre 1, par des variables indépendantes liées aux ressources internes, le leadership, le professionnalisme de l'encadrement, la qualification des salariés ainsi que la rapidité et la flexibilité. (Des variables externes ont aussi été incluses, mais elles n'ont pas d'intérêt ici.) Ces quatre variables internes se sont avérées avoir une influence significative sur la réussite. Celle qui exerce l'effet le plus fort est le leadership, mais le professionnalisme de l'encadrement est presque aussi important. Ce constat remarquable est totalement cohérent avec mes observations subjectives : les dirigeants des champions secrets qui réussissent le mieux sont à la fois des leaders forts et de bons professionnels. Le leadership et le professionnalisme de l'encadrement ne sont pas exclusifs mais complémentaires. Ces personnalités hors pair associent l'énergie, la motivation et la clairvoyance à des qualités techniques, méthodiques et instrumentales. Reinhold Würth distingue ces deux aspects quand il parle de « culture du leadership » et de « technique du leadership ». Un bon leader doit maîtriser les deux. Selon Würth, le trait culturel est plus rare que le trait technique, et la réunion des deux est très rare.

Les équipes de direction

Dans la plupart des entreprises ayant un leader unique, c'est le fondateur qui occupe cette position. À la seconde génération, les champions cachés de la performance sont d'ordinaire dirigés par des équipes. Globalement, la grande majorité des sociétés de l'échantillon, 82,4 %, sont dirigées par une équipe comportant jusqu'à cinq membres. Il est intéressant de se pencher sur la composition de ces équipes, où l'on trouve toutes les variantes possibles des associations famille/hors famille. Le tableau 10.1 fait apparaître plusieurs tendances.

Tableau 10.1 – Les dirigeants des champions cachés de la performance.

Structure dirigeante	Exemples			
	Société	Création	Produit principal	Dirigeants
Un fondateur-dirigeant	Brita	1966	Filtres à eau	Heinz Hankammer
	SAT	1982	Recyclage de voirie	Georg Schmidt
	Grohmann Engineering	1982	Systèmes de montage électronique	Klaus Grohmann
Plusieurs fondateurs-dirigeants	Interface	1983	Serrures pour lecteurs de disques	Rainer et Jürgen Wieshoff
	SAP	1972	Applications client/serveur	Dietmar Hopp, Hasso Plattner, Hans-Werner Hector et Klaus Tschira
Famille sur plus d'une génération	Hoppe	1952	Quincaillerie pour portes et fenêtres	Friedrich Hoppe (fondateur), Wolf et Christophe Hoppe
	Reflecta	1967	Projecteurs pour diapositives	G. Junge et sa femme, leur fille et leur gendre
	Sandler	1879	Intissé	Christian Heinrich Sandler, Dr Christian Heinrich Sandler

Tableau 10.1 – Les dirigeants des champions cachés de la performance. *(Suite)*

Structure dirigeante	Exemples			
	Société	Création	Produit principal	Dirigeants
Famille, deuxième génération	Stihl	1896	Tronçonneuses thermiques	Hans-Peter Stihl, Eva Mayr-Sthihl, Robert Mayr
	Haribo	1920	Confiserie	Dr Hans et Paul Riegel
	AL-KO	1931	Châssis de caravanes	Herbert, Kurt et Willy Kober
Mixte famille - hors famille	Binhold	1948	Matériel pédagogique en anatomie	Paul Binhold, sa fille et son gendre, Otto H. Gies
	Krones	1951	Systèmes d'embouteillage	Hermann et Volker Kronseder, Paul Hinterwimmer
Hors famille	Dürr	1895	Installations de peinture automobile	Hans-Dieter Pötsch, Rolf Haueise, Walter Schall, Bernward Hiller
	Sachtler	1967	Trépieds (appareils de prise de vue)	Joachim Gehrt, Jürgen Nussbaum
	Heidenhain	1889	Instruments de mesure (distances et angles)	Rainer Burkhard, Dr Walter Miller

À la première génération, outre des fondateurs-dirigeants, on trouve des cofondateurs-dirigeants. Dans certaines entreprises, ce sont des frères et sœurs, comme Rainer et Jürgen Wieshoff, créateurs d'Interface, qui est au premier rang des fabricants de serrures pour lecteurs de disques d'ordinateur. Ailleurs, ils n'ont pas de lien familial, comme chez SAP, leader mondial des progiciels de gestion, dont les fondateurs se sont connus alors qu'ils travaillaient chez IBM. Fast Electronic, l'un des premiers mondiaux dans les cartes de compression pour ordinateurs, a été fondé par Matthias Zahn en compagnie d'amis rencontrés à l'université ou en cité universitaire, qui tous occupent encore des postes dirigeants dans la firme.

Les paires ou équipes de fondateurs-dirigeants révèlent un phénomène intéressant, dont le potentiel n'a pas été bien étudié ni compris. Ils s'associent pour apporter des compétences techniques et en gestion, qui sont rarement développées au même degré chez une seule personne. Bien des grandes entreprises doivent leur naissance et leur croissance à de telles équipes ; outre William Hewlett et David Packard, on peut citer Paul Dubrule et Gérard Pélisson, créateurs de la société française Accor, plus grande chaîne hôtelière du monde, Masaru Ibuka et Akio Morita, qui ont bâti Sony, Carl Zeiss et Ernst Abbé, fondateurs de Schott et de Zeiss, deux sociétés sœurs allemandes de l'optique et du verre, qui représentent un modèle d'association de compétences techniques et de gestion.

Le problème le plus critique auquel les champions cachés soient confrontés est celui de la succession, qui sera étudié en détail plus loin. Dans l'idéal, les fondateurs veillent à passer le témoin à la génération familiale suivante, et l'on trouve effectivement de nombreux cas où des membres de la famille de la deuxième génération, voire de la suivante, figurent parmi les équipes dirigeantes. Fréquemment, deux et parfois trois frères ou sœurs succèdent au fondateur-dirigeant. Haribo en est un cas presque parfait, où le Dr Hans Riegel et Paul Riegel ont pris les rênes après le décès de leur père en 1945. Hans se charge des relations extérieures et du marketing pendant que Paul dirige le fonctionnement interne. Parfois, des beaux-frères ou belles-sœurs entrent aussi dans l'équipe dirigeante, comme chez Stihl, Binhold ou Reflecta (voir tableau 10.1).

Dans les équipes de direction formées de frères et sœurs, l'un d'eux – d'ordinaire l'aîné – joue presque toujours un rôle dominant. Cela n'est pas surprenant : leurs relations d'enfance se poursuivent simplement dans la société. Mais même les champions cachés ne sont pas à l'abri des comportements mis en scène à la télévision dans les séries *Dallas* ou *Dynasty*, et l'on voit des cas où les frères et sœurs se séparent à la suite d'une mésentente.

Le conjoint du fondateur joue un rôle de soutien important lors du démarrage de l'entreprise. Il est aussi capable de prendre sa suite en cas de disparition subite. Lors du décès d'Alfred Kärcher en 1974, sa veuve l'a remplacé à la direction générale de la société qu'il avait créée et, assistée de Roland Kamm, qui n'appartient pas à la famille, en a fait le leader mondial des nettoyeurs haute pression. Chez Lenze, c'est Elisabeth Belling, fille de Hans Lenze, qui a pris la direction après la mort de son mari en 1981.

Les équipes associant membres de la famille et dirigeants extérieurs fonctionnent parfois très bien. La famille ayant les compétences techniques, les recrues extérieures apportent souvent des techniques de management professionnelles, comme les systèmes de contrôle et le marketing. La transition du fondateur-dirigeant unique à l'équipe de membres spécialisés peut donner à l'entreprise un nouvel élan, mais elle peut aussi la plonger dans une crise. D'autre part, il peut demeurer une inégalité du pouvoir entre dirigeants familiaux et dirigeants extérieurs. Celui qui cumule le statut de dirigeant et le statut de propriétaire a plus de poids que celui qui n'a que le statut de dirigeant. Un aspect interne important de cette structure de pouvoir se rapporte aux salariés. Ceux qui ont progressé et travaillé sous les ordres du fondateur-dirigeant peuvent accepter son héritier, mais ils auront du mal à témoigner autant de loyauté envers un nouveau patron issu de l'extérieur.

Chez 18,5 % des champions cachés appartenant à une famille, la direction générale ne compte aucun membre de celle-ci. On y trouve de nombreuses sociétés bien gérées qui ont su négocier la transition dangereuse des dirigeants familiaux aux dirigeants choisis au mérite. Pour elles, comme pour les champions cachés détenus par des groupes, le problème de succession est moins aigu que pour les sociétés appartenant à une famille. En revanche, il manque aux firmes dirigées par des managers salariés certaines caractéristiques attrayantes des firmes familiales. En fin de compte, toutes les sociétés peuvent avoir un jour à opérer une telle transition, rien ne garantissant qu'on pourra trouver dans la génération suivante une personne ayant le potentiel voulu.

Le vrai message du tableau 10.1 est que, en fin de compte, l'important, n'est pas l'origine des managers ou des dirigeants. Peu importe qu'ils soient ou non membres de la famille pourvu qu'ils fassent bonne équipe. Il m'est arrivé de rencontrer des directions familiales intergénérations ou formées de frères et sœurs où se manifestaient de fortes tensions et des comportements dysfonctionnels, aussi bien que des équipes mixtes à la coopération très harmonieuse.

La communication et l'information sont les domaines les plus évidents où la coopération se manifeste. Dans telle société très compétitive, les trois dirigeants partagent un vaste bureau. Le dépouillement du courrier en commun chaque matin leur permet à tous de rester pleinement et également informés en permanence. Dans une autre entreprise, tous les membres de l'équipe de direction présents déjeunent ensemble chaque jour et discutent des problèmes du moment. Le Dr Wolfgang Pinegger, président de Brückner, leader mondial des installations d'étirage biaxial de films, décrit ainsi le style de communication de son entreprise :

> Nous ne savons jamais où sont les uns et les autres, car nous sommes toujours en voyage. Mais nous sommes tous joignables. Nous avons bâti une structure de communication mondiale qui nous permet de contacter n'importe quel membre de notre équipe en tout temps et en tout lieu. Et, trois ou quatre fois par an, nous nous réunissons pendant plusieurs jours afin de tout discuter à fond. Là, nous rassemblons le corpus de connaissances sur lequel nous vivrons tous au cours des mois suivants. Un tel système ne fonctionne qu'avec une équipe suffisamment restreinte, dont les membres sont en parfait accord.

Si l'on compare les champions cachés aux grandes sociétés classiques, on constate une énorme différence dans les relations individuelles au sein des équipes de direction. Dans les grandes firmes, elles sont souvent formelles, gouvernées par les sphères de responsabilité et les territoires, avec les querelles de pouvoir correspondantes. Bien entendu, les champions cachés ne sont pas exempts de querelles et de frictions internes, mais ces problèmes y prennent bien moins d'importance et provoquent une déperdition d'énergie et de temps considérablement moindre que dans les grandes entreprises.

Différence plus subtile entre grandes et petites entreprises, le rôle de leadership du numéro un d'une équipe est bien plus prononcé dans les secondes. Dans les grandes entreprises allemandes, le pouvoir interne est à peu près également réparti, le président ou le porte parole de l'équipe étant souvent un *primus inter pares* davantage qu'un patron. Cela est plus vrai pour les grandes sociétés allemandes que pour les américaines. En ce sens, la structure de pouvoir des sociétés de notre échantillon est plutôt comparable à celle des entreprises américaines. L'importance du rôle du leader n'est pas nécessairement contradictoire avec le bon esprit d'équipe évoqué ci-dessus. Si les autres membres de l'équipe reconnaissent le rôle du leader, une heureuse coexistence entre leadership et esprit d'équipe est possible. Cette différence entre grandes et petites entreprises peut notamment s'expliquer par le fait que le leadership fort du fondateur se transmet à ses successeurs. La ferme continuité du leadership, objet de la section suivante, contribue à pérenniser le legs du fondateur. Malheureusement, plus l'entreprise est grande, plus cet effet se dissipe rapidement.

Continuité

La continuité à la tête de l'entreprise n'est en soi ni bonne ni mauvaise. Un long règne d'un mauvais dirigeant est évidemment négatif. Un bon leader présent pendant longtemps peut être un grand avantage. Collins et Porras (1994) comparent la durée moyenne du mandat des PDG dans leurs sociétés « visionnaires » et dans un échantillon témoin de sociétés à la réussite moins grande. Chez les premières, « les meilleures des meilleures » selon les auteurs, les PDG sont présents en moyenne pendant 17,4 ans, alors que la moyenne n'est que de 11,7 ans pour les sociétés témoins. Les entreprises couvertes par leur étude ont plus de cinquante ans d'existence, toutes ayant été fondées avant 1946.

Mais la durée du mandat des PDG chez les meilleures des meilleures ne se mesure pas à ce qu'elle est chez les champions cachés. Pour l'ensemble de ceux-ci, la durée d'exercice moyenne est de 20,6 ans. Cette comparaison est d'ailleurs faussée du fait que la majorité des champions secrets de notre échantillon n'ont pas un demi-siècle d'existence. Si l'on considère seulement ceux fondés avant 1946, leur PDG est présent en moyenne depuis 24,5 ans.

De nombreux champions secrets sont dirigées par le même PDG pendant un temps exceptionnellement long. On trouvera dans le tableau 10.2 une liste de sociétés relativement anciennes dont les PDG ont occupé leur fauteuil pendant trente ans ou plus, une grande partie d'entre elles n'ayant compté que trois ou quatre dirigeants en plus d'un siècle d'existence.

Il convient d'être extrêmement prudent avant de considérer que la durée du mandat des PDG est un facteur de la réussite des champions secrets. L'entreprise réussit-elle parce que le PDG a une vision à long terme et reste en place pour l'accomplir, ou bien le PDG est il autorisé ou invité à rester en place parce que l'entreprise réussit ? Les deux hypothèses sont plausibles, même si la première paraît plus probable.

L'importance capitale de la continuité est à apprécier en relation avec l'audace des objectifs étudiée au chapitre 1. Si le fondateur d'une petite entreprise se fixe pour objectif de devenir leader mondial sur son marché, il a intérêt à raisonner sur une génération. Sur certains marchés modernes spectaculaires, par exemple ceux des télécommunications et de l'informatique, mondiaux depuis l'origine, s'implanter dans un grand

Tableau 10.2 – Durée moyenne du mandat du PDG chez une sélection de champions cachés de la performance.

Société	Date de création	Service/produit principal	Âge de l'entreprise	Nombre de PDG	Durée moyenne par PDG
Glasbau Hahn	1836	Présentoirs en verre pour musées et expositions	158	4	39,5
Böllhoff	1877	Vis et écrous	117	3	39
Seca	1840	Balances médicales	154	4	38,5
Haribo	1920	Confiserie	75	2	37,5
EJOT	1922	Vis à joints directs pour matériaux plastiques	72	2	36
Stihl	1926	Tronçonneuses thermiques	68	2	34
von Ehren	1865	Grands arbres vifs	130	4	33,3
Carl Jäger	1897	Cônes et bâtons d'encens	97	3	32,3
Loos	1865	Chaudières industrielles à vapeur et eau chaude	129	4	32,2
Bizerba	1866	Balances commerciales électroniques	128	4	32
Merkel	1899	Joints étanches industriels	95	3	31,6
Probat Werke	1868	Technologie industrielle de torréfaction du café	126	4	31,5
Bruns	1875	Pépinière	120	4	30

nombre de pays différents exige plus de temps que certains ne le penseraient. Il faut généralement des décennies pour instaurer la confiance, implanter des réseaux de distribution et de service, apprendre à s'imposer sur des marchés lointains et constituer des équipes. La continuité est alors une condition indispensable de la réussite. Complétée par la persévérance, elle conduira peut-être un jour à la domination du marché mondial. La discontinuité, au contraire, doit être considéré comme un facteur des plus désastreux, pour les grandes entreprises comme pour les petites. Comment un plan à long terme pourrait-il être appliqué avec succès si son responsable change tous les deux ou trois ans? C'est un problème sérieux dans les unités opérationnelles des grands groupes, où la rotation rapide des postes entraîne souvent une instabilité des dirigeants.

Personnalités

Qui sont ces leaders? Quel genre de personnalité ont-ils? Qu'est-ce qui les distingue? Si on les croisait dans la rue, on ne les reconnaîtrait pas. Extérieurement et sous la plupart des aspects, ce sont des gens comme vous et moi. Il serait impossible de les décrire dans des termes généralistes simples, car ils sont aussi divers que le genre humain. J'ai rencontré parmi eux des extravertis volubiles et des introvertis renfermés. Certains sont d'excellents communicants qui aiment bavarder tandis que d'autres sont avares de leurs paroles. Obtenir d'eux un avis, c'est un peu comme leur arracher une dent. Lors de mes visites, certains étaient constamment en compagnie quand d'autres se cachaient dans leur bureau.

Mais malgré ces différences, ils ont un certain nombre de traits communs. D'après mes observations, j'en distingue cinq qui, a un plus ou moins haut degré, se rencontrent chez les dirigeants de tous les champions cachés.

Unité de la personne et de l'objectif

« Son entreprise et lui n'ont toujours fait qu'un », dit-on du Dr Hans Riegel, de Haribo, un dirigeant représentatif. Cela évoque ce que l'on sait des artistes et des scientifiques. Wallace et Gruber concluent ainsi une série de douze études de cas sur des personnalités créatives célèbres : « pour de nombreuses personnes créatives, la vie c'est le travail. Certaines confondent leur vie personnelle et leur travail plutôt qu'elles ne les séparent » (1989, 35). On pourrait en dire de la plupart des dirigeants de champions cachés de la performance que j'ai rencontrés. Ce sont des gens qui s'identifient totalement à leur entreprise. À la différence de nombreux dirigeants de grands groupes, ils vivent tels qu'ils sont et veulent être. Helmut Brähler, de Brähler International Congress Service, fait valoir que son entreprise est son loisir et conseille à tout le monde d'essayer de faire de son loisir sa profession, comme il l'a fait lui-même. « Essayez de faire ce que vous aimez et faites des plans pour les quelques années à venir », suggère-t-il.

Cette attitude envers le travail implique que la force motrice essentielle n'est pas l'argent. Même si certains dirigeants admettent que c'est plus facile à dire quand on en a suffisamment, je crois que cette attitude est foncièrement sincère. Leur motivation provient avant tout de leur identification à leur travail et de la satisfaction qu'il leur procure et, seulement ensuite, de leur réussite économique. Ma conclusion est corroborée par le fait que de nombreux dirigeants, malgré leur fortune, continuent à mener une vie relativement modeste. « Ma famille et moi-même n'avons jamais eu un train de vie extravagant, observe ainsi Hermann Kronseder. Je n'aime pas le luxe inutile. Je n'ai pas de yacht et je ne porte ni costumes de grand couturier ni montre de luxe. J'ai ma licence de pilote, mais je ne possède pas d'avion. »

Ils ont parfois des *hobbies* extravagants, mais dont j'ai l'impression qu'ils ont un rapport quelconque avec leur entreprise. Je ne serais pas étonné que Reinhold Würth soit, à soixante ans, le plus âgé des pilotes d'avions à réaction détenteurs d'une licence tous temps en Allemagne. Je n'ai jamais réussi à savoir si c'était pour lui réellement un passe-temps ou bien un moyen d'effectuer ses nombreux voyages dans le délai le plus court possible. Bien que la chose soit rare en Allemagne, plusieurs de ces hommes ont une licence de pilote. Je pense que c'est pour eux un moyen supplémentaire d'efficacité plutôt qu'un véritable loisir. Theo Schroeder assure être passionné de vol en montgolfière, mais il se trouve être l'un des plus importants fabricants mondiaux d'aérostats. En l'occurrence, travail et vie privée sont confondus plutôt que séparés.

Leur total dévouement et leur identification à leur travail confèrent à ces dirigeants une crédibilité colossale auprès de leurs salariés et de leurs clients. Ils ne fixent pas de limite à ce qu'ils font et assument pleinement la responsabilité de leur entreprise. Certains industriels dont l'histoire a retenu le nom ont exprimé une attitude assez semblable. « Je préfère perdre de l'argent plutôt que la confiance des gens, disait un jour Robert Bosch, fondateur de Bosch. Penser que quelqu'un pourrait dire en regardant mes produits qu'ils sont de qualité inférieure a toujours été pour moi une idée insupportable. » Henry Ford lui fait écho. « Quand l'une de mes voitures tombe en panne, je sais que c'est de ma faute », disait-il (Ford 1922, 67). Cette position sincère est inculquée aux salariés et contribue à leur motivation et à leur identification. Le vrai leadership ne peut jamais être feint ; il doit résider dans les convictions et les valeurs authentiques du dirigeant.

Cette attitude se voit rarement dans les grands groupes modernes. J'ai souvent rencontré des dirigeants qui se sentent relativement étrangers à leur travail, ce qui peut expliquer l'aisance parfois étonnante avec laquelle ils passent d'une entreprise à l'autre.

Opiniâtreté

Dans son ouvrage autobiographique, *Adventures of a Bystander*, Peter Drucker raconte ses rencontre avec deux professeurs célèbres dans leur domaine, Buckminster Fuller en physique et Marshall McLuhan en sciences de la communication. Drucker (1978, 255) écrit ceci :

> Pour moi, ils montrent de manière exemplaire combien il est important d'être persévérant. Les opiniâtres, les maniaques sont les seuls vrais réalisateurs. Le reste, les gens comme moi, s'amusent davantage, mais ils se dispersent. Les Fuller et les McLuhan accomplissent une « mission », nous autres n'avons que des intérêts. Chaque fois que quelque chose est accompli, c'est par un maniaque qui a une mission.

Appliquée aux champions secrets, cette description comporte un soupçon d'exagération, mais elle n'est pas loin de la réalité. Leur focalisation et leur concentration reposent largement sur leur ténacité. Personne n'a envie de devenir maniaque, mais il faut bien admettre qu'on a peu de chance de l'emporter face à ce genre d'individu. Revenons sur la dernière phrase de Drucker à propos des réalisations et rappelons-nous les paroles de Klaus Grohmann citées au chapitre 9 : « Nous avons besoin d'une profonde concentration, possible seulement dans un cadre paisible. »

Derrière cette focalisation et cette concentration, il y a parfois une étonnante stratégie volontaire dite EKS, pour *Engpass-konzentrierte stra-tegie*, ou « stratégie du goulot ». Inventée dans les années 60 par le consultant Wolfgang Mewes, l'EKS a été diffusée en tant que produit de télé-apprentissage. Elle est particulièrement en vogue dans les entreprises moyennes. Voici plusieurs années, Mewes a vendu son produit éducatif au *Frankfurter Allgemeine Zeitung*, principal quotidien national allemand, dont la branche service d'information continue à la diffuser. L'idée simple sur laquelle repose l'EKS est que tout développement est limité par un goulot d'étranglement quelconque qui bride la croissance. Selon l'EKS, il faut commencer par détecter ce goulot, puis s'attacher à l'éliminer. Après quoi il est par définition remplacé par un autre facteur limitatif qu'on devra également détecter et attaquer.

L'EKS donne des détails et des méthodes sur la manière d'utiliser ce concept foncièrement simple et incontestable qui conseille de s'attacher à un facteur à la fois mais aussi d'ajuster de manière dynamique son centre d'intérêt. J'ai souvent rencontré cette philosophie au cours de mes entretiens. Les PDG de certains champions en sont adeptes au point de l'enseigner à leurs propres clients. Manfred Bobeck, de Winterhalter Gastronom, leader mondial des lave-vaisselle pour hôtels-restaurants, s'efforce de convaincre ses distributeurs de l'intérêt de cette démarche stratégique hautement focalisée. Il est pleinement convaincu que cette méthode leur permettra de mieux réussir, ce qui lui profitera indirectement. La fréquence étonnante de l'EKS pourrait être l'un des rares « secrets » cueillis chez les champions cachés de la performance.

Intrépidité

La troisième caractéristique commune aux champions cachés est l'intrépidité. Je préfère ce mot à celui de courage, car il me semble qu'il évoque l'absence de peur plutôt que la présence de courage. On peut aussi y ressentir l'absence d'inhibition. Selon mon expérience, le proverbe chinois « l'ignorance de votre liberté fait votre captivité » vaut pour la plupart des gens, moi compris. La plupart d'entre nous ne pouvons parvenir à de nouveaux sommets que si nous sommes réellement conscients de notre liberté et des occasions qui s'ouvrent à nous, car beaucoup des limites que nous percevons sont en nous.

Or beaucoup de champions cachés de la performance ne connaissent pas ce problème, car ils ne ressentent pas les mêmes inhibitions et les mêmes peurs que les gens normaux et parviennent donc mieux à exploiter leur potentiel.

Ils choisissent donc un pays quelconque, un marché quelconque, un client quelconque et se lancent. Foncièrement, ils ne se sentent pas inhibés par le risque, l'ignorance des langues étrangères ou autres barrières mentales. Heinz Hankammer a simplement commencé à vendre ses filtres dans un drugstore de Salt Lake City. Reinhard Wirtgen a sillonné le monde sans hésiter pour mettre en place ses machines. Une société de cent dix salariés seulement, qui préfère conserver l'anonymat, a commencé à produire des produits ménagers en Russie et en Chine en 1995. De telles opérations sont souvent l'occasion d'erreurs nombreuses, car elles comportent souvent de grands risques. Mais les dirigeants des champions secrets ne sont pas des joueurs prêts tout à miser sur des aventures risquées. Ils considèrent plutôt que c'est le seul moyen rapide pour récolter des informations fiables et intéressantes sur de nouveaux marchés.

Résistance et persévérance

Comme on l'a noté dans l'introduction de ce chapitre, les dirigeants des champions cachés semblent posséder une énergie, une résistance et une persévérance inépuisables. Helmut Aurenz, d'ASB Grünland, leader mondial des terres pour plantes en pots, considère la persévérance comme le facteur le plus décisif de tous. Le feu continue à les animer, même après l'âge de la retraite. Retraite que d'ailleurs certains ne prennent jamais, ce qui peut être un problème en soi. Ainsi, Paul Binhold à quatre-vingt-deux ans et le professeur Friedrich Förster à quatre-vingt-six sont encore très présents dans leur entreprise.

Outre leur énergie intrinsèque, je crois que l'interaction entre leurs objectifs clairs et leur opiniâtreté est un facteur essentiel de leur constance. La réussite et la réalisation des objectifs leur insufflent une énergie nouvelle. « Rien ne dynamise mieux une personne ou une entreprise que des objectifs clairs et une grande ambition », dit justement Tony O'Reilly, PDG de H.J. Heinz (Smith 1994,71).

Il est étonnant aussi de voir comment des expériences qui en décourageraient d'autres ont l'effet inverse sur les dirigeants de champions secrets. Tel est le cas par exemple de Günther Fielmann, leader européen et numéro deux mondial de la vente de lunettes. Chaque fois qu'il s'est implanté dans une nouvelle ville, il a dû affronter des concurrents bien installés, subir de nombreux procès, lutter sur plusieurs front et faire face à divers incidents irritants. « Il y a deux choses que les opticiens n'aiment pas, dit une plaisanterie connue, les gens qui voient clair et Fielmann. » À quoi il répond : « Ce serait bien pis si mes concurrents m'ignoraient. »

Richard Branson, du groupe britannique Virgin Atlantic, qui est de la même trempe, attaque partout où il le peut – il a récemment lancé un produit concurrent de Coca-Cola – et se félicite d'autant plus que la contre-attaque est plus rude.

En entrant dans le bureau de plus d'un dirigeant de champion caché, j'ai ressenti presque physiquement l'impression d'énergie émanant de mon interlocuteur, une sorte de force inconnue que possèdent certaines personnes. Je n'ai aucune explication à ce phénomène.

Influence sur autrui

Les artistes peuvent conquérir leur propre renommée, mais personne ne peut créer seul un leader mondial. Il faut toujours faire appel au travail et au soutien d'autrui. Le feu qui anime le dirigeant est donc insuffisant : il faut l'allumer aussi chez d'autres, le plus souvent de nombreux autres. Selon Warren Bennis (1989), nous ne savons toujours pas pourquoi les gens suivent certains dirigeants et non d'autres. Je peux seulement dire que les PDG des champions cachés réussissent extrêmement bien à entraîner une suite. Cela ne peut être attribué à leur style de communication, car beaucoup d'eux ne sont pas de bons communicants au sens habituel. Je pense que le premier trait, l'unité de la personne et de l'objectif joue un rôle crucial dans leur aptitude à allumer ce feu chez autrui.

Ces cinq traits de personnalité ne sont certainement pas une description définitive, car leur importance relative varie d'une personne à l'autre, mais ils caractérisent bien les dirigeants que j'ai rencontrés. Ils sont résumés dans la figure 10.3. Bien entendu, ce ne sont pas des caractéristiques statiques. Les contraintes pesant sur ces leaders évoluent avec le temps – et ils doivent eux-mêmes évoluer avec elles. Nombre d'entre eux ont dû changer considérablement à cet égard. L'expérience de Günther Fielmann est assez éclairante :

> J'ai d'abord été opticien, spécialiste des lunettes. Puis j'ai dû devenir chef de bande, missionnaire, quelqu'un capable d'attirer des gens exceptionnels et de leur insuffler de l'énergie. Après quoi j'ai dû apprendre comment me comporter vis-à-vis des médias. À présent, je dois superviser une grande entreprise et consacrer mon temps à des choses comme la finance que je risque de ne pas maîtriser suffisamment.

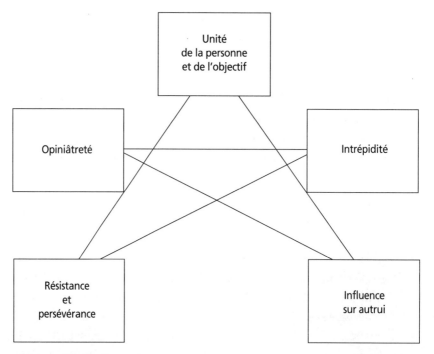

Figure 10.2 – Traits de personnalité des dirigeants des champions cachés.

Les qualités d'adaptation des dirigeants de champions cachés sont très sollicitées. Même si les grandes entreprises sont devenues plus dynamiques, les changements que leurs dirigeants ont eu à subir sont loin d'être aussi radicaux que ceux qui interviennent au cours du développement d'un champion secret.

Styles de direction

Les styles de direction des dirigeants de champions cachés ne se laissent pas aisément décrire, car ils sont ambivalents et parfois contradictoires. Comme je l'ai maintes fois souligné, les champions cachés sont des patrons durs, exigeants, et travailler pour eux ne peut pas plaire à tout le monde.

Berthold Leibinger, de Trumpf, leader mondial des machines de perforation et de grignotage de feuilles de métal assure que le style de direction dominant est le patriarcat éclairé. Alfred K. Klein, de Stabilus, numéro un des amortisseurs à gaz, décrit paradoxalement le style de son entreprise comme à la fois convivial et autoritaire. Comment expliquer ces apparentes contradictions?

La réponse est simple. Les styles de direction sont autoritaires, centralisés et dictatoriaux en ce qui concerne les principes et valeurs fondamentaux de la société. Les aspects centraux de la mission, des buts stratégiques, de la focalisation sur le marché, de la qualité et du service ne sont pas discutables. Ces valeurs fondamentales sont choisies et imposées d'en haut. Mais les individus et les groupes peuvent avoir largement leur mot à dire quant à la manière d'appliquer ces principes. Les salariés des champions secrets sont généralement soumis à bien moins de règles et de réglementations que leurs homologues des entreprises plus grandes et plus bureaucratiques.

Tandis que les grandes entreprises tendent à fonctionner dans l'idée que la confiance est bonne mais les contrôles meilleurs, c'est l'inverse qui est vrai pour beaucoup de champions cachés. L'un d'eux a une règle simple pour les frais de déplacement : « Que tout le monde fasse comme s'il dépensait son propre argent. » Dans la plupart des grandes entreprises, les frais de déplacement font l'objet de manuels qui comptent parfois plus de vingt pages. La différence entre les deux démarches est que les normes sociales ou de groupe en vigueur chez les champions cachés influencent les comportements bien plus fortement que des réglementations écrites détaillées qui ne seraient pas ancrées dans un système de valeurs. L'une des raisons de l'absence ou de la rareté des règles est que les PME n'ont pas les gens nécessaires pour rédiger des modes d'emploi et des manuels – autre conséquence du fait qu'elles ont plus de travail que de bras pour le faire. Et elles s'en passent évidemment fort bien. Cela ne veut pas dire que le contrôle soit moins efficace, il est simplement différent : il est fait d'autocontrôle et de contrôle social plus que de décrets formels venus d'en haut. Ces observations coïncident avec elles de Rommel *et al.* (1995) selon lesquelles les petites entreprises qui réussissent délèguent généralement plus de responsabilités aux petits groupes et aux individus.

Corrélativement, les champions cachés mesurent les performances davantage au niveau des résultats que des processus. Ce que les gens font est plus important que la manière dont ils le font. Le contrôle et la surveillance des processus sont bien moins prononcés que dans les grandes firmes. Cela peut entraîner un certain degré de risque, mais, pourvu que les collaborateurs soient bons, cela aboutit en fin de compte à de meilleures performances. Bien entendu, pour préserver ce style de direction basé sur la confiance, il est crucial de s'entourer de personnes très qualifiées (voir chapitre 9).

Lors de mes entretiens avec les salariés de champions secrets, j'ai souvent ressenti une attitude ambivalente envers le dirigeant. D'un côté, ils se plaignent de son style autoritaire, de ses aspects irritants, menaçants ou conflictuels. D'un autre côté, ils l'apprécient et ne désirent pas changer d'employeur, car leur identification et leur motivation sont très fortes. Cette ambiguïté évoque à mes yeux l'attitude d'enfants envers leur professeur. Un professeur exigeant peut être simultanément aimé et détesté par ses élèves. Les dirigeants exigeants suscitent des sentiments mêlés. Il semble qu'un leadership efficace doive comprendre à la fois la carotte et le bâton.

Succession à la direction

La succession du dirigeant est le plus sérieux problème à long terme auquel les champions cachés soient confrontés. La maladie ou la mort subite d'un dirigeant peut entraîner une grave crise dans une entreprise, mais même en l'absence de ces événements inattendus la succession pose d'énormes problèmes. Trouver de bons managers au sein de la génération suivante est difficile pour n'importe quelle entreprise, mais pour une entreprise familiale c'est la tâche la plus ardue qui soit. Dans les sociétés traditionnelles agricoles et artisanales, on considérait comme naturel que l'entreprise passe aux enfants du propriétaire, et de nombreux dirigeants de champions cachés adhèrent encore à cette tradition. Désireux de conserver dans la famille l'affaire qu'ils ont fondée, ils préfèrent que ses dirigeants en fassent partie.

Cette attitude est l'une des racines du problème. Je pense que les dirigeants de PME devraient sérieusement s'interroger avant de transmettre le pouvoir à la génération suivante, et cela pour deux raisons. D'abord, rien ne permet de présupposer que leur fils ou leur fille a automatiquement hérité de leur aptitude à diriger une entreprise. Si c'est le cas, tant mieux, mais dans le cas contraire, les actionnaires devraient être disposés à passer le témoin à un ou plusieurs étrangers à la famille. Ensuite, considérer que les enfants doivent marcher dans les pas de leurs parents limite leur liberté d'une manière de moins en moins acceptable dans la société moderne. De plus en plus, les enfants souhaitent choisir eux-mêmes leur profession.

Chez les champions cachés, le tableau est mélangé. On a vu dans le tableau 10.1 des formules de transition réussies ; inutile d'y revenir. Je me concentrerai ici sur le rôle personnel du dirigeant.

De nombreux fondateurs-dirigeants sous-estiment le temps nécessaire pour former des successeurs capables. J'ai discuté de cette question avec les dirigeants des sociétés de mon échantillon. Les jeunes quinquagénaires pensent en général avoir amplement le temps de choisir et de former la future équipe de direction. Dans ce groupe d'âge, seule une minorité a une idée arrêtée sur l'identité du successeur et le moment de la succession. Sauf exception, je pense que vers le milieu de la cinquantaine les dirigeants devraient savoir qui ils souhaitent voir leur succéder.

Le transfert du pouvoir est un second problème sérieux. Là encore, seule une minorité parmi les dirigeants de champions cachés semble disposée à céder le pouvoir de son plein gré, à un âge raisonnable, à la génération suivante. Bien des dirigeants se croient irremplaçables et, inconsciemment peut-être, font tout leur possible pour le devenir. Quelle que soit l'intelligence dont ils font preuve dans la conduite de leur entreprise, ils sont souvent incapables de discerner leurs limites. « Quand votre personne est en cause, votre intelligence est divisée par deux », reconnaissait l'un d'eux. Leur désir de continuité devient la cause même de la discontinuité et des crises.

Ce comportement entraîne d'habitude deux conséquences : soit l'entreprise rencontre des difficultés sérieuses, soit elle est rapidement vendue à un groupe. Le second résultat est peut-être le pire, car l'entreprise risque de perdre son indépendance et ses avantages de champion caché. Les groupes ne maîtrisent pas tous la manière de gérer des champions cachés, qui consiste surtout à les laisser se débrouiller seuls.

Il y a une troisième possibilité intéressante : le rachat de l'entreprise par ses cadres. Plusieurs champions cachés ont fini par être rachetés par leur encadrement. Berthold Leibinger est aujourd'hui propriétaire de Trumpf après en avoir été salarié. Dietrich Fricke est entré comme salarié chez Tente Rollen, leader mondial des roulettes pour lits d'hôpital avant de racheter la société quand la seconde génération de la famille fondatrice s'en est désintéressée. Cette formule paraît plus propice au maintien des avantages d'une petite entreprise que la vente à une grande organisation. Certains établissements, tels Quadriga Capital Management, sont spécialisés dans l'assistance aux champions cachés lors des rachats par leurs cadres.

Quel que soit le résultat effectif, les dirigeants des champions cachés ont tout intérêt à ne pas considérer d'emblée qu'ils pourront transmettre leur fauteuil à un membre de leur famille. Si cela arrive, il faut le considérer comme une heureuse surprise. Les dirigeants doivent être conscients de l'extrême difficulté qu'il y a à former un successeur et commencer tôt à le rechercher et à le suivre pour qu'il puisse un jour prendre les rênes. Ils doivent être résolus à lui transmettre le vrai pouvoir et à se retirer dans un délai raisonnable. L'un des pires dangers étant pour eux de se bercer d'illusions sur leurs propres intentions, il est éminemment souhaitable qu'ils fassent appel à des conseils extérieurs neutres.

Les dirigeants des champions cachés qui consultent des conseils extérieurs en qui ils ont confiance parviennent mieux à traiter les problèmes de succession que ceux qui s'en remettent uniquement à leur propre jugement. Certains dirigeants de champions cachés sont exemplaires à cet égard : Reinhold Würth chez Würth, Werner Baier chez Webasto, Heinz Dürr chez Dürr ont tous transmis le pouvoir avant la soixantaine, mais ils sont l'exception plutôt que la règle. J'incite tous les dirigeants à ne pas éluder le problème de leur succession mais à l'aborder de manière volontaire et imaginative. Je considère que plus d'un ancien champion caché aurait pu survivre ou devenir une grande entreprise prospère si ce problème avait été traité plus tôt et plus habilement.

Les champions cachés doivent affronter un second problème de formation des dirigeants qui trouve sa source dans leur petite taille et la légèreté de leurs structures. À la différence des grandes sociétés, ils ne peuvent se permettre d'embaucher beaucoup de salariés à fort potentiel et de leur faire suivre un long processus de sélection dont sortira finalement un corps suffisant de cadres supérieurs capables. Ils ne peuvent pas non plus offrir beaucoup de postes dans lesquels un salarié puisse faire la preuve de ses aptitudes générales au management. Les grands groupes ont un énorme avantage à cet égard puisqu'ils ont souvent des filiales et des unités opérationnelles qui servent de terrain d'entraînement à leurs jeunes cadres. Ceux-ci peuvent passer progressivement à des unités plus complexes en acquérant peu à peu un savoir-faire de gestionnaires.

La direction d'une implantation étrangère est une excellente occasion pour apprendre, mais beaucoup de filiales se limitent à la vente et au service et n'offrent pas une largeur suffisante. En revanche, l'approche plus globale des sociétés de notre échantillon favorise une compréhension de l'ensemble du processus de management, même pour ceux qui n'occupent pas un poste officiellement généraliste. Je me suis aperçu que les dirigeants de champions cachés dont la responsabilité se limitait à une fonction ou à une division avaient une vision d'ensemble remarquablement bonne de l'entreprise. Certains champions cachés s'efforcent systématiquement d'élargir l'expérience de leurs cadres en se divisant en unités de plein exercice, ayant vocation à générer une valeur ajoutée. Ainsi, les projets de Grohmann Engineering sont gérés comme de petites entreprises provisoires. Le chef de projet, qui en a la totale responsabilité depuis la vente jusqu'à l'achèvement, est censé agir comme un patron de petite entreprise. Il rassemble une équipe, fait appel aux ressources communes de R & D et de production et doit connaître et gérer un ensemble de domaines comme la finance, le marketing et l'installation. Klaus Grohmann se dit confiant dans la capacité de son organisation à développer progressivement un nombre suffisant de managers généralistes compétents et expérimentés. Une entreprise fonctionnant en projets se prête bien à ce genre d'organisation apprenante. Un leader mondial des produits chimio-métallurgiques spéciaux obtient des résultats du même genre grâce à une organisation par unités opérationnelles. Cette société, dont le chiffre d'affaires total s'élève à 530 millions de dollars, est organisée en dix petites unités opérationnelles, dont la plus petite fait 8 millions de dollars de chiffre d'affaires, confiées des personnes responsables de l'ensemble de leur gestion.

La situation propre d'une entreprise affecte la manière dont elle peut répartir la création de valeur entre différents acteurs. Bien des champions cachés savent qu'ils n'ont pas la chance de pouvoir former leurs managers comme Grohmann et cette société chimique, et il n'existe pas de solution simple à ce problème. Les grandes sociétés peuvent embaucher plus de jeunes diplômés qu'il ne leur en faut et les « garder au chaud » pendant quelque temps, mais cette méthode est contraire aux principes d'économie des champions cachés. Recruter un pourcentage donné de cadres dans d'autres sociétés pourrait être une solution, mais, là encore, leur culture d'entreprise très particulière rend difficile l'intégration des nouveaux venus. Ces entreprises doivent donc se démener pour trouver un compromis entre ces différentes méthodes.

Les champions cachés détenus par des grands groupes

Parmi les sociétés de mon échantillon, 21,1 % étaient la propriété d'autres sociétés ou de groupes. Par définition, ces champions cachés sont dirigés par des cadres salariés. J'ai l'impression que l'accession au statut de champion caché est sans lien avec le fait que l'entreprise appartient à une famille ou un groupe, pourvu qu'elle réponde à certaines conditions. (Je n'ai considéré comme champions cachés que des sociétés juridiquement indépendantes et non les divisions de grands groupes.) Dans presque tous les cas, les champions cachés détenus par des groupes ont été acquis et non créés par eux. Sociétés familiales à l'origine, ils ont développé leur propre culture d'entreprise et n'ont été rachetés qu'une fois devenus des champions cachés.

Le tableau 10.3 contient un certain nombre d'exemples de sociétés rattachées à des groupes allemands ou étrangers.

Nombre de champions cachés appartenant à des groupes réussissent très bien. Appartenir à un grand groupe a évidemment des avantages et des inconvénients, comme le fait observer Alfred K. Klein, de Stabilus :

> Sur le plan opérationnel et pour les aspects de court terme, appartenir à un groupe est un inconvénient, mais pour le long terme et la survie en cas de crise, cela peut être un grand avantage. De plus, la puissance financière prend une importance croissante. De plus en plus, nous devenons des ensembliers, car nos clients constructeurs automobiles s'engagent dans une sous-traitance à l'échelle mondiale et veulent des partenaires solides et sûrs. À cet égard, le soutien de notre société mère est indéniablement une force. Tout l'art consiste à manœuvrer entre ces deux pôles. Nous avons la chance que notre société mère soit patiente et nous laisse du temps, mais les exigences du groupe peuvent parfois être une gêne.

Le PDG d'un champion caché filiale d'un grand groupe chimique avance pour sa part des arguments positifs et négatifs quelque peu différents :

> Nous rencontrons notre société mère une fois par mois pendant une demi-journée. Tant que les chiffres sont convenables, on nous laisse largement conduire nos affaires à notre guise. Une demi-journée par mois –

Tableau 10.3 – Quelques champions cachés de la performance détenus par des groupes.

Société	Nom	Pays d'origine	Produit principal	C.A. (millions de US $)	Effectif	Rang	Part de marché (%)	Part relative
Tetra Gruppe	Warner-Lambert	États-Unis	Aliments pour poissons	266	650	1	50	5
Stabilus	Mannesmann	Allemagne	Amortisseurs à gaz	330	2 400	1	ND	ND
Zanders	International Paper	États-Unis	Papier à dessin	580	3 300	1	15	3
Rofin-Sinar	Siemens	Allemagne	Lasers industriels	73	460	1	21	1,2
KBC	Dollfus-Mieg	France	Textiles imprimés	466	1 500	1	8	1
Böwe Systec	Wanderer	Allemagne	Gestion du papier	116	1 000	2	16	0,46
Schlafhorst	Saurer	Suisse	Machines tournantes	1 066	5 700	1	35	1,4
SMS	MAN	Allemagne	Laminoirs à produits plats	566	2 550	1	30	1,5
Glyco	Federal Mogul	États-Unis	Anneaux glissants	167	2 000	1*	40*	1*
Sabo	John Deere	États-Unis	Tondeuses à gazon	73	250	1*	ND	ND

* Europe.

mettons une journée avec les préparatifs – suffit. Et nous avons l'avantage de ne pas devoir passer de temps à traiter les investisseurs, à préparer des *road shows*, etc. Je ne saurais pas vous dire quel est l'avantage net, mais nous vivons fort bien avec notre société mère.

Après de nombreux entretiens, ayant appris à connaître tant les groupes que les champions cachés, je conseille sincèrement aux premiers de laisser les seconds se débrouiller eux-mêmes chaque fois que c'est faisable. Je préconise normalement une réunion par trimestre plutôt qu'une par mois. La société mère doit attacher le plus grand soin au choix des dirigeants, mais ensuite elle doit interférer le moins possible. Bien que cela puisse être difficile pour un groupe classique et son administration centrale, personne ne doit se faire d'illusion sur les synergies. Le groupe qui essaie de les maximiser risque surtout de détruire la force même de ses champions cachés. « Nous acquérons régulièrement de petites entreprises en espérant conserver leurs points forts et remédier à nos faiblesses, admet ce cadre d'un groupe chimique. Mais trop souvent, au bout de trois ans à peu près, nous nous rendons compte que nous avons imposé nos faiblesses et détruit leurs forces. » Cela commence d'habitude par une standardisation apparemment inoffensive, telle que la mise en place d'un système comptable ou informatique uniforme, pour aboutir finalement à la paralysie.

Un autre point important est qu'il faut laisser au champion caché autant de fonctions que possible. Il a géré son propre destin avec une réussite éminente. Si on lui retire le pouvoir de décision dans des domaines comme la finance, la R & D, les ventes et la technologie de l'information, il a tendance à perdre son identité en tant qu'unité créatrice de valeur ajoutée totalement intégrée. Ce conseil heurtera probablement les comptables des grands groupes, qui escomptent des économies par la mise en commun des ressources. Mais dans le même temps, ces gens seraient souvent bien en peine de mesurer la valeur de l'esprit d'entreprise, de la flexibilité et de l'identification qu'on rencontre dans une petite unité.

Je pense que faire fonctionner une filiale de type champion caché de la performance est véritablement un art, mal maîtrisé par la plupart des groupes. Mais ils devraient acquérir cette compétence non seulement pour pouvoir acheter ce genre d'entreprises mais aussi, et peut-être surtout, parce qu'ils devraient chercher à devenir des groupes de champions cachés. Si certains groupes d'autrefois étaient comparables à des

supertankers, je vois ceux de l'avenir comme des flottilles de petites vedettes rapides, agiles, souplement coordonnées par une autorité centrale
mais agissant indépendamment. Il est évident que ces unités ont besoin
de dirigeants qui puissent agir comme ceux des champions cachés et non
comme les managers traditionnels issus de l'administration d'un grand
groupe.

11

LES LEÇONS

*Une petite entreprise n'est pas
une grande entreprise en réduction.*

Bien des universitaires et praticiens de la gestion croient encore que les entreprises devraient prendre modèle sur les grands groupes. Depuis *Le Prix de l'excellence* (Peters et Waterman 1982) jusqu'à *Bâties pour durer* (Collins et Porras 1994), bien des livres ont analysé et célébré la réussite de grandes entreprises, sous-entendant que d'autres firmes devraient les imiter.

Le présent ouvrage inverse radicalement cette perspective. Je considère qu'en termes de positions sur le marché mondial et de performances concurrentielles, les meilleures entreprises du monde ne sont souvent pas des groupes géants mais des firmes inconnues, modestes, obscures. Leur comportement diffère à la fois de celui des prototypes proposés et de celui enseigné dans les écoles de gestion. Leur réussite durable indique que d'autres entreprises, particulièrement les grandes, ont quelque chose à apprendre de leurs pratiques et de leur expérience.

L'hypothèse selon laquelle l'apprentissage est à sens unique de la grande entreprise vers la petite n'est plus tenable et il est temps d'inverser le sens unique. Mais personne ne doit essayer de reproduire naïvement l'expérience des champions cachés de la performance ; il faut lui ajouter un grain de sel. L'approche du champion secret ne convient pas à tous les marchés et toutes les situations. Les grandes sociétés gardent leur raison d'être, car elles possèdent certaines capacités requises pour fonctionner sur certains marchés. Cependant, de nombreux marchés sont propices à la démarche des champions cachés.

Un modèle intéressant envisage la grande société de l'avenir comme un grand champion ou comme un groupe de champions cachés. En faisant un pas de plus, mes constatations militent aussi en faveur de l'idée selon laquelle, plutôt que de bâtir des groupes toujours plus gros et plus complexes, il serait préférable de scinder les organisations trop grandes en des sociétés réellement indépendantes capables de fonctionner comme autant de champions cachés. Un début d'évolution vers cette philosophie se fait jour : *rester petit ou le devenir apparaît comme une voie d'avenir prometteuse.*

Une seconde voie instructive conduit à se demander si les champions cachés sont un phénomène spécifiquement allemand ou si leurs stratégies sont applicables ailleurs. J'ai trouvé dans beaucoup d'autres pays de nombreux champions cachés aux caractéristiques remarquablement similaires. Ce chapitre en présentera quelques-uns, avec leur caractéristiques, et tirera des conclusions applicables à des entreprises du monde entier.

Petit ou grand ?

Il est dans l'air du temps de critiquer les grands groupes. « Je crois que les grandes organisations sont intrinsèquement négatives, assure Percy Barnevik, PDG du conglomérat helvético-suédois ABB et l'un des représentants les plus éloquents de cette tendance. Elles engendrent délais, bureaucratie et distance avec les clients, découragent les initiatives de leurs salariés et attirent le genre de personnes à qui cet environnement convient » (« ABB on the Move » 1994, 27 ; voir aussi Knobel 1994). Peter Drucker (1991) rejoint cette position :

> Les avantages de la petite taille sont en train de devenir très grands. Si vous regardez qui exporte, ce ne sont pas les grands groupes. Certes, GE se débrouille très bien dans les moteurs pour avion et Boeing dans l'aéronautique mais, en dehors de cela, pratiquement tous les exportateurs de produits manufacturés sont des sociétés de taille moyenne, hautement spécialisées. Je ne crois pas que les grandes entreprises disparaîtront. Mais je vois de plus en plus d'entreprises auxquelles une taille moyenne convient bien mieux et pour lesquelles essayer de grossir aboutit simplement à diluer les résultats et détruire la rentabilité. Il devient de plus en plus important de réfléchir à ce qu'est une juste taille.

Considérant les résultats de mon enquête auprès des entreprises de mon échantillon, j'aurais du mal à contester ce que dit Drucker, mais j'ajouterai que l'exemple de General Electric Aircraft Engine Group et de Boeing ne fait que corroborer mes arguments. Même si leur taille leur dénie par définition cette qualité, tous deux appliquent largement une stratégie exemplaire de champion caché. Ils en ont notamment les forces, la focalisation énergique, l'orientation vers le marché mondial et la propension à innover.

GE est particulièrement représentatif. J'ai discuté pendant des heures avec le Dr Gerhard Neumann, qui, en dix-sept ans passés à sa tête, a conduit le groupe moteurs pour avions de GE à sa position de leader mondial. Il confirme pratiquement toutes mes observations sur les champions cachés et dit avoir suivi des principes similaires. Détail intéressant, il considère ses années d'apprentissage en Allemagne comme la période la plus formatrice de son existence, y compris pour l'exercice des fonctions de direction. Il est le modèle même du leader dont les traits ont été esquissés au chapitre 10. La façon dont il dirige cet ensemble au sein de GE fait figure de prototype pour la gestion d'une telle unité à l'intérieur d'un grand groupe, dans la mesure où il conserve une large part d'indépendance.

Il est évident, et de plus en plus admis, que les petites entreprises s'adaptent mieux et plus vite à l'évolution de leur environnement. Elles le font avec des salariés moins nombreux mais plus motivés. Elles seules paraissent capables de s'écarter sensiblement de la norme. Les grands groupes se heurtent à un autre problème. « Avec plus de cent mille salariés, il est difficile pour nous de ne pas agir comme le corps social dans son ensemble, me disait un jour le Dr Ronaldo Schmitz, alors administrateur du géant de la chimie BASF et aujourd'hui membre du conseil d'administration de la Deutsche Bank. Notre main-d'œuvre est foncièrement un reflet de la société dans son ensemble. Si cela est vrai, ce que je crains fort, nous aurons du mal à faire mieux que la moyenne. » J'ai tendance à être d'accord avec lui. Bien qu'il y ait des différences marquées entre les grandes entreprises, le risque de devenir un clone de la société dans son ensemble augmente avec la taille de l'entreprise. Les performances d'exception exigent une élite et une organisation qui veut atteindre et conserver ce statut doit limiter sa taille.

Quand je parle de taille petite ou moyenne, je ne pense pas en priorité aux dimensions elles-mêmes mais à la focalisation. Si le marché mondial représente un chiffre d'affaires de 25 milliards de dollars, une société qui détient 40 % du marché réalise 10 milliards de dollars de chiffre d'affaires. Ce n'est donc pas une petite entreprise, mais elle est probablement bien focalisée et adhère aux principes décrits dans ce livre. Boeing relève de cette catégorie. En revanche, une entreprise de la même taille présente sur plusieurs marchés distincts où elle n'occupe que de faibles positions n'obéit assurément pas à mes critères. La taille doit toujours être jugée en fonction du marché, mais la focalisation peut s'appliquer à n'importe quel marché.

Certains marchés énormes comme les télécommunications, les travaux publics et l'automobile, qui exigent des moyens importants, appartiendront toujours aux grandes firmes. Mais même à l'intérieur de ces marchés, la structure des entreprises n'est pas imposée. La création de valeur peut s'organiser de nombreuses manières. Le modèle complètement intégré de l'usine Ford à River Rouge, qui couvre toute la chaîne de valeur depuis l'extraction du minerai jusqu'à la vente de voitures neuves, représente de moins en moins l'avenir. Une grande taille peut être encore importante pour certains grands marchés, mais la motivation possible avec un faible effectif est un avantage qui compense de plus en plus les économies d'échelles inhérentes au volume. Des corrections dans la division du travail permettent aux entreprises d'exploiter cet avantage.

Rester petit

Si les avantages afférents à une taille modeste sont menacés quand l'entreprise grossit, les PME devraient sérieusement songer à rester petites. Même si cela va contre les idées admises, et en partie contre mes remarques du chapitre 1 sur la croissance, il convient de remettre en question, au vu de mes observations, les modalités et objectifs traditionnels de la croissance. On se souviendra que la plupart des grandes entreprises d'aujourd'hui n'auraient pu atteindre cette taille si elles n'avaient d'abord réussi en tant que sociétés de taille moyenne. Quelque part en chemin, beaucoup ont sans doute contracté la maladie de la « grosse boîte ». On peut se demander si elles auraient pu y échapper en choisissant délibérément de rester petites. Peut-être !

Dans la mesure où sa taille se rapporte à son marché (de préférence mondial), tant qu'une société peut croître soit en augmentant une part de marché encore faible, soit en étendant sa présence géographique, il n'y a pas de quoi s'inquiéter. Elle peut continuer à se focaliser sur ses marchés et ses compétences et adopter une stratégie de croissance parfaitement compatible avec la manière dont les champions cachés réussissent. Mais si sa part du marché mondial est déjà élevée et que la diversification paraît

être la seule possibilité de croissance, ses actionnaires devraient sérieusement envisager d'investir leur argent ailleurs. Dans un tel cas, la décision
habituelle – et erronée à mon avis – est de se diversifier. Ce mode
d'expansion risque de détourner l'entreprise de la focalisation qui a fait sa
force et de la conduire à violer les principes caractéristiques des champions cachés. Dans cette situation, les dirigeants et les actionnaires pourraient choisir de rester petit et de conserver une focalisation étroite sur
leur marché pour conserver les forces existantes, les actionnaires pouvant
alors individuellement chercher à placer dans d'autres entreprises les divi-
dendes reçus. Pour une entreprise familiale, cette démarche peut paraître
étrange, mais rester petit et focalisé dans le cadre de l'entreprise originelle
est une option stratégique qui mérite considération. Celui qui a fait
monts et merveilles dans une entreprise a tendance à surestimer son aptitude à en faire autant dans une autre activité.

Ce champion caché à l'actionnariat familial s'est trouvé dans une situation de ce genre. Prospère leader mondial dans son secteur d'industrie, il
n'offrait pas beaucoup de possibilités de réinvestissement. En raison de la
nature de long terme de ses projets, sa part de marché n'évolue que
graduellement, et il aurait du mal à réaliser une croissance satisfaisante sur
son marché actuel. La société a considéré deux possibilités. La première
était de se diversifier vers un nouveau domaine prometteur, avec un risque
substantiel mais aussi des opportunités attrayantes. La nouvelle activité
serait supervisée par la même équipe dirigeante, mais une nouvelle division serait créée au sein de l'entreprise. La seconde possibilité était simplement de redistribuer aux actionnaires les capitaux non réinvestis pour
qu'ils les utilisent à leur guise. C'est à juste titre à mon avis que la seconde
solution a été retenue. Je suis bien sûr que l'entreprise telle qu'elle existe
conservera sa force, sa focalisation et son leadership sur son marché
mondial, car ses dirigeants pourront s'y attacher pleinement. Mais cette
décision suppose aussi une limitation de la taille de l'entreprise et de ses
perspectives de croissance dans un avenir prévisible.

Croître petit

Faire rétrécir les entreprises est une idée qui va à l'encontre des proclamations de foi largement consensuelles en faveur de la croissance et des
fusions. On considère d'ordinaire que plus gros est synonyme de

meilleur. Pourtant, le secteur bancaire américain dément cette opinion, comme le notait le sous-titre d'un article du *Wall Street Journal Europe* (Hirsch 1995, 4) : « Bigger Is Better but Narrower is Even Nicer » (« grossir c'est bien, mais rétrécir c'est encore mieux »). La plupart des entrepreneurs sont conscients que les unités ou divisions des grands groupes risquent de ne pas fonctionner très bien. Si elles s'en séparaient pour devenir des entités réellement indépendantes, beaucoup d'entre elles seraient susceptibles de devenir des champions secrets du fait de leurs qualités propres. Foncièrement, leur problème est de remédier aux faiblesses de la grande entreprise et d'y échapper.

La plupart des fusions créent des organisations encore plus vastes. La voie inverse, le découpage des grandes sociétés, pourrait d'après moi avoir des effets importants, mais les exemples sont rares. L'un d'eux est celui du chimiste britannique ICI. En 1993, sa division pharmaceutique a été constituée en société indépendante cotée en bourse sous le nom de Zeneca, ses activités chimiques se poursuivant sous le nom ICI. Dans un article de la *Harvard Business Review,* Owen et Harrison (1995) décrivent en détail la démarche qui a abouti à cette décision et les résultats obtenus. Une grande vague d'acquisitions, disent-ils, avait dans les années 80 « accru la complexité d'un portefeuille d'activités déjà compliqué et difficile à gérer » (133). Le cours de bourse de la société ne reflétait pas la valeur des produits vedettes d'ICI, les médicaments, ce qui aboutissait à un décalage entre le rôle du siège et les besoins des activités.

Zeneca, qui réalise plus des trois quarts de ses profits dans la pharmacie, peut à présent se focaliser complètement sur une activité de base bien définie. Et le nouvel ICI s'est déjà donné comme but « de devenir leader sur le marché mondial dans les domaines où il dispose d'un avantage technologique » (Owen et Harrison 1995, 139). Au bout de deux ans, l'évaluation des deux sociétés et de leur recentrage est positive. Sir Ronald Hampel, PDG du « nouvel » ICI, faisait au cours d'une interview, en 1995, les commentaires suivants :

- Nous avons à présent plus de temps pour nous focaliser sur notre activité chimique.

- Avant la scission, l'un de mes plus grands sujets d'inquiétude était : allons nous rendre ICI trop petit ? Trop petit pour réussir dans la course technologique ? Après tout, nous devions renoncer à certaines des synergies entre nos productions chimiques et pharmaceutiques.

- Avant la scission, j'étais responsable d'un chiffre d'affaires plus important qu'aujourd'hui. Personne n'aime abandonner une parcelle de ses responsabilités, mais nous avons profité de l'occasion pour évoluer. Notre vie au travail a changé dans le bon sens. Je n'aurai jamais cru cela possible. (*Wirtschaftwoche* 1995)

L'expérience d'ICI-Zeneca a incité d'autres grandes sociétés à envisager de semblables évolutions. À la mi-1995, ITT a ainsi annoncé son intention de se partager en trois sociétés indépendantes mieux centrées. AT&T a suivi quelques mois plus tard en annonçant sa scission en trois sociétés indépendantes. La bourse a réagi positivement. En novembre 1995, 3M a annoncé la séparation de son activité de stockage de données pour créer une nouvelle société. Et en décembre 1995, la société de fournitures hospitalières Baxter International a annoncé sa division en deux firmes indépendantes. Ces décisions pourraient être les signes avant-coureurs d'une prochaine vague de « défusions ».

Il est intéressant d'imaginer ce qui se passerait s'il y avait autant de scissions que de fusions. Cela introduirait très probablement un nouvel élément dynamique dans l'économie. Certaines scissions imposées à des sociétés par des forces externes vont dans ce sens. La partage du trust Standard Oil en 1911 a conduit à l'apparition de plusieurs sociétés très prospères, notamment Exxon. Après la Seconde Guerre mondiale, le monopole allemand de la chimie IG Farben a été partagé entre BASF, Bayer et Hoechst. Il n'est guère douteux que tous trois ont au total obtenu une réussite mondiale hors de portée de leur monolithique ancêtre. Le partage d'AT&T en 1984 conforte ma thèse. Ensemble, les « baby Bells » et le nouvel AT&T ont rencontré une réussite remarquable. On peut se demander avec intérêt ce qui se serait passé si IBM avait été partagé en sociétés distinctes, selon le projet du ministère de la Justice, vers la même époque. Il ne semble pas excessif d'imaginer que plusieurs « baby Blues » hautement centrés auraient pu se développer fructueusement dans les années 80. L'aspiration traditionnelle au gigantisme doit être sérieusement mise en question. Les partages, scissions et autres opérations de ce genre vont probablement devenir des options stratégiques hautement attrayantes.

La création d'une firme légalement indépendante est une étape moins radicale qu'une scission totale. On en trouve un bon exemple avec AgrEvo, société de produits phytosanitaires constituée par les anciennes divisions phytosanitaires des chimistes allemands Hoechst et Schering et du français Roussel Uclaf. Le Dr Gerhard Prante, PDG d'AgrEvo, considère que la nouvelle firme s'est créée en peu de temps une identité propre. Uniquement centrée sur la protection végétale, elle ne se laisse pas distraire par les problèmes des autres activités chimiques. Résolument orientée vers le marché mondial, elle est plus proche de ses clients qu'elle n'aurait pu l'être dans le cadre d'un groupe géant. L'identification des salariés à AgrEvo a progressé et l'on voit apparaître les avantages caractéristiques d'un champion caché. C'est un prototype presque idéal de champion caché créé à partir des unités de grands groupes. À la mi-1995, Hoechst a suivi ce modèle en regroupant son activité de colorants textiles avec la division correspondante de Bayer pour former une nouvelle entreprise dénommée Dystar.

Pour qu'une telle transition réussisse, il est essentiel que la nouvelle société dispose du maximum d'indépendance possible. Si elle se prend elle-même en charge, elle atteindra en un temps incroyablement court des niveaux de réalisation qui auraient paru impossibles dans un ensemble plus large. Idéalement, une nouvelle unité devrait même être physiquement installée à l'écart de sa société mère.

Des évolutions identiques me paraissent possibles dans nombre de grands groupes. Des entreprises appartenant à d'énormes organisations diversifiées, dispersées, à la vocation et à l'identité peu claires, pourraient devenir des champions cachés. Une division déficitaire d'un grand ensemble chimique allemand a ainsi été vendue à un groupe suisse qui, au contraire du précédent, lui a conféré une large indépendance. En une seule année, elle est passée d'une perte de 46,5 millions de dollars à un profit de 26,5 millions. Le PDG, qui est resté en place, expliquait que ses seuls vrais problèmes tenaient aux restrictions imposées par l'ancien propriétaire, dont l'organisation et les conceptions économiques n'étaient pas du tout celles qui auraient assuré la réussite de son unité. Cette entreprise est devenue un champion caché et le leader mondial sur son marché.

Les grands groupes ont aussi intérêt à se séparer des activités trop peu importantes dans leur contexte. De telles unités peuvent intéresser au plus haut point de petites entreprises spécialistes d'une niche de marché. Siemens a vendu son activité de stimulateurs cardiaques, unité relativement petite dans le cadre d'un groupe aussi important, à un champion caché spécialiste de la cardiologie, St. Jude Medical (voir le tableau 11.1).

Cette activité devrait davantage bénéficier de l'attention et de la spécialisation des dirigeants chez St. Jude Medical qu'elle n'aurait pu l'espérer chez Siemens. Il en va de même pour l'activité dentaire de Bayer, cédée à la mi-1995 à Heraeus Kulzer, spécialiste du domaine. Avec 560 salariés et 134 millions de dollars de chiffre d'affaires, cette unité était trop petite pour jouer un rôle significatif dans l'énorme ensemble Bayer, m'expliquait le PDG de ce dernier, le Dr Manfred Schneider. Et selon Juergen Heraeus, PDG du groupe acquéreur, cette activité s'accorde parfaitement à la culture de sa société, habituée à gérer des activités de niche et propriétaire de plusieurs champions cachés.

Une petite unité opérationnelle qui risquerait d'être négligée au sein d'un grand groupe peut devenir le centre d'intérêt et l'objet de toutes les attentions une fois constituée en entité indépendante ou vendue à une société plus petite. La taille de l'entreprise doit être cohérente avec celle de sa société mère. Les petites entreprises réussissent mieux dans le cadre de petits groupes, ce qui veut dire que les grands groupes ont tout intérêt à ne pas les conserver. D'abord, ils ne les font pas fonctionner au mieux, et de plus elles les distraient de leurs activités de base.

Leçons pour les grandes entreprises

Les constatations faites sur les champions cachés sont-elles applicables aux groupes géants ? Bien entendu, il serait paradoxal de les qualifier de « cachés » et naïf de leur conseiller les stratégies des petites entreprises. Les leçons de ces dernières s'appliquent différemment aux grandes entreprises selon qu'elles se rattachent à l'un des deux types suivants. Le premier est l'organisation focalisée qui confine essentiellement ses activités à un seul marché sur lequel elle se bat pour conquérir la première place ; je l'appellerai le grand champion. Le second, la grande firme présente dans plusieurs activités ou marchés différents mais plus ou moins apparentés ; je l'appellerai le groupe diversifié.

Leçons pour les groupes champions

À l'évidence, le groupe champion poursuit une stratégie similaire à celle des champions cachés, bien que sur une échelle plus vaste et plus visible. Les leçons contenues dans ce livre sont donc directement et largement applicables à ce type d'entreprise. Boeing appartient à cette catégorie. Il se focalise sur les avions et est leader mondial sur son marché. Whirlpool, déjà premier constructeur mondial d'appareils électroménagers, affiche son ambition de devenir leader dans toutes les grandes régions du monde. Otto-Versand, plus grande société mondiale de vente par correspondance, consolide systématiquement ses positions dans les principaux pays du monde.

D'autres groupes qui ont autrefois bénéficié d'une telle focalisation mais qui se sont écartés du « droit chemin » ont engagé leur recentrage. C'est le cas de Kodak qui, après avoir vendu ses activités dans la pharmacie et le diagnostic, revient à ses bases traditionnelles. « Cette vente massive a fait de Kodak non plus un conglomérat mais une société étroitement centrée sur l'imagerie », écrivait à son sujet *Business Week* (Maremont 1995, 65). Il est intéressant de noter que George Fisher, nouveau PDG de Kodak, détecte soudain quantité d'opportunités de croissance sur ce marché plus étroit. Pourquoi est-ce possible? Parce qu'il a tourné l'attention de Kodak vers les marchés mondiaux. Selon *Business Week* (63) :

> Fisher est convaincu que les activités traditionnelles de Kodak dans le film et le papier photographique peuvent croître de 7 à 9 % par an pendant les dix années à venir. Comment cela? En partie grâce à une expansion dans les pays en forte évolution d'Asie, où Kodak était fâcheusement en retard sur son éternel rival Fuji Photo Film Co. Et il connaît une croissance spectaculaire sur des marchés à peine exploités comme la Russie, l'Inde et le Brésil.

Ainsi recentré, Kodak a commencé en 1995 à faire quelque chose d'inimaginable auparavant, à savoir vendre au Japon des films sous marque de distributeur. Nous sommes en présence d'un cas idéal. Rien n'a changé quant à la réalité de ces marchés. Mais l'entreprise a recentré sa perspective à la manière d'un champion caché.

Beaucoup de grandes sociétés diversifiées ont engagé ou envisagent de telles évolutions. Ainsi, Schering a totalement recentré son activité sur les produits pharmaceutiques. À partir de 1992, toutes les activités hors pharmacie ont été soit vendues soit organisées en entreprises distinctes, comme cela a été fait avec AgrEvo. Schering est devenu une société purement pharmaceutique avec une focalisation claire. Au bout de trois ans, elle considère que son recentrage est positif. La cession de toutes les unités hors pharmacie a fait baisser le chiffre d'affaires de plus de

785 millions de dollars, mais la moitié de cette baisse a été compensée par un renforcement de sa croissance dès la première année suivant son recentrage.

Bien d'autres grandes entreprises semblent suivre une voie similaire en se défaisant de leurs activités marginales et en se concentrant sur des unités moins nombreuses. Souvent, me semble-t-il, elles omettent d'harmoniser corrélativement leurs objectifs, le marché visé et leurs avantages concurrentiels. Une entreprise qui se retire de certains marchés pour se concentrer sur un seul ou sur un petit nombre d'autres devrait simultanément se fixer des objectifs plus ambitieux, viser un marché géographiquement plus large, se rapprocher de ses clients et améliorer sa force concurrentielle. Ce que j'ai dit des champions cachés s'applique presque intégralement au groupe focalisé.

Leçons pour les groupes diversifiés

Les groupes diversifiés forment une catégorie plus complexe. Ce qu'ils peuvent apprendre des champions cachés n'apparaît pas aussi évident. Ne suivent-ils pas une voie opposée à la leur en s'engageant dans de nombreuses activités différentes pour répartir leurs risques, exploiter des synergies, etc.? Dans la plupart des cas, les technologies et les clientèles de ces activités ont au moins un lien de parenté entre elles, mais cette interdépendance laisse en général suffisamment de latitude pour une forte focalisation sur elles.

Les divisions ou unités opérationnelles peuvent ainsi être gérées un peu à la manière des champions cachés. Cela signifie leur donner une mission claire afin qu'elles s'efforcent d'atteindre des positions fortes sur leur marché et beaucoup d'autonomie dans le choix des moyens d'atteindre ce but. Hewlett-Packard et 3M appartiennent à cette catégorie des groupes décentralisés modernes. Avec un chiffre d'affaires supérieur à 20 milliards de dollars, Hewlett-Packard est organisé autour d'unités opérationnelles qui fonctionnent comme de petites entreprises et sont pleinement responsables de leurs résultats. Le chiffre d'affaires d'une unité opérationnelle peut être de l'ordre de celui d'un champion caché, par exemple une centaine de millions de dollars. On peut en dire autant de 3M, dont l'inventivité permanente repose essentiellement sur une semblable décentralisation.

En Europe, ABB, avec plusieurs milliers d'unités opérationnelles censées être gérées comme autant de petites entreprises, est probablement le groupe qui applique le plus systématiquement ce concept. Toutefois, on peut se demander à son sujet s'il ne compte pas trop d'unités de ce genre et si ses objectifs de domination de marchés centrés sont suffisamment nets. Comment assurer le centrage, la gestion et le contrôle d'un groupe formé de centaines ou de milliers de sociétés de type champion caché ? Au-delà du centrage de chaque unité, le groupe dans son ensemble a besoin de liens et d'une vocation centrale.

Je discerne une pareille tendance à la formation de groupes de champions cachés parmi d'autres grands groupes. Depuis de nombreuses années, General Electric demande à ses divisions de lutter pour être le numéro un ou deux mondial. Selon *Fortune*, les divisions de GE sont « des unités souples qui dominent leur marché mondial » (Grant 1995, 74). La division moteurs d'avions, déjà mentionnée dans ce chapitre, est un remarquable modèle de stratégie de champion. Siemens suit une voie similaire, bien que sa démarche de décentralisation ne soit pas encore aussi avancée. Il est intéressant d'observer que certaines divisions de Siemens se dotent d'une identité propre, comme l'a fait AgrEvo.

La démarche de champion caché ici proposée aux groupes diversifiés diffère-t-elle de la décentralisation partout conseillée ? Pas fondamentalement ! Mais les champions cachés montent que la décentralisation devrait être plus radicale qu'il n'est aujourd'hui habituel. Les unités nouvellement formées doivent maîtriser toutes les fonctions de base d'une entreprise et non seulement des parties d'entre elles.

La question de savoir ce qui est ou demeure commun entre les divisions d'un groupe diversifié est extrêmement complexe et n'autorise pas de réponses simplistes. Il doit exister une certaine mise en commun des ressources et des synergies, qu'elles se rapportent à la technologie ou au marché. J'adhère totalement à ce que disait un article de la *Harvard Business Review* en 1995 : « Comme on a fini par l'apprendre, la parenté des activités est au cœur de la création de valeur dans les groupes diversifiés » (Collis et Montgomery 1995, 125). Le compromis idéal entre compétences centralisées et décentralisées est difficile à trouver et instable. Dans le contexte d'un groupe diversifié, il n'est pas possible de reproduire à la lettre une stratégie de champion caché. Mais les divisions devraient néanmoins observer ces leçons. La synthèse entre style de direction autoritaire et style convivial, évoquée au chapitre 10, peut s'appliquer à la relation entre le centre et ses unités décentralisées. Le centre doit être autoritaire dans les aspects fondamentaux, qu'il détermine, mais ceux-ci doivent être peu nombreux. Dans tous les détails, le style de direction doit être hautement convivial, les unités ayant leur mot à dire. Dans la plupart des groupes, en dépit de proclamations inverses, la centralisation est encore excessive. Le centre ne se borne pas à fixer les objectifs et valeurs fondamentaux mais se mêle trop des détails, ce qui empêche les unités de poursuivre une véritable stratégie de champion caché. Le centre doit continuellement et sans complaisance se demander quelle valeur il apporte à l'activité des unités.

La qualité de champion caché suppose aussi des responsabilités fonctionnelles étendues. Les unités opérationnelles doivent être définies de manière à être pleinement responsables de leurs fonctions de base et de la valeur ajoutée de leur activité. D'après l'expérience de Siemens, cela devrait être un critère décisif dans la définition des unités opérationnelles. Cela oblige à prendre en compte aussi bien les aspects de marché que ceux des ressources internes, comme l'illustre l'équilibre entre opportunités extérieures et compétences intérieures chez les champions cachés. C'est seulement si ses dirigeants ont la haute main sur ces deux aspects qu'une unité opérationnelle peut poursuivre une stratégie de conquête de la première place mondiale. Les pratiques actuelles violent cette condition : on confie la vente et la production à des unités opérationnelles différentes, ou bien on isole les ventes et le service. Diviser ainsi des responsabilités qui font partie de la même chaîne de valeur est impensable pour les champions cachés. Les unités amputées de fonctions de base ont peu de chance de devenir ou de rester des champions. Mais dans les secteurs qui exigent une étroite intégration de la production et de la recherche (par exemple la chimie ou l'électronique), le modèle pur de pleine délégation des fonctions de base est à peu près irréalisable.

L'avenir du grand groupe repose sur la recherche d'un moyen terme optimal entre centralisation et décentralisation. J'imagine le groupe diversifié de l'avenir comme un ensemble d'entreprises partageant quelques ressources de base mais qui, pour le reste, fonctionnent comme autant de champions indépendants, avec des missions explicites, des marchés définis, une orientation mondiale, etc. De petites unités autonomes ont plus de chance de parvenir à la spécialisation, à l'intégration de la technologie et du marketing et à l'identification des salariés nécessaires pour faire face aux exigences concurrentielles de demain. Les grands groupes risquent d'avoir du mal à reproduire certaines caractéristiques des champions cachés, tant les compétences et personnalités des dirigeants ont une importance vitale. Des dirigeants techniquement compétents, qui manifestent une unité de leur personne et de leur objectif, qui connaissent à fond une activité, qui acceptent d'aller au charbon et qui se dévouent totalement à leur travail sont essentiels pour créer une atmosphère dans laquelle les salariés se sentiront motivés et impliqués. Ces caractéristiques sont sous-développées dans bien des groupes.

Cela implique que la transition du groupe géré de manière centrale vers le groupe formé de champions cachés n'est pas seulement d'ordre institutionnel. Le principal problème réside dans l'évolution des styles de direction et de la culture d'entreprise. Il faut du temps et de l'énergie pour les modifier, mais comme le montrent AgrEvo et Zeneca, cette évolution a bien plus de chances d'intervenir dans de petites unités que dans le contexte d'un vaste groupe.

En bien des occasions, j'ai vu la démarche des champions secrets saluée avec enthousiasme au sein de groupes diversifiés. Il semble que nombre de leurs collaborateurs préféreraient travailler dans des unités plus petites, plus clairement focalisées et moins encadrées. Tel ce cadre supérieur d'un énorme conglomérat, retourné au siège après avoir passé trois ans dans une filiale relativement indépendante de type champion caché. « J'étais trois fois plus efficace dans cette unité, résume-t-il de manière incisive. J'y consacrais 75 % de mon énergie au marché et non comme ici aux activités et querelles internes. » La décentralisation en unités de type champion caché est un moyen pour ramener de l'efficacité dans les grands groupes.

Leçons pour les petites entreprises

Les petites entreprises ne peuvent ou ne doivent pas toutes lutter pour dominer un marché mondial, car beaucoup de marchés sont locaux ou régionaux. Le fait que ces marchés n'entrent pas dans le cadre de notre étude ne signifie pas qu'on n'y trouve pas des firmes excellentes. Bien au contraire, on rencontre sur tous les marchés des entreprises comparables aux champions cachés. Souvent, au cours de séminaire, on me signale des entreprises qui sont des champions cachés sur leur marché régional limité.

Quelle que soit l'envergure de leur marché, les entreprises qui réussissent appliquent des principes similaires et mes conclusions sont également valables pour les petites entreprises d'envergure locale ou régionale. Les leçons sur la fixation des objectifs, la motivation et le leadership leur sont directement transposables. Avec une préconisation spécifique cependant : elles doivent conserver un centrage étroit et croître par expansion régionale. Au lieu de se diversifier comme dans le cas évoqué au chapitre 4 de la grande distribution à l'hôtellerie dans une même ville, il vaut mieux s'en tenir aux supermarchés et s'installer dans la ville voisine. Celui qui a bien réussi dans un domaine à un endroit peut probablement en faire autant ailleurs. Mais le fait d'être bon dans les supermarchés (les pommes) ne prédestine pas à exceller dans la gestion hôtelière (les oranges), car on s'adresse à une clientèle totalement différente. Le mot d'ordre pour l'entreprise régionale est donc que, si petit soit son marché, elle doit y être l'un des leaders, ce qui est la position que tout entrepreneur devrait rechercher. Être un champion caché ne dépend pas de la taille du marché.

Un autre cas, celui d'un fournisseur de haute technologie pour le secteur bancaire, illustre la pertinence de l'internationalisation. Avec 100 millions de dollars de chiffre d'affaires, cette société détient 80 % du très exigeant marché allemand mais s'est abstenue jusqu'ici d'aborder l'international. Il m'a fallu du temps pour convaincre ses dirigeants que s'ils étaient capables de prendre les quatre cinquièmes d'un marché aussi difficile que celui de l'Allemagne, ils devraient pouvoir s'implanter dans d'autres pays. Toute petite entreprise qui excelle sur un marché régional devrait sérieusement envisager l'international.

Au-delà de l'Allemagne

Le projet de recherche dont ce livre est issu s'est attaché aux champions cachés allemands, même si je l'ai complété à l'occasion d'observations venant d'autres pays. Il est intéressant et légitime de se demander s'il existe des champions cachés et si leur expérience est applicable hors d'Allemagne.

Sans même faire une recherche systématique, j'ai découvert des champions cachés dans de nombreux pays, depuis l'Europe et les États-Unis jusqu'à l'Afrique du Sud et à la Nouvelle-Zélande. En 1989, les Français leaders sur leur marché mondial ont même créé un « Club des numéros 1 mondiaux français à l'export ». Ses 139 membres sont en majorité des grandes sociétés, mais on y compte de nombreux champions cachés. Dans certains petits pays, la plus importante multinationale peut fort bien être un champion caché. Tel est le cas au Portugal avec Corticeira Amorim, de loin le plus important fabricant mondial de bouchons et autres produits à base de liège. Cette société, qui manifeste parfaitement les traits de nos champions cachés, « s'est imposée comme la force dominante dans la production et la distribution du liège et de ses dérivés dans le monde entier. C'est la seule multinationale portugaise a détenir une part aussi large de son marché » (Vitzthum 1994b, 4). Les entreprises non allemandes répertoriées dans le tableau 11.1 démontrent, du moins quant aux critères objectifs de taille et de position sur le marché, qu'il y a des champions secrets tout autour du globe.

Si intéressant que soit ce constat, cela ne signifie pas forcément que les champions cachés de la performance non allemands présentent les mêmes traits stratégiques que leurs homologues germaniques. La localisation d'une entreprise peut jouer un rôle important dans sa stratégie et sa réussite mondiale. Je n'ai pas de preuve scientifique concluante à 100 % que les sociétés citées dans le tableau 11.1 peuvent bénéficier de l'exemple des champions cachés de la performance allemands ou prendre modèle sur eux.

Mais j'ai étudié et visité bon nombre de ces champions non allemands. Lors d'ateliers et de séminaires en leur compagnie, j'ai recueilli de nombreux commentaires sur leurs méthodes et celles de leurs pairs allemands. Les informations ainsi recueillies me portent à conclure que *les champions cachés sont remarquablement similaires d'un pays à l'autre et emploient des stratégies presque identiques.* Ils partagent les mêmes attitudes à l'égard de la notoriété, adhèrent aux mêmes valeurs de base et ont des salariés très motivés. Lors d'une visite chez le sud-africain SAPPI-SAICCOR, leader mondial du papier soluble (sa filiale américaine, S.D. Warren, est le numéro un mondial du papier couché sans bois), j'ai ressenti exactement l'atmosphère intense qui domine parmi les sociétés allemandes. J'ai eu la même impression dans le Midwest américain en visitant un champion caché qui préfère l'anonymat, leader mondial pour un produit mécanique spécial.

Tableau 11.1 – Les champions cachés de la performance dans le monde.

Société	Pays	Produit principal	Position sur le marché mondial				
			C.A. millions US $	Effectif	Rang	Part de marché %	Part relative
Swarovski	Autriche	Cristallerie	990	9 200	1	67	> 2
Fischer	Autriche	Skis de cross-country	79	860	1	40	2,8
Mayr-Meinhof	Autriche	Boîtes en carton	1 000	4 800	1*	25*	1,5*
Trierenberg	Autriche	Papier à cigarette	370	900	1*	45*	1,5*
Veitsch-Radex	Autriche	Réfractaires au magnésium	540	4 000	1	15	1,3
Nyco Minerals	Danemark	Wollastonite	30	120	1	60	3
Rockwool	Danemark	Laine de roche, laine minérale	928	5 600	1	ND **	ND
Babolat	France	Cordages naturels (raquettes tennis)	28	200	1	75	5
Eurocopters	France	Hélicoptères civils	1 700	ND	1	51	> 2
Manitou	France	Chariots élévateurs tous terrains	270	1 200	1*	35*	ND
Rossignol	France	Skis alpins	410	2 000	1	25	2,4
Sofamor	France	Instruments chirurgicaux et implants	47	ND	1	28	1,2
DeLonghi	Italie	Climatiseurs mobiles	800	2 000	1*	30*	1,5*

* Europe   ** ND = non disponible

Tableau 11.1 – Les champions cachés de la performance dans le monde. *(Suite)*

Société	Pays	Produit principal	Position sur le marché mondial				
			C.A. millions US $	Effectif	Rang	Part de marché %	Part relative
Mabuchi Motors	Japon	Petits moteurs électriques (pour caméscopes, par ex.)	ND	ND	1	40	4,4
Minibea	Japon	Roulements à billes miniatures	ND	ND	1	65	> 3
Nideq	Japon	Moteurs d'axe pour disques Winchester	ND	ND	1	85	> 5
Nikon	Japon	Équipements lithographiques pour production de semi-conducteurs	ND	ND	1	50	ND
Eurocomposites	Luxembourg	Panneaux nids d'abeille	17	110	1*	50*	1,4*
Gallagher	Nouvelle-Zélande	Clôtures électriques agricoles	100	650	1	45	2
Amorim	Portugal	Produits en liège	293	ND	1	Marché imprécis	> 3
SAPPI-SAICCOR	Afrique du Sud	Papier soluble	300	1 200	1	17	1,4
Chupa Chups	Espagne	Sucettes	275	ND	1	Marché imprécis	ND

Tableau 11.1 – Les champions cachés de la performance dans le monde. *(Suite)*

Freixenet	Espagne	Vins mousseux	300	1 100	1	5	1,2
Gambro	Suède	Machines de dialyse	1 400	9 000	1	30	1,5
Ares Serono	Suisse	Produits de biotechnologie	650	ND	1	70	> 2
Cerbérus Guinard	Suisse	Alarmes antifeu	ND	ND	1*	50	ND
Flytec	Suisse	Instruments pour deltaplane	3	ND	1	60	> 1,5
Uwatec	Suisse	Instruments de plongée	14	ND	1	60	> 1,5
Giant	Taiwan	Vélos de montagne	400	1 500	1	3	1,1
De La Rue	Roy.-Uni	Impression fiduciaire	1 000	ND	1	60	> 3
Molins	Roy.-Uni	Machines à cigarettes intermédiaires	475	3 000	1	65	2
Vinten Group	Roy.-Uni	Accessoires pour caméras de TV	ND	ND	1	80-90 sur beaucoup de segments	> 10
Meiko	Roy.-Uni	Traitement massivement parallèle	223	180	1*	25*	ND
BE Avionics	États-Unis	Unités de contrôle passagers pour sièges d'avion	ND	ND	1	70	> 2
Brush Wellman	États-Unis	Produits au beryllium	346	ND	1	65	> 2

Tableau 11.1 – Les champions cachés de la performance dans le monde. *(Suite)*

Société	Pays	Produit principal	C.A. millions US $	Effectif	Rang	Part de marché %	Part relative
					Position sur le marché mondial		
Cray Research	États-Unis	Super-ordinateurs	921	ND	1	66	ND
Institute for International Research	États-Unis	Conférences, séminaires	200	1 200	1	Marché imprécis, ND	ND
Loctite	États-Unis	Adhésifs anaérobics	417	ND	1	80	> 5
Medtronic	États-Unis	Stimulateurs cardiaques Défibrillateurs	1 600 / ND	10 000	1	46 / 33	2,1
Melroe	États-Unis	Mini-chargeurs polyvalents	ND	ND	1	75	> 4
Morton International	États-Unis	Airbags	225	2 000	1	55	1,5
Nordson	États-Unis	Équipements pour fusion chaude	500	3 000	1	60	> 1,5
Rohr Industries	États-Unis	Carlingues pour avions civils	907	ND	1	85	> 6
Sensormatic Electronic Corp.	États-Unis	Protections d'articles électroniques	890	5 500	1	Marché imprécis	> 2

Tableau 11.1 – Les champions cachés de la performance dans le monde. *(Suite)*

St. Jude Medical	États-Unis	Valves cardiaques artificielles	253	725	1	60	9,1
Superior International Industries	États-Unis	Jantes aluminium pour automobiles	456	4 500	1	20	1,8
S.D. Warren	États-Unis	Papier couché sans bois	1 144	4 500	1	7	ND

D'après mon expérience, quel que soit leur pays, les champions cachés sont plus proches les uns des autres que des grandes entreprises de même nationalité qu'eux. Je crois que Kärcher (à Winnenden, en Allemagne méridionale) et Melroe (à Gwinner, dans le Dakota du Nord) se ressemblent plus qu'ils ne ressemblent l'un à Volkswagen, l'autre à General Motors.

Mes observations ont été validées au cours de nombreuses conversations avec des hommes d'affaires internationaux. Bill Gallagher, PDG du néo-zélandais Gallagher, leader mondial des clôtures agricoles électrifiées, m'a confirmé que sa stratégie était pratiquement identique à celle des champions cachés allemands. Et l'on relève des similarités étonnantes dans le passage suivant, extrait d'un article d'*International Management* sur le champion caché espagnol Chupa Chups, leader mondial des sucettes (Webster 1992, 55) :

> Chupa Chups est dynastique et enraciné dans un système artisanal corporatiste, survivance des siècles précédents.
>
> Cela ne l'empêche pas d'être très largement international. Les trois cinquièmes de son chiffre d'affaires sont aujourd'hui réalisés hors d'Espagne. Peu après avoir pris le contrôle de la société en 1957, Enrique Bernat a pris sa première grande décision : réduire la gamme de ses produits de deux cents à un seul, la sucette. Il a fait breveter celle-ci. Au fil des ans, il a régulièrement investi dans de nouvelles technologies pour garder son avance sur la concurrence.
>
> Plus de 80 % des machines utilisées par Chupa Chups ont été conçues en interne et sont jalousement protégées de la concurrence.

La stratégie d'Amorim, leader portugais du marché mondial des produits en liège, reflète également bien le comportement des champions cachés en ce qui concerne la présence mondiale, la proximité avec le client, la domination du marché et la maîtrise de la distribution (Vitzthum 1994b, 4) :

- Cinquante unités de production et de distribution situées dans quinze pays...
- Nous connaissons bien nos marchés, il existe un lien fort entre la distribution et la production...
- Dominant sur le marché du liège et de ses dérivés...
- Nous sommes toujours intéressés par le rachat de nos distributeurs...

Presque tous les champions cachés allemands pourraient en dire autant : valeurs traditionnelles, mondialisation, centrage sur un produit ou un marché, innovation, avantage concurrentiel et recours à ses propres forces. Tout cela donne à penser que les leçons esquissées ici ne se limitent pas à l'Allemagne mais conviennent à des sociétés du monde entier. Les principes fondamentaux de la bonne gestion sont également pertinents dans tous les pays et toutes les cultures. La réussite internationale des champions secrets ne les oblige-t-elle pas presque nécessairement à trouver des dénominateurs communs pour conduire leurs affaires à l'échelle mondiale ?

Je ne nie pas l'importance du contexte local. Des clients exigeants, des concurrents puissants, des industries d'assistance et autres facteurs favorables aident tous à parvenir au leadership mondial, comme l'a indiqué Michael Porter dans *L'Avantage concurrentiel des nations* (1990a). Cela est vrai aussi de l'orientation générale de la société dans les domaines éducatif, technologique et international, ainsi que l'a souligné Horst Albach dans *Culture and Technical Innovation* (1994).

Les entreprises américaines pourraient donc avoir plus de chances que les firmes européennes de devenir champions cachés dans des domaines comme l'informatique, le logiciel, la biotechnologie, le spectacle et le multimédia. Le contexte semble plus favorable à ces industries aux États-Unis. Mabuchi est le leader mondial des petits moteurs électriques pour lecteurs de CD, magnétophones et magnétoscopes car c'est au Japon que la demande est la plus forte du fait de la position dominante des Japonais dans ces secteurs. Les leaders mondiaux du ski, Fischer (cross-country) et Rossignol (descente) sont implantés dans des régions montagneuses ou le ski est traditionnellement en vogue. Certaines des entreprises mentionnées dans le tableau 11.1, telles que le fabricant néo-zélandais de clôtures agricoles électrifiées Gallagher, bénéficient aussi d'implantations favorables. En Nouvelle-Zélande, les moutons sont à peu près vingt fois plus nombreux que les humains et leurs pacages doivent être entourés de clôtures.

Mais ceci n'est qu'un tableau partiel et de moins en moins vrai. Les champions cachés de la performance, aussi bien en Allemagne qu'ailleurs, prouvent qu'ils sont toujours des exceptions à une règle. Nombre d'entre eux sont situés en des endroits contraires à la logique de la compétitivité internationale. Pourquoi une entreprise comme Melroe, qui fabrique un appareil relativement simple comme le mini-chargeur Bobcat devrait-elle être installée à Gwinner dans le Dakota du Nord ? Pourquoi St. Jude Medical est-il à Minneapolis ? Hormis la tradition, y a-t-il des raisons particulières pour que les implantations de Grohmann Engineering soient en Allemagne, alors que la plupart de ses clients sont des sociétés d'électronique américaines, tout comme celles de Fischer Labor – und Verfahrenstechnik, qui réalise 90 % de son chiffre d'affaires avec des compagnies pétrolières internationales. Et puis il y a SAP, leader mondial des progiciels de gestion client/serveur. Ne vaudrait-il pas mieux pour lui être basé aux États-Unis plutôt qu'en Allemagne ? Avec la multitude de leurs marchés et de leurs niches, avec l'étendue de leurs compétences et de leurs avantages concurrentiels potentiels, avec leur détermination et leur culture d'entreprise, de nombreux champions cachés pourraient s'établir n'importe où dans le monde industriel et s'y épanouir en conservant leur position de leader.

Mon opinion est corroborée par beaucoup de personnes interrogées. Peter Barth, PDG du leader mondial des produits à base de houblon, pense que sa société pourrait conduire ses activités pratiquement à partir de n'importe quel endroit du monde. Cet avis est partagé par Klaus Grohmann, qui remarque que le siège de sa société pourrait aussi bien être implanté en Amérique du Nord qu'en Allemagne. Et en visitant à Detroit les filiales américaines de Dürr, leader mondial des installations de finition de peinture, j'y ai trouvé exactement le même esprit qu'au siège de Stuttgart, alors même que les Allemands y sont peu nombreux (le PDG est Sud-africain). Je crois que beaucoup de gens, particulièrement les Américains, surestiment les particularités nationales du management.

D'après mes études auprès des champions cachés, en Allemagne et ailleurs, je considère que le facteur essentiel n'est pas l'endroit où se trouve une entreprise mais l'aptitude de celle-ci à développer les compétences et les avantages concurrentiels requis sur son marché particulier. Bien que cela ne soit peut-être pas indépendant de la localisation, l'environnement n'est qu'un déterminant de la réussite parmi d'autres. L'orientation mondiale des champions cachés – et souvent la multiplicité de leurs implantations – les rend de plus en plus indépendants de tel ou tel pays. Les échelons supérieurs des champions cachés sont parmi les plus cosmopolites que je connaisse ; ce cosmopolitisme est à la fois une obligation et une conséquence du fait que la qualité de champion caché est indépendante du pays d'origine. Dans un monde qui rétrécit, toute entreprise décidée à dépasser ses limites culturelles et nationales voit s'ouvrir de superbes occasions de croissance.

Leçons pour les investisseurs

Les champions cachés sont des cibles tentantes pour des investisseurs. Marché bien défini, leadership mondial et continuité sont des critères attrayants recherchés par les investisseurs intelligents. Ces derniers préfèrent les sociétés sans complication, persévérantes, aux conglomérats qui diluent leurs résultats et leurs responsabilités (voir Owen et Harrison 1995 pour l'exemple d'ICI-Zeneca). Restés largement inconnus, les champions cachés ne sont probablement pas encore pleinement valorisés par les marchés financiers. D'autant plus que la présence des petites entreprises à la bourse allemande est encore embryonnaire, seule une petite minorité de champions cachés étant cotés.

Ces entreprises méritent d'être considérées de plus près en tant que cibles potentielles pour un investissement financier. Leur développement à long terme promet aux actionnaires des rendements attrayants, en particulier grâce à l'appréciation progressive de leurs actions. À court terme, leur cours sera probablement moins stable que celui des actions de grands groupes. En raison de leur focalisation, le développement des entreprises de notre échantillon dépend étroitement des fluctuations de leur marché. Fortement exportatrices, elles sont très sensibles à des facteurs tels que les taux de change. Mais cette volatilité même peut rendre leurs actions encore plus intéressantes aux yeux d'investisseurs recherchant des plus-values à court terme.

En dehors de la bourse, les champions cachés sont des cibles de choix pour des prises de contrôle, des rachats par le personnel et des investissements privés. Un certain nombre d'investisseurs institutionnels préfèrent prendre des participations dans des firmes occupant une position de leader sur leur marché. On trouve parmi eux des fonds nationaux du Koweït ou de Singapour, des fonds spéciaux et des banques d'affaires.

Leçons qualitatives générales

Les champions cachés de la performance proposent quelques leçons générales intéressantes. Leur ingrédient de base est une bonne dose de bon sens : en découlent *valeur offerte au client, fiabilité, relations à long terme, qualité et service.* Leurs pratiques montrent que beaucoup de mots à la mode chez les managers, comme « outsourcing », « alliances stratégiques » et « concurrence base temps » pourraient être des engouements fugaces ou des exagérations unilatérales d'un seul aspect de l'entreprise. Beaucoup des dirigeants que j'ai rencontrés soulignent être remarquablement peu influencés par ces effets de mode. Selon eux, ces mots disparaissent après un moment de vogue et ne doivent pas influencer trop fortement leurs idées.

Les pratiques de management fondamentalement bonnes et efficaces ne changent guère d'année en année. Plutôt que de suivre tous les engouements managériaux, il vaut mieux adhérer à des principes simples mais éprouvés tels que ceux des champions cachés. Rester sobre et ne pas se prendre d'enthousiasme pour le dernier article sur le nouveau remède miracle.

Autre leçon générale, la bonne gestion consiste à traiter un grand nombre de détails mineurs mieux que ses concurrents et non seulement à faire bien un petit nombre de choses. La plupart des champions cachés disent ne pas appliquer une recette unidimensionnelle. Ils admettent que leurs concurrents sont eux aussi forts, souvent excellents. Mais leur propre supériorité tient à la somme de tous les aspects dans lesquels ils surpassent leurs rivaux. Une certaine concentration n'est pas exclue, comme le suggère l'EKS, la stratégie du goulot présentée au chapitre 10. Mais aucun aspect important de l'entreprise ne doit en tout cas être négligé. Cela suppose aussi une amélioration continuelle dans tous les aspects de l'activité de l'entreprise. À cet égard, les champions cachés adhèrent à la philosophie japonaise du *kaizen*. Ils réalisent constamment des améliorations, moins à travers des systèmes de suggestion organisés que par la participation active et l'implication des salariés, eux-mêmes poussés par une motivation et une identification sincère à leur entreprise.

La focalisation des champions cachés contient une leçon implicite : nul ne peut être champion dans de nombreux domaines à la fois. Ceux qui sont focalisés l'emportent sur ceux qui essaient d'en faire trop à la fois. Ce message vise particulièrement les petites entreprises aux moyens limités. Mais il s'applique également aux grandes entreprises qui se croient souvent capables de maîtriser un grand nombre de compétences et d'activités différentes – ce qui est une illusion dangereuse. D'ordinaire, le spécialiste persévérant l'emporte sur le généraliste.

La simplicité des champions cachés peut également servir de guide – simplicité dans leur fonctionnement et leur organisation. Elle évoque les débats de ces dernières années sur les philosophies du management allégé ou du reengineering. De nombreux champions cachés n'ont jamais été autrement qu'allégés. Des auteurs comme Rommel *et al.* (1995) présentent la simplicité comme une voie prometteuse vers l'augmentation de la productivité. Les grandes organisations ont artificiellement créé une complexité telle qu'elles se paralysent elles-mêmes. Un ingrédient essentiel de la simplicité, à mon avis, est le fait qu'une entreprise ait plus de travail qu'elle ne peut en traiter confortablement. Cette situation empêche ses collaborateurs d'inventer de nouvelles complexités et maintient leur intérêt centré sur les tâches à accomplir.

Mais la simplicité évoque également une manière de voir le monde. De nombreux dirigeants de champions cachés adoptent une position simple mais non simpliste. Ils se concentrent sur les aspects essentiels d'une situation, refusant de se laisser distraire et désorienter par tous ses tenants et aboutissants mineurs. Les organisations et les groupes de grande taille, au contraire, s'efforcent de saisir tous les aspects contingents de la situation, bâtissent des modèles complexes, se laissent submerger par une marée de chiffres et perdent parfois de vue l'essentiel. Les arbres leur cachent la forêt. Dans un environnement de plus en plus complexe, l'aptitude à réduire un contexte à l'essentiel sans simplification excessive prend une importance croissante.

Leçons « et-et »

C'est Heinrich Flik, de W.L. Gore, Inc., qui a le premier attiré mon attention sur l'importance du management « et-et » (Flik 1990). La culture d'entreprise de Gore est bâtie autour de ce concept, par opposition à celui du « soit-soit ». La devise de la société, « Gagner de l'argent et s'amuser », met en valeur deux éléments. Ses deux principes sont « la liberté » *et* « la ligne de flottaison ». Tandis que le premier incite tous les salariés à développer leur entier potentiel, le second fixe une limite en leur demandant de ne pas percer de trous sous la ligne de flottaison. Gore s'efforce d'être à la fois ferme sur les principe *et* souple sur les détails.

La même attitude imprègne le comportement des champions cachés, comme tous les chapitres l'ont souligné. Le tableau 11.3 esquisse quelques exemples de « et-et ». La définition du marché, par exemple, est à la fois étroite en ce qui concerne le produit et la technologie *et* large en ce qui concerne l'envergure géographique ; le style de direction est à la fois autoritaire quant au fond *et* convivial quant aux détails.

Le et-et est un thème récurrent dans la littérature sur le management. Barry Johnson, dans *Polarity Management* (1992), souligne la nécessité de trouver des compromis entre opposés et met en garde contre le danger de solutions extrêmes, si attirantes qu'elles puissent paraître. Dans *Bâties pour durer*, Collins et Porras (1994) évoquent la « tyrannie du *ou* » et proposent « d'adhérer au génie du *et* », rapprochant cette problématique du dualisme yin/yang de la philosophie chinoise.

Tableau 11.3 – La philosophie « et-et » des champions cachés.

Aspect	Et...	Et
Marché	Étroit : produit, technologie	Large : monde, région
Force motrice/ Innovation	Client	Technologie
Stratégie	Opportunités externes	Ressources/compétences internes
Innovation	Produit	Procédé
Horizon chronologique	Court terme : efficience (faire ce qu'il faut)	Long terme : efficacité (bien faire les choses)
Avantage concurrentiel	Qualité du produit	Service/interaction
Valeur ajoutée	Activités de base assurées en interne	Sous-traitance des activités périphériques
Turnover du personnel	Élevé au début de la phase de sélection du personnel	Bas : personnel à long terme
Style de direction	Autoritaire pour les objectifs et valeurs de base	Convivial pour les détails, les procédés

Concilier des aspects apparemment inconciliables est un ingrédient essentiel de l'art du management. Quoique je privilégie la simplicité, le monde est rarement simple au point que l'on puisse considérer seulement l'une des deux faces d'une médaille puis opter pour une solution extrême. Le « et-et », comprenons-le bien, ne suppose pas un compromis naïf moitié-moitié ou intermédiaire. La question n'est pas de choisir entre orientation marché et orientation technologie, mais à la fois le marché *et* la technologie. Tous deux ne sont pas mutuellement exclusifs : ce sont des dimensions à viser simultanément. Cela est vrai aussi à un plus ou moins grand degré des autres aspects du tableau 11.3. Il met en garde contre le simplisme, qui est l'une des erreurs les plus fréquentes dans les formules magiques du management. La gestion implique des choix et des arbitrages difficiles, que les dirigeants le veuillent ou non. « Les managers, j'ai pu m'en rendre compte, ne sont que trop disposés à adopter l'une ou l'autre de ces formules, parce qu'elles leur laissent espérer qu'elles les dispenseront de faire des choix difficiles », note Michael Porter (1994, 273). C'est une illusion. La bonne gestion suppose toujours des choix difficiles. Le Dr Hans-Joachim Langmann, PDG depuis le début des années 60 de Merck KGaA (leader mondial dans plusieurs domaines) et l'un des plus fins managers que je connaisse, me disait un jour que le véritable art du management consistait à faire intelligemment ces choix difficiles.

Trois cercles et neuf leçons

Cette section résume les neuf leçons les plus significatives des champions cachés, chacune résumant un chapitre de ce livre. La figure 11.1 les inscrit de manière contextuelle dans trois cercles concentriques : noyau, cercle intérieur (les compétences internes) et cercle extérieur (les opportunités externes).

Le noyau est défini par un leadership fort, dont les objectifs ambitieux définiront et harmoniseront les compétences de l'entreprise. Par compétences, il faut entendre des salariés bien choisis et motivés, une innovation continue en matière de produits et de procédés et l'exploitation de ses propres forces. Les compétences internes se traduisent par des forces externes. Le cercle extérieur comprend une étroite focalisation sur le marché dans le domaine du produit, de la technologie et des applications, alimentant la proximité avec le client et des avantages concurrentiels clairs et complétée par une orientation mondiale afin de créer un marché suffisamment large. Bien que les leçons procèdent les unes des autres, du noyau vers le cercle extérieur, aucun aspect ne domine les autres. Ce qui conduit à la réussite est la réunion de tous.

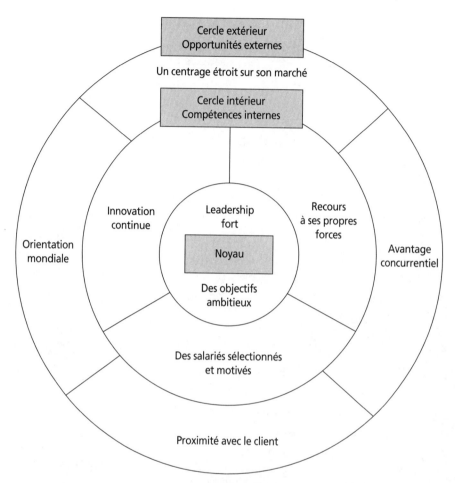

Figure 11.1 – *Les trois cercles et les neuf leçons des champions cachés.*

Ces neuf leçons sont les suivantes :

1. Fixez des objectifs clairs et ambitieux. Dans l'idéal, l'entreprise devrait se battre pour être la meilleure et devenir le leader de son marché.

2. Définissez le marché étroitement et ce à la fois en termes de besoins du client et de technologie. N'acceptez pas de définitions toutes faites mais considérez que la définition du marché fait partie de la stratégie. Restez focalisé et concentré. Ne vous laissez pas distraire.

3. Associez une définition étroite de votre marché et une orientation mondiale impliquant une présence commerciale et marketing dans

le monde entier. Traitez aussi directement que possible avec vos clients tout autour du globe.

4. Soyez proche de vos clients à la fois dans vos performances et dans vos contacts. Veillez à ce que toutes les fonctions soient en contact direct avec la clientèle. Adoptez une stratégie axée sur la valeur. Soyez très attentif aux clients les plus exigeants.

5. Efforcez-vous d'innover constamment tant pour les produits que pour les procédés. L'innovation doit être inspirée à la fois par la technologie et par les clients. Prêtez autant d'attention aux compétences et aux ressources internes qu'aux opportunités externes.

6. Ménagez-vous des avantages concurrentiels bien définis à la fois pour les produits et pour le service. Défendez férocement votre position concurrentielle.

7. Appuyez-vous sur vos propres forces. Conservez vos compétences centrales vitales, à l'intérieur de l'entreprise, mais sous-traitez les activités périphériques.

8. Essayez toujours d'avoir plus de travail que de bras pour le faire. Commencez par choisir rigoureusement vos salariés, puis conservez-les longtemps. Communiquez directement pour les motiver et utilisez pleinement leur créativité.

9. Pratiquez un style de direction à la fois autoritaire quant aux questions fondamentales et convivial quant aux détails. Faites très attention à la sélection des dirigeants, en considérant l'unité de leur personne et de leurs objectifs, leur énergie et leur persévérance ainsi que leur aptitude à inspirer et motiver autrui.

Audit d'un champion caché

Ces neuf leçons doivent permettre aux entreprises de s'évaluer elles-mêmes à l'aune de ces critères. J'ai réalisé de tels audits dans différentes sociétés. La première étape consiste à établir l'importance des neuf leçons, qui peut varier d'un marché à l'autre. On évaluera ensuite la performance de la société à l'égard de chacune d'elles. Cela peut se faire individuellement en remplissant un questionnaire (voir tableau 11.4) ou bien lors d'une discussion de groupe ou d'un atelier. Pour comparer l'importance et la performance et juger à quel point une société adhère aux leçons des champions cachés, on utilisera la matrice d'analyse de la performance concurrentielle et des compétences internes proposée au chapitre 6. Ma méthode indique sur l'axe vertical l'importance attachée à chaque critère et sur l'axe horizontal le niveau de performance atteint. Plus le résultat est désirable, plus le critère est important et plus la performance doit être élevée. C'est ce que représente la diagonale grisée de la figure 11.2, qui schématise les résultats des audits effectués pour deux entreprises. La matrice de gauche est celle d'un authentique champion caché, la matrice de droite celle d'un grand groupe diversifié. Dix cadres de haut rang ont rempli le questionnaire dans chaque entreprise.

Tableau 11.4 – Questionnaire pour l'audit des champions cachés.

Leçon	Importance 1 = peu important 5 = très important	Performance 1 = très basse 5 = très élevée
1. Buts ambitieux	1 2 3 4 5	1 2 3 4 5
2. Centrage étroit sur le marché	1 2 3 4 5	1 2 3 4 5
3. Orientation mondiale	1 2 3 4 5	1 2 3 4 5
4. Proximité avec le client	1 2 3 4 5	1 2 3 4 5
5. Innovation continue	1 2 3 4 5	1 2 3 4 5
6. Avantages concurrentiels	1 2 3 4 5	1 2 3 4 5
7. Recours à ses propres forces	1 2 3 4 5	1 2 3 4 5
8. Salariés motivés	1 2 3 4 5	1 2 3 4 5
9. Leadership fort	1 2 3 4 5	1 2 3 4 5

L'audit du champion caché (à gauche) révèle que cette entreprise adhère étroitement à ces leçons. Il y a cohérence entre l'importance et la performance, les facteurs les plus importants montrant une performance élevée. Pour le groupe diversifié, c'est l'inverse. Ses performances sont faibles à l'égard des leçons les plus importantes, et vice versa. Il est intéressant aussi de comparer le classement de l'importance pour les deux entreprises. Le champion caché ne ressent évidemment pas de fortes pressions concurrentielles et ne classe ses avantages concurrentiels qu'au-dessous de la moyenne; chez le groupe diversifié, les avantages concur-

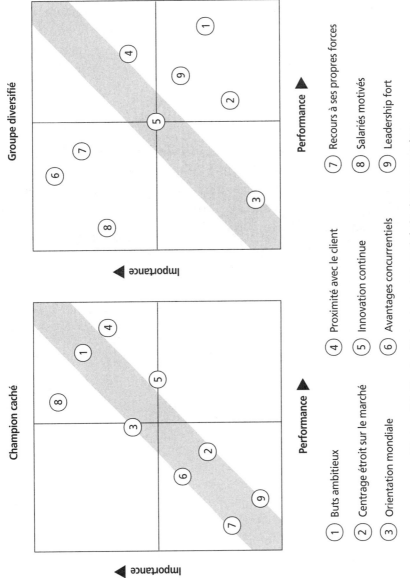

Figure 11.2 – Audit de champion caché de deux entreprises.

rentiels sont le critère le plus important. C'est l'inverse pour les buts ambitieux, dont l'importance est considérée comme grande chez le champion caché et petite dans le groupe diversifié.

Ces deux sociétés voient et vivent le monde très différemment, mais le champion caché semble bien plus déterminé et efficace. Cet audit et cette comparaison ont eu d'importantes conséquences dans le grand groupe. Il s'est résolu à se transformer en un groupe de champions cachés.

La leçon finale

Les champions cachés de la performance suivent leur propre chemin. Leurs procédures sont très différentes de celles des autres entreprises ou de ce qu'enseigne le management moderne. Foncièrement, leur réussite ne repose que sur une formule magique : le bon sens. Si simple, mais si difficile à atteindre ! Telle est la leçon finale.

BIBLIOGRAPHIE

« ABB on the Move », *International Management,* 26-29 avril, 1994.

ABELL Derek F. – *Defining the Business – The Starting Point of Strategic Planning.* Englewood Cliffs, N.J., Prentice-Hall, 1980.

ADAMER Manfred M., KAINDL Günter – *Erfolgsgeheimnisse von Markt- und Weltmarktführern* (Réussites secrètes de leaders d'un marché ou d'un marché mondial). Munich, Rainer Hampp Verlag, 1994.

ALBACH Horst. – *Culture and Technical Innovation.* Berlin/New York, de Gruyter, 1994.

ALBAUM G. – *International Marketing and Export Management.* Boston, Addison-Wesley, 1989.

ANDERSEN Otto. – On the Internationalization Process of Firms : A Critical Analysis, *Journal of International Business Studies, 2,* 209-231, 1993.

ARRUFAT Miguel A., HAINES George A. – *Market Definition for Application Development Software Packages,* Carleton University School of Business, document d'étude, 93-02, 1992.

ASCARELLI Silvia – How Germany's Krones Slipped on a Big Order and Just Kept Falling, *Wall Street Journal Europe,* 16 décembre,. 1994.

ATTIYEH R.S., WENNER S.L. – Critical Mass : Key to Export Profit, *McKinsey Quarterly,* hiver, 73-87, 1981.

AUSTRALIAN MANUFACTURING COUNCIL et MCKINSEY & COMPANY – *Emerging Exporters : Australia's High Value-Added Manufacturing Exporters,* Canberra, Australian Manufacturing Council, 1993.

AYAL Igal, JEHIEL Zif. 1979. – Competitive Market Choice Strategies in Multinational Marketing, *Journal of Marketing, 43* (printemps), 84-94.

BENNIS Warren – *Why Leaders Can't Lead,* San Francisco, Jossey-Bass, 1989.

BIALLO Horst. – *Die geheimen deutschen Weltmeiste : Mittelständische Erfolgsunternehmen und ihre Strategie* (Les champions du monde secrets en Allemagne : les meilleures entreprises moyennes et leurs stratégies), Vienne, Wirtschaftsverlag Ueberreuter, 1993.

BURKE Jeffrey – Bad Impressions, *Wall Street Journal Europe,* 30 novembre, 1994.

BUZZELL Robert D., GALE Bradley T. – *The PIMS Principles : Linking Strategy to Performance,* New York, Free Press, 1987, 1987.

CAVUSGIL S.T. – On the Internationalization Process of the Firm, *European Research,* novembre, 273-281, 1980.

CLIFFORD Donald K. Jr. – Growth Pains of the Threshold Company, *Harvard Business Review, 51* (septembre-octobre), 143-154, 1973.

CLIFFORD Donald K., CAVANAGH Richard – *The Winning Performance : How America's High-growth Midsize Companies Succeed,* New York, Bantam Books, 1985.

COLLINS James C., PORRAS Jerry I. – *Built to Last : Successful Habits of Visionary Companies,* New York, Harper Collins, 1994. *Bâties pour durer : les entreprises visionnaires ont-elles un secret?,* Paris, First, 1996 – *Die Besten der Besten : Zwölf Managementmythen* (Les meilleurs des meilleurs : douze mythes du management). gdi-impuls, Zurich, Gottlieb Duttweiler-Institut, janvier, 23-29, 1995.

COLLIS David J., MONTGOMERY Cynthia A. – Competing on Resources : Strategy in the 1990s, *Harvard Business Review, 73* (juillet-août), 118-128, 1995.

COOPER R.G. – The Dimensions of Industrial New Product Success and Failure, *Journal of Marketing, 43* (juillet), 93-103, 1979.

DAVENPORT Thomas H. – *Process Innovation : Reengineering Work through Information Technology,* Boston, Harvard Business School Press, 1993.

DREWES C. – « Euro-Kommunikation », in H.G. Meissner, éd., *Euro-Dimensionen des Marketing,* Dortmund, Fachverlag Arnold, 84-96, 1992.

DRUCKER Peter F. – *Adventures of a Bystander,* New York, Harper Collins, 1978. – Management and the World's Work, *Harvard Business Review, 66* (septembre-octobre), 65-76, 1988. – Lest Business Alliances Become Dangerous, *Wall Street Journal Europe,* septembre, 1989. – *Fortune,* 30 décembre 1991. Cité *in* Thomas J. Peters. 1992. *Liberation Management,* New York, Alfred Knopf. *L'Entreprise libérée,* Dunod, Paris 1993.

« Ein echter Braun wird mit Nüssen und Kirschkernen Beschossen » (Un vrai Braun subira de durs tests), Frankfurter *Allgemeine Zeitung,* 21 août.

FLIK Heinrich – « The Amoeba Concept : Organizing around Opportunity within the Gore Culture », in Hermann Simon, éd. *Herausforderung Unternehmenskultur* (Le défi de la culture d'entreprise), Stuttgart, Schäffer-Verlag, 91-129, 1990.

FORD Henry – *My Life and Work,* New York, Doubleday, 1922.

FOSTER Richard –. *Innovation : The Attacker's Advantage.* New York, Summit Books,. 1986.

« Geht Karl Mayer nun auch den Weg nach China? » (Karl Mayer va-t-il en Chine?) 1993. *Frankfurter Allgemeine Zeitung,* 22 novembre.

« Gillette hat ehrgeizige Ziele und eigenwillige Grundsätze » (Gillette a des buts ambitieux et des principes inébranlables), *Frankfuter Allgemeine Zeitung,* 25 mars.

GLOUCHEVITCH Philip – *Juggernaut : The German Way of Business : Why It Is Transforming Europe – and the World,* New York, Simon and Schuster,. 1992.

HAMEL Gary, PRAHALAD C.K. – *Competing for the Future, Boston,* Harvard Business School Press, 1994.

HAMMER Michael, CHAMPY James – *Reengineering the Corporation : A Manifesto for Business Revolution.* New York, Harper Collins. Le Reengineering, Dunod, Paris 1993.

HELMER Wolfgang – Noch gelten di Grundsätze der Firmengründer (Les principes des fondateurs de l'entreprise demeurent valides). *Frankfurter Allgemeine Zeitung,* 30 mai, 1995.

HENDERSON Bruce D. – The Anatomy of Competition, *Journal of Marketing, 47* (printemps), 7-11, 1983.

HESKETT James L., HART Christopher, SASSER W. Earl Jr. – The Profitable Art of Service Recovery. *Harvard Business Review, 68* (juillet-août), 148-156, 1990.

HIPPEL Eric von. – *The Sources of Innovation.* New York/Oxford, Oxford University Press, 1988.

HIRSCH James S. – « For U.S. Banks, It's the Niche That Counts : Bigger is Better but Narrower is Even Nicer. » *Wall Street Journal Europe,* 29 août, 1995.

HOMBURG Christian. – *Kundennähe von Industriegüterunternehmen : Konzeptualisierung, Erfolgauswirkungen und organisationale Determinanten* (Proximité avec les clients dans les entreprises industrielles : conceptualisation, effets de la réussite et déterminants), Wiesbaden, Gabler, 1995.

Informationsdienst des Instituts der Deutschen Wirtschaft. Octobre, 1988.

Informationsdienst des Instituts der Deutschen Wirtschaft. 28 septembre, 1994.

INSTITUT DES DEUTSCHEN WIRTSCHAFT. *Industriestandort Deutschland* (Implantations industrielles en Allemagne), Cologne, Deutsche Instituts-Verlag, 1994.

JACOBSON Robert, AAKER David A. – Is Market Share All That It Is Cracked Up to Be? *Journal of Marketing, 49* (automne), 11-22, 1985.

JOHNSON Barry – *Polarity Management : Identifying and Managing Unsolvable Problems,* Amherst, Mass., HRD Press, 1992.

KNOBEL Lance – « The ABC of ABB. » World Link, septembre-octobre, 31-34.

LANDRUM Gene N. – *Profiles of Genius.* Buffalo, N.Y., Prometheus Books, 1993.

LEARNED Edmund P., CHRISTENSEN Roland, ANDREWS Kenneth R., GUTH William D. – *Business Policy : Text and Cases,* Homewood, Ill., Irwin, 1965.

LEVITT Theodore – Marketing Myopia, *Harvard Business Review, 38* (juillet-août), 24-47, 1960. – The Globalization of Markets, *Harvard Business Review, 61* (mai-juin), 92-100, 1983. – Betterness, *Harvard Business Review, 66* (novembre-décembre), 9, 1988.

LLOYD Sam – Western Europe, *in World Science Report,* Paris, UNESCO, 1994.

LOEB Marshall – Kodak's New Focus : An Inside Look at Georg Fisher's Strategy, *Business Week,* 30 janvier, 62-68, 1995.

MAREMONT Mark – Kodak's New Focus : An Inside Look at George Fisher's Strategy, *Business Week,* 30 janvier, 62-68, 1995.

McQUARRIE Edward F. – *The Customer Visit : A Tool to Build Customer Focus,* San Francisco, Sage Publications., 1993

MIESENBOCK K.J. – « Small Business and Exporting : A Literature Review », *International Small Business Journal, 6,* n° 2, 42-61, 1988.

MINTZBERG Henry, WATERS James A. – « Of Strategies, Deliberate and Emergent », *Strategic Management Journal, 6,* 257-272, 1985.

MONTAÑA Jordi, éd. – *Marketing in Europe.* Londres, 1994.

« Nach dem Schock über den Kursrutsch zeigt der Vorstand Einsicht – Getränke-maschinenbauer Krones will Controlling und Finanzwesen verbessen » (Après la crise en bourse, les dirigeants de Krones veulent renforcer les contrôles et les finances), *Frankfurter Allgemeine Zeitung*, 2 janvier, 1995.

OHMAE Kenichi – *Triad Power*, New York, Free Press, 1985.

ORTEGA Y GASSET José – *What Is Philosophy ?* New York, Norton, 1960.

OWEN Geoffrey, HARRISON Trevor – Why ICI Chose to Demerge, *Harvard Business Review*, *73* (mars-avril), 133-142, 1993.

PENROSE Edith T. – *The Theory of the Growth of the Firm*. Oxford, Basil Blackwell, 1959.

PETERAF Margaret A. – The Cornerstone of Competitive Advantage : A Resource-Based View, *Strategic Management Journal*, *14*, 179-191, 1993.

PETERS Thomas J., WATERMAN Robert H. – *In Search of Excellence : Lessons from America's Best-Run Companies*, New York, Harper & Row, 1982. *Le Prix de l'excellence*, InterEditions, Paris, 1983.

PETERS Thomas J., WATERMAN Robert H. – *The Tom Peters Seminar. Crazy Times for Crazy Organizations*, New York, Vintage Books, 1994.

PORTER Michael E. – *Competitive Strategy*, New York, Free Press. 1980. *Choix stratégiques et concurrence*, Paris, Economica, 1990. – *Competitive Advantage*, New York, Free Press, 1985. *L'Avantage concurrentiel*, Paris, InterEditions, 1986. – *Competitive Advantage of Nations*, Londres, Macmillann 1990a. *L'Avantage concurrentiel des nations*, Paris, InterEditions 1993. – Competitive Advantage of Nations, 1990b, *Harvard Business Review*, *68* (mars-avril), 73-93. – Competitive Strategy Revisited : A View from the 1990s, in *The Relevance of a Decade : Essays to Mark the First Ten Years of the Harvard Business School Press*, édité par Paula B. Duffy, Boston, Harvard Business School Press, 1994.

PRAHALAD C.K., HAMEL G. – « The Core Competence of the Corporation », *Harvard Business Review* (mai-juin), 79-91, 1990.

ROHWEDDER Cacilie – Teen Tycoon Gives Risk-Averse Germans a Lesson in Survival, *Wall Street Journal Europe*, 4 janvier 1996.

ROMMEL Günter, KLUGE Jürgen, KEMPIS Rolf-Dieter, DIEDERICHS Raimund, BRÜCK Felix – *Simplicity Wins : How Germany's Mid-Sized Industrial Companies Succeed*, Boston, Harvard Business School Press, 1995.

ROOT Franklin R. – *Entry Strategies for International Markets*, Lexington, Mass., Lexington Books, D.C. Heath, 1987.

SAPORITO Bill – The Eclipse of Mars, *Fortune International*, 18 novembre, 50-58, 1994.

SCHARES Gail E., TEMPLEMAN John – Think Small – Midsize Companies Give Germany's Export Powerhouse Its Punch, *Business Week*, 7 octobre, 24B-J,. 1991.

« Schering will weltweit Spezialmärkte beherrschen » (Schering veut dominer les marchés de spécialités dans le monde entier). 1994. *General-Anzeiger*, Bonn, 15 novembre.

SCHLENDER Brent – What Bill Gates Really Wants, *Fortune International*, 16 janvier, 16-39, 1995.

Scientific American. 1993. Mai, 62.

SELZNICK P. – *Leadership in Administration*. New York/Tokyo, 1957.

SIMON Hermann – *International Expansion : Theoretical Concepts and Experiences in a Medium-sized Company,* Berlin, Erich Schmidt., 1982. – Management strategischer Wettbewerbsvorteile (Gestion des avantages concurrentiels), *Zeitschrift für Betriebswirtschaft, 58,* n° 4, 461-480, 1988. – Lessons from Germany's Midsize Giants, *Harvard Business Review, 70* (mars-avril), 115-123, 1992.

SIMON Hermann, WILTINGER Kai, SEBASTIAN Karl-Heinz, TACKE Georg – *Effektives Personalmarketing* (Marketing personnel efficace), Wiesbaden, Gabler, 1995.

SIMON, KUCHER & PARNER – *Strategic Analysis and Action,* Bonn, Simon Kucher & Partner, brochure,. 1995.

SLATER Robert – *The New GE : How Jack Welch Revived an American Institution,* Homewood, Ill., Business One Irwin, 1993.

SMITH Lee – Stamina : Who Has It. Why You Need It. How You Get It. *Fortune,* 28 novembre, 67-75, 1994.

STATISTISCHES BUNDESAMT (Office statistique fédéral). – *Tourismus in Zahlen, 1993.* Wiesbaden, 1993.

Statistische Jahrbücher der Bundesrepublik Deutschland (Annuaires statistiques de la République fédérale d'Allemagne). 1986-1995. Stuttgart, Schäffer-Poeschel.

STAUDT Erich, BOCK Jürgen, MÜHLENEYER Peter – Informationsverhalten von innovationsaktiven kleinen und mittleren Unternehmen (Comment s'informent les PME innovantes), *Zeitschrift für Betriebswirtschaft, 62,* 989-1008, 1992.

TREACY Michael, WIERSEMA Fred – *The Discipline of Market Leaders,* Boston, Addison-Wesley, 1995. *L'Exigence du choix,* Paris, Village Mondial, 1995.

VITZTHUM Carla – Spain Urges Firms to Be Export-Minded, *Wall Street Journal Europe,* 20 août, 1994a. – Amorim of Portugal Pops Out a Corker, *Wall Street Journal Europe,* 9-10 septembre, 1994b.

WALLACE D.B., GRUBER H.E. (éds) – *Creative People at Work, Twelve Cognitive Case Studies.* New York/Oxford, Oxford University Press, 1989.

Wall Street Journal Europe. 29 décembre 1994.

WARNECKE Hans-Jürgen – *Die fraktale Fabrik : Revolution der Unternemenskultur* (L'usine fractale : révolution dans la culture d'entreprise), Heidelberg/New York, Springer, 1992.

WEBSTER Justin. – « Taste for World Markets : Lollipop Manufacturer Chupa Chups », *International Management, 55,* juin, 1992.

WELLS L.T. – *The Product Life Cycle and International Trade.* Cambridge, Mass, 1972.

Wirtschaftwoche, 29 juin 1995.

INDEX

| Mise en pages et illustrations numériques :
TyPAO Sarl
75011 Paris | STEDI
1, boulevard Ney, 75018 Paris
Dépôt légal imprimeur n° 5600
Imprimé en France | DUNOD Éditeur
Paris
Dépôt légal : mai 1998 |